新编高等学校军事学概论

第 3 版

主 编 ◎ 汪先平 吴臣军

XINBIAN GAODENG XUEXIAO
JUNSHIXUE GAILUN

北京师范大学出版集团
BEIJING NORMAL UNIVERSITY PUBLISHING GROUP
安徽大学出版社

图书在版编目(CIP)数据

新编高等学校军事学概论/汪先平,吴臣军主编. —3版. —合肥:安徽大学出版社,
2019.6(2023.5重印)
ISBN 978-7-5664-1878-4

Ⅰ.①新… Ⅱ.①汪…②吴… Ⅲ.①军事科学－高等学校－教材 Ⅳ.①E0

中国版本图书馆 CIP 数据核字(2019)第 115100 号

新编高等学校军事学概论(第3版)　　　　　　　　　汪先平　吴臣军 主编

出版发行：北京师范大学出版集团
　　　　　安 徽 大 学 出 版 社
　　　　　(安徽省合肥市肥西路3号 邮编230039)
　　　　　www.bnupg.com
　　　　　www.ahupress.com.cn
印　　刷：合肥图腾数字快印有限公司
经　　销：全国新华书店
开　　本：787 mm×1092 mm　1/16
印　　张：16.5
字　　数：324 千字
版　　次：2019 年 6 月第 3 版
印　　次：2023 年 5 月第 7 次印刷
定　　价：38.00 元
ISBN 978-7-5664-1878-4

策划编辑：刘中飞　刘　贝　武溪溪　　　　装帧设计：李　军
责任编辑：刘　贝　武溪溪　　　　　　　　美术编辑：李　军
责任印制：赵明炎

版权所有　侵权必究

反盗版、侵权举报电话：0551—65106311
外埠邮购电话：0551—65107716
本书如有印装质量问题，请与印制管理部联系调换。
印制管理部电话：0551—65106311

本书编写名单

主　编　汪先平　吴臣军

副主编　朱保成　张　斌　周　宁　经　纶　王　姝
　　　　　金　鑫

编　者（以姓氏笔画为序）

　　　　　王　姝　王晋生　朱保成　杨秀兰　吴臣军
　　　　　邱　燕　汪先平　张　程　张　斌　陈志军
　　　　　金　鑫　周　宁　庞永胜　经　纶　郝延军
　　　　　胡秋敏　涂德润　葛勇义　傅　杰

本书编写指导委员会名单
（以姓氏笔画为序）

马金宝	王　伟	方庆华	方运纪	朱　志	任宏权
刘　武	刘　顺	刘　勇	刘芳正	刘沪娣	孙旭波
李秀华	李绍华	李雪梅	杨秀军	肖宝生	何永勇
张白超	陆江宁	陈德俊	尚玉海	金文斌	周友泉
周本顺	周光平	赵　勇	郝德新	胡　兵	姜新峰
姚正曙	秦广龙	秦永祥	夏柱林	顾建新	陶元春
曹　玉	龚光雄	窦卉平	戴卫义		

前　言

为贯彻立德树人根本任务和强国目标根本要求,服务军民融合发展战略和国防后备力量建设,增强学生国防观念、国家安全意识和忧患危机意识,弘扬爱国主义精神,传承红色基因,提高学生综合国防素质,教育部、中央军委国防动员部制订了《普通高等学校军事课教学大纲》(教体艺〔2019〕1号)。

《新编高等学校军事学概论(第3版)》是根据2019年《普通高等学校军事课教学大纲》编写而成的,可为普通高等学校大学生了解、学习现代军事理论和军事技能提供理论依据。本教材共9章,前5章主要讲解军事基本理论,每章均按历史与逻辑相统一的路径阐述主要理论,并用资料卡补充或验证所阐述的理论;后4章主要介绍军事技能训练,是对理论部分的实践进一步展开。

本教材具有以下特色:

1. 理论与技能紧密结合。教材理论部分介绍中国国防、国家安全、军事思想、现代战争和信息化装备等有关理论基础知识,立足于宏观和共性。军事技能训练部分介绍共同条令教育与训练、射击与战术训练、防卫技能与战时防护训练、战备基础与应用训练等,立足于微观和具体,注重实践性和操作性。

2. 反映军事领域和相关学科的最新成果。对近十年来军事学的研究成果以及航空航天技术、信息技术、航海技术等相关领域的前沿知识进行了系统、全面的梳理,将相关成果融入教材,使本书成为一本知识最新、观点最新、内容最新的教材。

3. 资料丰富。教材呈现了国内外军事历史中的一些经典战役,学生通过阅读资料,可以提高实践反思能力。

4. 结合互联网的发展增加了数字化资源,包括多个重难点知识的微视频、拓展知识的微视频、PPT、题库等。

前言

本教材在编写过程中,借鉴了军事理论专家的研究成果,得到了安徽省数十所高校军事教学负责人和相关专家的支持与指导,在此一并致谢。同时,对本教材第2版中的编写指导委员会委员以及中央财经大学龚泗琪教授、东南大学李有祥副教授、中央财经大学姜树和研究员、国防大学李延荃教授和同济大学张国清教授表示衷心的感谢。

由于编者水平有限,书中难免有错漏之处,恳请广大师生批评指正。

编 者
2019 年 4 月

目 录

上篇　军事理论

第一章　中国国防 ········· 3

第一节　国防概述 ········· 3
第二节　国防法规 ········· 12
第三节　国防建设 ········· 19
第四节　中国武装力量 ········· 34
第五节　国防动员 ········· 45

第二章　国家安全 ········· 52

第一节　国家安全概述 ········· 52
第二节　国家安全形势 ········· 58
第三节　国际战略形势 ········· 66

第三章　军事思想 ········· 80

第一节　军事思想概述 ········· 80
第二节　外国军事思想 ········· 83
第三节　中国古代军事思想 ········· 86
第四节　当代中国军事思想 ········· 91

第四章　现代战争 ········· 123

第一节　战争概述 ········· 123
第二节　新军事革命概述 ········· 127
第三节　机械化战争 ········· 131
第四节　信息化战争 ········· 135

第五章　信息化装备 ·· 140

第一节　信息化装备概述 ·· 140
第二节　信息化作战平台 ·· 150
第三节　综合电子信息系统 ·· 158
第四节　信息化杀伤武器 ·· 163

下篇　军事技能训练

第六章　共同条令教育与训练 ·· 173

第一节　《内务条令》 ·· 173
第二节　《纪律条令》 ·· 176
第三节　《队列条令》 ·· 177
第四节　队列动作 ·· 178

第七章　射击与战术训练 ·· 191

第一节　轻武器射击 ·· 191
第二节　战术 ·· 210

第八章　防卫技能与战时防护训练 ·· 217

第一节　格斗基础 ·· 217
第二节　战场医疗救护 ·· 221
第三节　核生化武器防护 ·· 226

第九章　战备基础与应用训练 ·· 233

第一节　战备规定与紧急集合 ·· 233
第二节　行军拉练 ·· 236
第三节　野外生存 ·· 239
第四节　识图用图 ·· 244
第五节　电磁频谱监测 ·· 248

参考文献 ·· 253

军事理论

第一章 中国国防

"天下虽安,忘战必危。"①国无防不立,民无兵不安。现在,我国进入由大向强发展的关键阶段,国防和军队建设处在新的历史起点上,放眼世界,纵观全局,审时度势,应对国际形势深刻复杂变化,研究我国国防及其发展历程,加强我国国防建设,强化全民国防意识,是"我们回避不了的一场大考"。

第一节 国防概述

国家是一个历史范畴,是阶级矛盾不可调和的产物,也是阶级统治的工具。国防随着国家的出现而产生,随着国家的发展而发展。国防事务涉及面广泛,与国家的各个部门、各种组织以及全体公民息息相关。

一、国防的内涵和基本类型

1. 国防的内涵

国防是国家为防备和抵抗侵略,制止武装颠覆,保卫国家的主权、统一、领土完整和安全所进行的军事活动,以及与军事有关的政治、经济、外交、科技、教育等方面的活动。

国防随着阶级的出现和国家的形成而产生,世界上只要有国家存在,国防就会存在。在人类社会发展的不同阶段,不同国体的国家,其国防具有不同的特征。奴隶社会和封建社会国防的主要职能是将各阶级维持在一定的"秩序"范围内;资本主义社会国防的主要职能是用军队保护和扩大商品与贸易,对外进行疯狂掠夺;社会主义国家诞生之后,国防有了新的时代内涵,其主要职能是确保各民族的平等生存、共同发展,抵抗外来侵略,维护世界和平。

2. 国防的职能

第一,国防随着国家的出现而产生,同时又服务于国家,以维护国家总体安全、国家利益为根本职能。

第二,国防通过为国家和民族提供安全保障,达到服务国家利益的目的。国防除了

---

① 《司马法·仁本》。

担负防御外敌入侵与颠覆,保卫国家主权和领土完整等职能外,还担负维护国家安定团结、保障社会建设顺利进行等职能。

第三,国防是国家建设的重要组成部分,受国家的性质、制度和政策制约。国家的社会制度和政策决定国防的性质和利益需求。

3. 国防的基本类型

国防的性质是由国家的社会制度和国家政策所决定的。国家的社会制度不同,制定的国防政策和追求的国防目标也就不同,国防的类型也会各不相同。目前,世界各国的国防类型归纳起来主要有四种,即扩张型、自卫型、联盟型和中立型。

第一类,扩张型。实行霸权主义侵略扩张政策的国家为本国的利益谋求更大空间,打着防卫的幌子,对别国进行侵略、颠覆和渗透,把本国的"安全"建立在别国屈服的基础上。

第二类,自卫型。在国防建设上主要以防止外敌侵略为目的,主要依靠本国的力量,并广泛争取国际上的同情和支持,维护本国安全、周边地区和世界和平与稳定。

第三类,联盟型。以结盟形式,联合一部分国家来弥补自身国防力量的不足。联盟型国防也可以分为联盟扩张型和联盟自卫型两种。从联盟国之间的关系看,可分为一元体系联盟和多元体系联盟。一元体系联盟是指一个大国处于盟主地位,其余国家处于从属地位;多元体系联盟中的盟员间基本处于伙伴关系。

第四类,中立型。主要是指中小发达国家为了保障本国的安全,严守和平中立的国防政策,实施总体防御战略和寓兵于民的防御体系。

二、中国国防历史与启示

中国社会先后经历了不同的发展阶段,中国国防历史记录了中华民族悲壮的过去,有着沉痛的教训,也有成功的经验,中国国防历史充满着中华民族的勇敢和智慧,不仅是国防教育的生动教材,也是中国人民的精神财富。

(一)中国古代国防

中国古代国防从公元前21世纪的夏王朝建立开始,到1840年鸦片战争爆发为止。当时,还没有中国与外国的概念,只有"中央王朝与诸侯国""华夏与四夷"等概念,所谓的这一时期的国防,还不能说是现代真正意义上的国防。但这一时期割据政权之间的互相兼并对我们现在研究国防有着重要的借鉴意义。

1. 古代兵制建设

兵制主要指军事制度,包括武装力量体制、军事领导体制和兵役制度等内容。我国古代兵制建设取得了巨大的成就。

夏王朝时期,统治者为维护奴隶主贵族的利益,镇压奴隶反抗或抵御外族侵扰或征服周边氏族,已经形成了由少数不参加生产劳动的上层贵族成员组成的卫队,这是夏朝最初形式的国家军队,也是国家常备军的雏形。那时的军队由夏王亲自率领。商朝时期,已经有"王作三师:左、中、右"的记载,这说明当时的国家军队已经有了固定的编制——王师。商朝后期,随着社会的发展和战争规模的不断扩大,军队的建制也趋于成熟。在西周灭商的"牧野之战"中,已有"戎车三百乘、虎贲三千人、甲士四万五千人,以东伐纣"[①]的记载。同时,西周已有"宗周六师""成周八师"之说。六师、八师的出现,说明西周已经出现常备军。

春秋战国时期,随着战车数量的增加,各国又出现"军"的编制,多数编为左、中、右三军或上、中、下三军,每军有战车二百乘左右。军事领导体制上也出现了将、相分职,国王以下,文职称相,武职为将,相议政,将领军,并且出现以武将为领帅的军事机构。同时,随着冶铁业的兴起及发展,战国时期有大量铁制兵器用于战争,并出现于战场;军队也由单一兵种向多兵种发展。

公元前221年,秦统一中国。随着中央集权制国家的建立,全国有了统一的军队,形成了由京师兵、郡县兵、边防兵组成的武装力量体制。

秦朝以后,汉承秦制。以后随着社会的发展,虽然热兵器代替了冷兵器,兵役制度进行了革新,根据作战空间的不同,又进行了分工,但武装力量体制基本上沿用了中央部队、地方部队和边防部队三种基本类型。

2.古代国防工程建设

我国古代为抵御外敌侵犯,巩固边、海防,修筑了数量众多、规模庞大的国防工程,如城池、长城、京杭运河以及海防要塞等。这里重点介绍边防、海防建设。到明朝时期,我国古代的边防和海防形成了比较有代表性的完整的边、海防体系。

(1)边防建设。著名的万里长城,是在漫长的岁月中修建起来的巨大的国防工程。2000多年前,战国时期的燕国、赵国、秦国开始各自修建长城。秦始皇统一六国后,派大将蒙恬负责征集大量人员,大力修建和扩展,把北部长城连接起来。以后,经过各个朝代的多次修建,在明朝修成了东起辽东山海关、西至甘肃嘉峪关、全长5000多千米的长城。

(2)海防建设。我国古代海防建设是从明代开始的。自春秋战国时期开始,一些依江傍海的诸侯国虽建有水师,并进行水战和海上攻防作战,但还没有明确的海防设施。

明朝初期,倭寇的侵扰活动日益频繁,给沿海地区带来了深重的灾难。为了抵御倭寇,明朝开始加强海防建设,在沿海设置卫、所,建立水军,有效防御了倭寇对我国东南沿海地区的入侵和骚扰。

清朝前期,在明朝卫、所的基础上,逐步建成沿海炮台要塞式的防御体系,分为海岛要塞、海口要塞、海岸要塞和江防要塞。除了建有江海炮台要塞式的防御体系外,还编有江河水师和外海水师。在天津还建有满蒙八旗水师营(相当于海军基地)。然而,随着清朝政府的腐败,到清朝中期,海防日渐衰弱。

---

① 《史记·周本纪》。

3. 古代国防思想

我国古代国防思想较为丰富。这些国防思想反映我国古代对国防实践的理性认识，蕴含着深刻的关于战争与和平的思辨。

(1)"兵者，国之大事"。我国是一个兵学大国，兵书浩如烟海，最具代表性的是《武经七书》，包括《孙子兵法》《吴子兵法》《司马法》《六韬》《尉缭子》《三略》和《李卫公问对》。《武经七书》是古代将领必读的兵书，其中"兵者，国之大事"的战争观被广为推崇。

孙子认为，战争是国家的头等大事，它关系着国家的生死存亡，必须高度重视。这其中就包含既要"重战"又要"慎战"的国防思想。他强调，在战争问题上，不可以草率从事，鲁莽兴兵，即"主不可以怒而兴师，将不可以愠而致战"。因为"怒可以复喜，愠可以复悦"，而"亡国不可以复有，死者不可以复生"。

(2)"寓兵于农"。"寓兵于农"既是我国古代一项重要的政治、军事制度，也是一种极具代表性的国防思想，在《汉书》《六韬》《兵制》等古代兵书中多有论述。其基本思想是"有虞则起为战卒，无事则散为农夫"，意思是有战事时征集起来，成为战士；没有战事时则返回家乡，从事农耕作业。

(3)"足食，足兵，民信"。"足食，足兵，民信"是我国古代国防思想史上一个重要的论点。它出自我国古代大思想家、儒家学派的创始人孔子。这句话涵盖了政治、经济、国防等方面的内容，用于国防就是要"富国强兵、发展经济、加强军备建设"。而齐相管仲也提出相同的国防思想，即"国富者兵强，兵强者战胜"，蕴含了"富国与强兵相统一"的思想。这对今天我们处理经济建设与国防建设之间的关系具有重要的借鉴意义。

(4)"屯垦戍边"。屯垦即屯田垦殖，戍边即保卫边疆。边防建设是我国古代国防建设的重要内容，而"屯垦戍边"则是中国古代历朝历代加强边防建设的重要举措。

中国古代国防思想可谓博大精深，但作为一定历史时期的产物，也存在一定的局限性，突出的表现是：以天朝大国而自居，"重防非攻""重陆轻海"。

重陆轻海在古代社会有其一定的合理性。到了清朝以后，随着航海技术的发展，海洋成为人类交往和贸易的主要通道。而清政府却未能及时转变这种思想，相反，面对来自海洋的挑战，却实行了多年的闭关锁国的海禁政策。可以说，重陆轻海的农本思想是中国未能成为与西方国家并驾齐驱的海上强国的重要原因之一。

清朝后期，落后的国防观念连同日益衰落的政治、经济、军事诸因素，最终使落后的中国成为西方列强侵略的对象。

(二)中国近代国防

中国近代国防史是一部充满着屡弱、衰败和屈辱的历史。1840年，英国凭借坚船利炮，打破了清王朝紧锁的国门，开始入侵中国，使中国经历了一段屈辱的历史。面对西方列强的侵略，腐朽的统治者奉行消极防御的国防思想，卖国求荣，结果是有国无防，大片国土被迫割让，人民惨遭蹂躏和屠杀。

1. 清朝后期的国防

自"康乾盛世"之后,清政府的政治日趋腐败,国防日渐衰弱。1840 年鸦片战争爆发后,西方列强大举入侵,清王朝从此一蹶不振,每况愈下,有国无防,内乱外患交织,逐步沦为半殖民地半封建社会。

(1)清朝后期的军制改革。鸦片战争后,清政府开始实施"洋务新政",成立了总理衙门。八国联军侵华后,清政府深感军备落后,企图通过改革军制以加强军事,将总理衙门改为外务部,裁撤兵部,成立陆军部。在武装力量体制方面,清入关前,军队是八旗兵;入关后为弥补兵力的不足,将汉人编组成立了绿营。1851 年以后,为镇压太平天国运动,清政府号召各地乡绅编练乡勇,湘军和淮军逐渐成为清军的主力。在甲午战争中,湘军和淮军大部溃散,1894 年,清政府便开始"仿用西法,编练新军"。新军采用招募的形式,对入伍的年龄、体格及文化程度方面均有较严格的要求。在兵役制度方面,八旗兵实行的是兵民合一的民军制。

(2)清朝后期的海防建设。鸦片战争后,清政府日益腐败,海防要塞火炮年久失修,技术性能落后,炮弹威力甚小且不能及远。西方列强乘虚而入,中国领土香港、澳门、台湾和澎湖列岛分别被英、葡、日侵占;东北乌苏里江以东、黑龙江以北的今国界以外的大片土地被沙俄侵占;西部帕米尔地区被俄、英瓜分,整个中国被划分成几个帝国主义列强的势力范围,彻底成为有国无防的国家。

从 1840 年鸦片战争到 1911 年辛亥革命的 70 多年间,清政府与外国列强签订了上百个不平等条约,割让领土近 160 万平方千米。当时中国 1.8 万多千米的海岸线上,竟找不到一个中国自己享有主权的港口。国家有海无防,有边不固,绝大部分中国领土成了西方列强的势力范围。俄国在长城以北,英国在长江流域,日本在台湾、福建,德国在山东,法国在云南,中国国土被列强撕扯得支离破碎。

2. 辛亥革命至新中国成立期间的国防

辛亥革命虽然推翻了清朝的统治,建立了中华民国,但并没有改变中国任人宰割的局面。西方列强为维护其在华利益,纷纷扶植各派军阀,加紧对中国的掠夺。各派军阀为争权夺利,混战不已,中国依然是有边不固,有海无防。先是袁世凯称帝,后有张勋复辟,各派军阀以西方列强为靠山,割据称雄,混战不休。直、皖、奉三大派系军阀先后窃据中央政权,贿选国会议员和总统,出卖国家和民族利益。"二十一条"的签订和"巴黎和会"中国外交的失败充分暴露北洋政府的腐败无能,这使中国再次面临被列强进一步瓜分的命运,激发了中华民族同仇敌忾、共御外侮的决心和信心。

以五四运动为标志,中国反帝反封建的资产阶级民主革命进入新阶段。1921 年 7 月 23 日,中国共产党成立,给灾难深重的中国人民带来了光明和希望,中国革命开始进入了新的发展时期。1931 年 9 月 18 日,"九一八事变"爆发,国民党政府奉行"攘外必先安内"的政策,一味妥协退让,出卖民族利益,使东北大片国土迅速沦陷。1937 年 7 月 7 日,日本发动"卢沟桥事变",大举入侵中国,中华民族到了生死存亡的紧要关头。中国共产党高举团结抗日的旗帜,与国民党再度合作,组成了广泛的抗日民族统一战线,使抗日战争的正面战场作战、敌后游击战场作战和全民抗日作战行动得以有力结合,经过艰苦卓绝的奋战,终于取得了中国近代史上第一次抗击外敌侵略的彻底胜利。抗日战争胜利后,全国人民迫切需要一个和平安全的建设环境,但国民党政府背信弃义,妄图消灭中国共产党及其领导的军队。经过四年解放战争,中国共产党领导人民终于推翻了国民党的反动统治,至此,中华民族结束了近代100多年来有国无防的屈辱历史,开启了中国国防的新篇章。

(三)中国现代国防

1. 由革命战争向和平建设过渡的阶段

1949年底至1953年,我国正处在外御帝国主义侵略、内治战争创伤和恢复经济的时期。这一时期,为使我军建设向高级阶段转变,党中央、中央军委着手筹建空军、海军和陆军等兵种,制定、颁发了统一的条令条例,新建及改建各类军事、政治、文化、后勤、技术院校共200余所,初步形成了比较完整的军事院校教育体制。经过这段时间的努力,我军开始由长期的以单一陆军为主体向合成军队过渡,为即将全面展开的国防和军队现代化建设奠定了基础。

2. 开始进行现代化、正规化建设的阶段

1953年底到1965年是我国国防现代化建设突飞猛进的重要时期。1953年12月召开的全国军事系统党的高级干部会议是我国军队建设和国防建设的一个里程碑。这次会议确定了我国国防建设的主要任务:防御帝国主义侵略,保卫社会主义建设,保卫亚洲与世界和平。为加速军队现代化建设的步伐,中共中央和中央军委制定了减少军人数量,提高军队质量,精兵、合成的战略决策。

3. "文化大革命"十年艰难前行的阶段

1965年5月至1976年10月,尽管有林彪、"四人帮"的干扰和破坏,但以毛泽东为核心的党中央仍然警觉地注意维护我国的安全,保持了军队的稳定,顶住了霸权主义的压力,同时始终抓住发展国防尖端技术这一重点,保证了我国"两弹"试验成功和卫星发射成功。

4. 实行国防和军队建设指导思想战略性转变的阶段

邓小平同志根据国际形势的发展变化,提出了世界大战是可以避免的,和平与发展是当今世界两大主题的战略判断,从而确定全党工作的重点和国防建设要实行战略性转变的指导思想。

5. 把国防和军队现代化建设全面推向21世纪的阶段

自20世纪90年代以来,党中央针对国际、国内形势的新变化,确立了我国新时期军事战略方针,提出了把未来军事斗争准备的基点放在打赢现代技术,特别是高技术条件下的局部战争上,军队建设逐步实现由数量规模型向质量效能型、由人力密集型向科技密集型转变。从此,军队质量建设的步伐迈得更加坚实。

(四)中国国防历史的启示

1. 经济发展是国防强大的基础

经济是国防的物质基础,国防的强大有赖于经济的发展。早在春秋战国时期,齐国的政治家管仲就提出"富国强兵"的思想。他认为"粟多则国富,国富者兵强,兵强者战胜,战胜者地广""甲兵之本,必先于田宅"。秦以后的各朝各代,前期也都注意劝课农桑,发展生产,从而奠定了国防强大的基础,造就了中国国防史上的伟业。与此相反,各朝代的衰败也都毫无例外地是由于经济的衰退,动摇了国家的基础,削弱了国防的根基,造成了内忧外患。

2. 政治昌明是国防巩固的根本

国防服从于政治,也服务于政治。政治与国防紧密相关,国家的政治是否开明,制度是否进步,直接关系国防能否巩固。只有政治昌明,才有国防巩固。我国古代凡是兴盛的朝代,都十分注意修明政治,实行比较开明的治国安邦之策。秦自商鞅变法以后,修政治、明法度、发展生产,国力日渐强大,为吞并六国奠定了雄厚的物质基础。唐初,百废待兴,正是中央政府制定并实施了一系列行之有效的政治制度,才使国家很快从隋末的战争废墟中恢复过来,形成了国力昌盛、空前统一的大唐帝国。与此相反,凡是朝代衰落时期,无不有政治腐败、国防衰弱,唐朝中期以后、两宋乃至于晚清都是如此。

3. 国家的统一和民族的团结是国防强大的关键

纵观中国数千年的国防历史,不难发现,凡是国家统一、民族团结的时期,国防就强大;凡是国家分裂、民族矛盾尖锐的时期,国防就衰弱。清朝末年,面对西方列强的大举入侵,腐朽的清政权不仅不敢发动反侵略战争,不依靠、不支持人民群众进行斗争,反而认为"患不在外而在内"及"防民甚于防火",对人民群众自发组织的反侵略斗争进行残酷镇压,结果是屡战屡败、割地赔款、丧权辱国、任人宰割,使中国沦为半殖民地半封建社会。抗日战争时期,在中国共产党的倡导和组织下,建立了广泛的抗日民族统一战线。在敌强我弱的条件下,中国共产党坚持人民战争的战略战术,充分动员和组织人民,团结一切抗日力量,共同抗击侵略,最终取得了抗日战争的伟大胜利。"在血与火的洗礼中,古老的中国凤凰涅槃、浴火重生,开启了中华民族伟大复兴新的历史征程。"

三、现代国防

现代国防是对传统国防的继承和发展,现代国防观是一种全新的国防观念和国防实践活动。随着社会经济的快速发展和国力由大向强,中国国防已不仅仅是那条长长的边界线,国防的范围应该跳出有形的实体边疆,向无形的利益边疆扩延。

从维度上看,从陆地本土延伸到立体空间。当前,除了陆地本土外,太空、深海和极地等"战略新疆域"有着现实和潜在的重大国家利益,将成为未来竞争的重要领域,面临着重大安全威胁和挑战。首先,太空将成为国际战略竞争新的制高点。世界各主要国家纷纷制定航天发展规划，研制太空武器，为争夺制天权做准备。其次，深海蕴藏着丰富的矿产、生物、能源等资源种类，是地球上尚未被大规模开发利用的潜在战略性资源基地。未来海洋竞争，尤其是深海领域的国际竞争将日趋激烈。最后，极地将从"冰点"变为战略博弈的"热点"。随着全球气候变暖以及冰川消融加快，极地开发战略位置尤为凸显。

从形态上看，从有形空间到无形空间。看得见的海洋关系国家长治久安和可持续发展，要突破重陆轻海的传统思维，高度重视经略海洋、维护海权。看不见的网络空间是通往胜利之门的钥匙。谁掌握了信息、控制了网络，谁将拥有整个世界；谁失去了网络权力，谁就失去了网络疆域的国家主权。一是网络领域将成为各国军力角逐的新空间。目前，网络空间已成为继陆、海、空、天之后的第五维作战空间。未来战争有可能在网络空间爆发。二是传统网络安全威胁向移动互联网蔓延。当今社会，云计算、物联网、大数据、移动互联和集群存储等新技术广泛应用，由此带来的网络安全问题更加复杂多样。恶意程序传播、远程控制、网络攻击等传统网络安全威胁向移动互联网快速蔓延。三是胜利的天平向网络技术发达的国家倾斜。这是因为全球90%的核心芯片由发达国家制造，全球13台互联网根服务器中的绝大多数设在美国。我国在网络空间领域存在着严重的安全隐患，对于网络空间这一无形的国家主权，绝不能掉以轻心。

从领域上看，从局部安全到总体安全。随着中国整体实力攀升，国际话语权博弈渐趋频繁，迫切需要全面认识我们面临的安全问题。例如，中国的国际和地区利益要求我们站在一个全新的高度，具备全球视野，重新审视我们在21世纪的国际诉求。最主要的是在这些问题的背后，更深层次的是未来中国的发展，将在什么样的国际环境和世界政治经济秩序的框架下展开。我们需要从总体上思考建设什么样的军队才能为国家发展提供足够的空间，建设什么样的国防才能保证总体国家安全。目标应该是：国家安全在哪里受到威胁，哪里就是中国国防的安全边界；国家利益拓展到哪里，国防的安全边界就要延伸到哪里。

1. 现代国防的内涵

2012年，胡锦涛在十八大报告中指出："高度关注海洋、太空、网络空间安全。"2015年，《国家安全法》对国家安全的界定是：国家政权、主权、统一和领土完整、人民福祉、经济社会可持续发展和国家其他重大利益相对处于没有危险和不受内外威胁的状态，以及保障持续安全状态的能力。这是对国家发展的战略空间状态进行的重新认识和规划。2017年，在十九大报告中，习近平总书记强调："我们的军队是人民军队，我们的国防是全民国防。"现代国防观是一种大国防观，是国家战略观、整体大局观、全民国防观，是国家总体安全观。

一方面，现代国防的总体战略任务就是建设与我国国际地位相称、与国家安全和发展利益相适应的巩固国防。也就是说，我们的国防建设要和我们的国际地位相吻合。现在中国的综合国力有了大幅度跃升，是世界第二大经济体，在国际舞台上发挥越来越重要的作用，但是我们的国防能力与国防需求还有一些差距，这给国防提出了新要求、新任务,就是建立与国家安全和发展利益相适应的巩固国防和强大军队,这是国防建设的重大战略任务。另一方面,高度关注海洋、太空、网络空间安全,这是一个安全的国防战略,也是一个大的国防观。就是要适应信息时代的特征,以更开阔的国际视野,站在更高的层面,来审视国际风云,确立一个大的国防安全观,由以往传统以陆地为主的国防疆界,拓展为陆、海、空、天、电五位一体的新型安全疆界。

其一,推动军民融合深度发展,成为实现富国强军,进而实现中华民族伟大复兴梦想的重大战略举措。事实上,我国推行军民融合发展已有近10年的历史,但如何"融进去""深下去"却非易事。2015年3月,习近平总书记指出:"今后一个时期军民融合发展,总的是要加快形成全要素、多领域、高效益的军民融合深度发展格局,丰富融合形式,拓展融合范围,提升融合层次。"落实这一要求,首先必须做到"思想融合",要站在国家发展全局的高度树立"一盘棋"的思想。显然,"大国防观"契合军民融合深度发展战略,是"思想融合"的重要内容。其二,顺应形势出台"总体国家安全观",积极应对我国面临的安全挑战。习近平总书记多次提出"总体国家安全观"的概念,强调要准确把握国家安全形势变化新特点、新趋势,坚持总体国家安全观,走出一条中国特色国家安全道路。"总体国家安全观"强调以整体的、全面的、联系的、系统的观点,思考和把握国家安全问题,这反映我国国家安全战略的新变化。"国防"与"国家安全"这两个概念向来水乳交融、密切相关。同样,"大国防观"与"总体国家安全观"也是蕴意相通、内涵交织。

"大国防观"是时代的呼声,是民族复兴伟业的召唤。在全面对外开放的条件下,一项重要任务是引导人们更加全面客观地认识当代中国、看待外部世界。要积极传播"大国防观",引导公众树立"国防连着你我他"的意识,在工作和生活中自觉参与国防建设。

2. 现代国防的特点

第一,现代国防是国家综合国力的体现。现代国防已成为综合国力的对抗。综合国力主要由人力、自然力、政治力、经济力、科技力、精神力和国防力等组成。其中经济实力、国防实力和民族凝聚力是综合国力的基本要素,经济实力是基础,国防实力是支柱,民族凝聚力是灵魂。现代国防与国家的综合国力有着密切的联系,国家的发展水平制约着武器装备发展水平和国防力量的总规模。没有强大的综合国力,也就没有强大的现代国防。

第二,战争潜力能否转化为战争实力是现代国防强弱的一个重要标志。现代国防虽然是以军事力量为主体,但还要靠国家潜力转化为作战的实力。国家潜力包含国土面积、地理位置、自然资源、人口的数量和质量、地形气候、生产能力、科技和文化水平、交通运输、通信状况、社会制度、国家政策、管理能力、国际关系和国际地位等诸多方面。例如,南联盟战争的中后期,以美国为首的北约从打击军事目标到向民用基础设施开火,以主要力量轰炸南联盟的制造工厂、炼油厂、发电厂、道路和桥梁等,其目的是摧毁南联盟的战争潜力。用美国人自己的话讲,就是彻底打垮南联盟的国防,"将其倒退到原始状态",剥夺南联盟人民的生存权与发展权。

第三，现代国防既是一种国家行为，又是一种国际行为。现代国际政治、经济的发展，把世界各国和地区的安全与发展利益同国际社会的整体利益日趋紧密地联系在一起，世界的和平与稳定已成为整个人类的共同奋斗目标。国家的安全与发展不仅与其本国利益相关，而且与国际的安全、发展和稳定息息相关。国家的发展离不开安全有利的国际环境，国际政治、经济的有序发展也有赖于各国国防的巩固。现代国防已不再仅仅是国家行为，而且日益成为一种国际行为。

第四，现代国防具有多层次的目标体系。政治、经济对现代国防的影响程度不断加深，使现代国防呈现出多层次的目标体系。从范围上，现代国防可分为自卫目标、区域目标和全球目标。从内涵上，现代国防可分为不同的层次目标：在国家面临严重威胁时，国防目标要首先解决存亡问题；在和平与发展的情况下，要致力于保障国家的安全利益和发展利益，同时还应努力营造有利于本国发展的国际环境。

第五，现代国防是多种形式的斗争和角逐。现代国防的斗争是以军事力量角逐为主的多种斗争形式的综合对抗，不仅继续以双方军事实力在战场上进行武力较量为基本形式，而且通过非武力斗争的形式进行角逐，如政治斗争、心理斗争、经济斗争、科技斗争以及外交谈判、军备竞赛、军备控制等，即运用强大的国防威慑力量达到"不战而屈人之兵"的目的。

第二节　国防法规

国防法规是调整国防和武装力量建设领域各种社会关系的法律规范的总和，是由国家立法机关制定的用于调整国防体制、武装力量建设、国防科技建设、战争动员体制、国防生产、全民防御和国防教育等方面社会关系的法律规范的总称，是国家法律体系的重要组成部分，是国家加强国防和武装力量建设的基本依据，是依法治军、提高军队战斗力的强大法制武器，也是衡量一个国家的国防建设是否制度化的重要标志。

一、国防法规体系

(一)按国防立法权限区分

国防立法权限是指特定的国家机关制定、修改、废止国防法律规范的权力及其范围。根据我国宪法和有关法律，国防立法权的行使范围大致划分如下。

1. 法律

(1)全国人民代表大会制定宪法中的国防法律条款和基本国防法律。

(2)全国人民代表大会常务委员会制定国防法律。

2. 法规

中央军事委员会制定军事法规,国务院单独或与中央军事委员会联合制定国防行政法规。

3. 规章

中央军事委员会各总部、各军兵种、各军区制定军事规章,国务院有关部委单独或与军委各总部联合制定国防行政规章。

4. 地方性规章制度

地方各级权力机关和行政机关制定地方性国防规章制度。

(二)按国防法规领域区分

我国的国防法规按调整领域可以划分为16个门类:国防基本法类、国防组织法类、兵役法类、军事管理法类、军事刑法类、军事诉讼法类、国防经济法类、国防科技工业法类、国防动员法类、国防教育法类、军人权益保护法类、军事设施保护法类、特区驻军法类、紧急状态法类、战争法类和对外军事关系法类。不同门类的国防法规调整、规范国防和军事活动的领域不同。

(三)国防立法的原则

国防立法的原则是指立法机关或被授权的国家机关在制定国防法律规范过程中必须遵循的准则。

1. 以宪法为依据的原则

宪法规定了国家的性质和国家政治制度、经济制度和社会制度,是国家的根本大法,也是制定其他法律的基本依据。国防法律是国家法律的重要组成部分,必须以宪法为依据,维护宪法的权威和尊严。

2. 维护国防利益的原则

国防利益是国防建设和斗争各方面利益的总和。在国防立法中坚持这一原则,一是要把维护国防利益作为国防立法的主导思想,使维护国防利益有法可依;二是要把维护国防利益作为国防法律规范的核心内容;三是要对危害国防利益的行为给予法律制裁。

3. 国防法律从严的原则

国防法律从严是指国防法律的制定比普通法更严格、更严厉。这是因为:第一,特别法严于普通法是一条普遍的法则,而国防法律属于特别法。第二,国防利益是国家最高利益之一,国防法严于普通法是维护国防利益的需要,在国防立法中坚持从严的原则,一是要赋予军人比普通公民承担更多的法律义务;二是对违反国防利益的行为实行比一般违法行为更严厉的制裁;三是对战争时期违反国防法律的行为进行从重处罚。

4. 民主的原则

在国防立法中坚持民主的原则表现在两方面:一是制定程序的民主性;二是制定内

容的民主性。

5. 协调统一的原则

我国是统一的社会主义国家,统一的国家必须有统一的法律。在国防立法中坚持协调统一的原则,主要包括以下内容:第一,下级立法机关或授权立法机关制定的国防法律规范,要与上级立法机关或授权立法机关制定的国防法律规范一致,不得有矛盾或抵触,否则,要予以撤销或修改。第二,在国防立法时,应考虑和确定某一国防法律规范在整个国防法律规范体系中所处的位置,即与其他国防法律规范的关系,国防法律规范体系是一个网状的结构,每一部国防法律规范都定位于一定的网眼中,法律规范与法律规范之间虽有联系,但不可替代。第三,平行的国防法律规范之间应衔接、协调,避免重复交叉。第四,对国防法律规范的结构布局、文字的表述应一致。

二、我国国防法规简介

(一)《中华人民共和国国防法》

现行《中华人民共和国国防法》由第八届全国人民代表大会第五次会议于1997年3月14日通过,并于当日颁布实施,2009年经过修正,共计12章70条。它是指导和规范国防和军队建设的基本依据,在国防法规系统中居首要地位。

1.《中华人民共和国国防法》的主要内容

该法的内容包括:第一,规范我国防务建设的方针和原则。第二,规范国防建设的基本制度。第三,规定了党对武装力量和国防活动的领导及国家机构的国防职权等。第四,规范了公民、国家机关、社会组织的国防义务和权利。

2.《中华人民共和国国防法》的基本特征

(1)该法属于国防方面的基本法。例如,关于人民防空的规定;关于国防交通工程、通信的规定;关于军事设施保护的规定;关于国防后备力量建设的规定;关于军事人事制度的规定;关于优待与抚恤的规定;关于国防教育、国防后勤、国防科技、国防内卫的规定,等等。国防法成为调整我国国防领域各种社会关系的一部基本法律。

(2)该法调整范围宽。从上层建筑领域到经济基础,从军内到军外,凡涉及国防社会关系,都予以规范和调整。它调整的对象既有现役军人的特殊主体,也有一般主体的公民和企事业单位。

(3)该法重申了我国的武装力量受中国共产党的领导。党对武装力量的领导,是进行国防建设和武装斗争成功的保证,也是国家政权巩固、社会稳定、民族团结和国家安全的根本保证。

3. 颁布《中华人民共和国国防法》的意义

颁布该法的意义包括:第一,有利于把国家防务纳入法制的轨道。第二,有利于保障国防建设与经济建设协调发展。第三,有利于树立和维护我国爱好和平的国际形象。

(二)《中华人民共和国兵役法》

《中华人民共和国兵役法》是规定国家公民参加军队和其他武装组织,或在军队外接受军事训练的法律。该法规定国家总的兵役制度,其核心是确定国家兵役制度和形式。

1.《中华人民共和国兵役法》的产生和发展

该法的产生和其他法规一样,随着国家的建立和武装力量的出现而产生,随着不同时期的政治、经济、人口状况和军事需要而发展变化。在先秦时期的《周礼》和秦代的《傅律》《军爵律》等法律中,就有关于军人从征、替役和优恤的条款,而在唐代的《永徽律》、明代的《大明律》、清代的《大清律例》中,也有关于兵役的条文。

2.现行《中华人民共和国兵役法》的主要内容

2011年10月29日,第十一届全国人民代表大会常务委员会第二十三次会议通过《关于修改〈中华人民共和国兵役法〉的决定》,《中华人民共和国兵役法》共12章74条。现行兵役法的内容归纳起来主要是:把兵役制改为以义务兵与志愿兵相结合、民兵与预备役相结合的兵役制;将我国武装力量改为由中国人民解放军现役部队和预备役部队、中国人民武装警察部队和民兵组成;规定了民兵的性质、任务和编组原则及预备役人员、大专院校、高级中学学生实施军训的办法;对士兵、军官服现役制度作了重要补充;确定了战时实施快速动员的原则和要求;明确各级人民武装部为各级政府的兵役机关;对现役军人的优待和退出现役的安置作了一些原则性的规定;决定对中国人民解放军实行新的军衔制(本法也适用于中国人民武装警察部队);对违反《中华人民共和国兵役法》的行为规定了处罚办法。总之,新的兵役法既考虑当前现实情况,又考虑将来发展趋势,比较符合我国和我军的实际情况。

(三)《中华人民共和国国防教育法》

2001年4月28日,第九届全国人民代表大会常务委员会第二十一次会议通过《中华人民共和国国防教育法》(以下简称《国防教育法》),《国防教育法》共6章38条。这是我国第一部全面调整和规范国防教育的重要法律,是为了适应我国的国情和我国所面临的国际安全形势而制定的。

1.《国防教育法》的主要内容

《国防教育法》的内容主要包括以下四个方面。

第一,国防教育的方针和原则。《国防教育法》明确了国防教育贯彻全民参与、长期坚持、讲求实效的方针,实行经常教育与集中教育相结合、普及教育与重点教育相结合、理论教育与行为教育相结合的原则。针对不同对象,确定相应的教育内容,分类组织实施。

第二,国防教育的内容和目的。《国防教育法》对国防教育的内容和目的作了明确规定。国家通过开展国防教育,使公民的国防观念增强,掌握基本的国防知识,学习必要的军事技能,激发爱国热情,自觉履行国防义务。国防观念是指人们对国防的认识和态度,国防知识是指有关国防的基本理论和常识。

第三,国防教育的领导体制。国防教育是一项全局性、长期性的全民教育活动,其组织性和计划性都很强。《国防教育法》规定:国务院领导全国的国防教育工作;中央军委协同国务院开展全民国防教育;地方各级人民政府领导本行政区域内的国防教育工作;驻地军事机关协助和支持地方人民政府开展国防教育。

第四,学校的国防教育。学校是培养各类人才的机构,学校的国防教育是全民国防教育的基础,是实施素质教育的重要内容。《国防教育法》专门设置了学校国防教育一章,并根据现行学校教育制度和不同年龄段学生身心发展的特点,对学校的国防教育作了具体要求。一是将国防教育的内容纳入小学和初级中学的有关课程,使课堂与课外活动相结合。同时,提倡有条件的中小学校组织学生开展以国防教育为主题的少年军校活动。二是高级中学和相当于高级中学的学校在有关课程中安排专门的国防教育内容,高等学校设置适当的国防教育课程,使课堂教学与军事训练相结合。三是负责培训国家工作人员的各类教育机构将国防教育纳入培训计划,设置适当的国防教育课程。这些规定充分说明国防教育是每个学生的必修课,是各级各类学校不可缺少的教育内容,体现了学校是国防教育主阵地等立法意图。此外,通过在学生中开展形式多样的国防教育活动,保证学校的国防教育常抓不懈,收到实效。

2. 颁布《国防教育法》的意义

颁布《国防教育法》的意义包括:第一,有利于增强国防观念,建设和巩固国防。第二,有利于提高全民素质,促进国防建设和经济建设协调发展。第三,有利于贯彻落实《中华人民共和国国防法》和《国防教育法》,保证国防教育依法进行。

三、公民的国防义务和权利

(一)公民的国防义务

1. 兵役义务

兵役义务是公民在参加国家武装力量和以其他形式接受军事训练方面应当履行的责任。《中华人民共和国兵役法》第3条规定:"中华人民共和国公民,不分民族、种族、职业、家庭出身、宗教信仰和教育程度,都有义务依照本法的规定服兵役。"公民履行兵役义务的主要形式有三种。

第一,服现役。现役是公民在军队中所服的兵役。参加中国人民解放军和武装警察部队都是服现役。按照《中华人民共和国兵役法》的规定,每年12月31日以前,年满18岁的男性公民,应当被征集服现役。根据军队需要,也可以征集18~22岁的女性公民服现役。同时,《中华人民共和国兵役法》还规定,不得征集正在受侦查、起诉、审判或者被判刑的应征公民。同时对有关违法行为也作出了惩处的规定。例如,有服兵役义务的公民如果拒绝、逃避征集的,政府可以对其作出在 2 年内不得被录取为国家公务员、国有企业职工,不得出国或者升学的决定。根据军队现代化建设需要高素质兵员的实际,近年来国务院、中央军委决定在普通高等学校开展征集兵员的工作。同时,采取一定的措施,对应征入伍大学生予以鼓励。比如,在大学生服现役期间,地方政府要发给他们优抚金;对退伍后复学的,学校在专升本、本考研、调整专业、减免学费、增加奖学金等方面都给予政策倾斜等。这些措施无疑激发了大学生携笔从戎、报效祖国的积极性。除了征集新兵,军队平时还采取其他方式从适龄公民中选拔人员。军事院校从应届高中毕业生中招收学员,部分普通高等学校招收国防生,军队招收普通高等学校毕业生入伍,从非军事部门具有专业技能的公民中招收士官。符合服兵役条件的公民,可以通过以上途径参加中国人民解放军或武警部队服现役。

战时,预备役人员应随时准备应召服现役,在接到通知后,必须准时到指定的地点报到。遇有特殊情况,国务院和中央军事委员会可以决定征召 36~45 岁的男性公民服现役。如果应征公民拒绝、逃避征集构成犯罪,则依法追究刑事责任。

第二,服预备役。预备役是公民在军队以外所服的兵役,是国家储备后备兵员的形式。根据《中华人民共和国兵役法》规定,预备役分为军官预备役和士兵预备役,并区分为第一类预备役和第二类预备役。公民服士兵预备役的年龄为 18~35 岁。公民服预备役主要包括三方面:一是登记服预备役;二是参加民兵组织;三是编入预备役部队。

第三,参加军事训练。《中华人民共和国兵役法》第 45 条规定:"普通高等院校的学生在就学期间,必须接受基本军事训练。"第 47 条规定:"普通高中和中等职业学校配备军事教员,对学生实施军事训练。"这些规定表明,接受军事训练是学生必须履行的兵役义务。学生军事训练依据《普通高等学校军事课教学大纲》《高级中学学生军事训练教学大纲》组织实施。普通高等学校和高级中学将军事课(含军事理论教学和军事技能训练)作为必修课,纳入教学计划。其中,普通高等学校军事理论教学时间为 36 学时,军事技能训练时间为 2~3 周,实际训练时间不得少于 14 天。各项教学和训练都规定了明确的内容和目标,必须严格执行。考试成绩记入学生档案,考试不合格的,按普通高等学校学籍管理办法和有关规定处理。

在普通高等学校和高级中学就读的学生,应自觉服从学校的军事训练安排,认真履行应承担的军训义务,完成军事训练科目,达到训练目标。

2. 接受国防教育的义务

国防教育是国家为防备和抵抗侵略,制止武装颠覆,保卫国家的主权、统一、领土完整和安全,对全体公民进行的一种具有特定目的和内容的教育活动,是国家整体教育事业的组成部分。国防教育是建设和巩固国防的基础,是增强民族凝聚力、提高全民素质的重要途径。国家通过立法把国防教育作为公民的法律义务规定下来。

《国防教育法》对国防教育的地位、目的、方针、原则,国防教育领导、保障,学校的国防教育、社会的国防教育和法律责任等作出了具体规定。2001年8月31日,第九届全国人民代表大会常务委员会第二十三次会议通过《关于设立全民国防教育日的决定》,确定每年9月的第三个星期六为全民国防教育日。

国防教育的地位。《国防教育法》第2条规定:"国防教育是建设和巩固国防的基础,是增强民族凝聚力、提高全民素质的重要途径。"

国防教育的目的。《国防教育法》第3条规定:"国家通过开展国防教育,使公民的国防观念增强,掌握基本的国防知识,学习必要的军事技能,激发爱国热情,自觉履行国防义务。"

3. 保护国防设施的义务

国防设施是指国家直接用于国防目的的建筑、场地和设备,包括军事设施、人民防空设施、国防交通设施和其他用于国防目的的设施。国防设施是国防建设的成果,是国防活动的依托,是抵抗侵略、保卫祖国的物质条件。在巩固国防、维护国家安全利益方面具有重要作用。国家采取一切必要措施保护国防设施。《中华人民共和国军事设施保护法》规定,国家对军事设施实行"分类保护、确保重点"的方针,根据军事设施性质、作用、安全保密和使用效能的要求,将军事设施保护分为三类:一是划定军事禁区予以保护;二是划定军事管理区予以保护;三是没有划入军事禁区、军事管理区的军事设施,如通信线路、铁路和公路线、导航和助航标志等,须采取有效措施予以保护。

公民在从事经济、文化和其他社会活动中,应当遵守法律规定,自觉保护国防设施。公民对于破坏、危害国防设施的行为,应当检举、控告或制止。对于破坏、危害国防设施的公民,要承担相应的法律责任。

4. 保守国防秘密的义务

国防秘密是指关系国家安全利益,在一定时间内只限一定范围的人员知悉的军事或与军事有关的政治、经济、外交、科技和教育等方面的事项。国防秘密的主要表现形式是国防秘密信息和国防秘密载体。保守国防秘密事关国家的安危。公民应当遵守《中华人民共和国保守国家秘密法》以及有关的保密规定,严格保守国防方面的国家秘密。发现国防方面的国家秘密已经泄露或者可能泄露时,立即采取补救措施并及时报告。

5. 支持国防建设、协助军事活动的义务

我国的国防是全民国防,公民应当积极参与和支持国防建设。支持国防建设的形式多种多样,公民所做的一切有利于国防建设的事都是支持国防建设。军事活动是国防活动的核心内容。公民和组织应当根据自己的能力和条件,自觉地提供便利和协助。

(二)公民的国防权利

《中华人民共和国国防法》第54条规定:"公民和组织有对国防建设提出建议的权

利,有对危害国防的行为进行制止或者检举的权利。"第 55 条规定:"公民和组织因国防建设和军事活动在经济上受到直接损失的,可以依照国家有关规定取得补偿。"

1. 提出建议权

公民依法对国防建设的指导思想、方针、原则、规章制度和实施方法等提出建议,是公民依照宪法规定享有的对国家事务建议权在国防建设方面的体现。

2. 制止和检举权

制止危害国防利益的行为是指公民依法采取一定的方式、方法制止危害国防的行为,从而维护国防利益。对于危害国防安全的行为,公民有权采取一切合法手段制止其发生和发展。

检举危害国防利益的行为是指危害国防的行为发生后,公民对违法行为进行揭发。《中华人民共和国国防法》规定公民享有制止和检举权,对及时发现和有效地制止、打击侵害国防利益的违法犯罪行为,维护国防利益,加强国防建设有着重要作用。

3. 获得补偿权

《中华人民共和国国防法》规定公民享有获得补偿权。国家进行国防建设或使用武装力量开展军事活动,在某些情况下可能对公民的合法权益产生一定的影响,甚至造成经济损失,公民可以按国家有关规定请求政府或军事机关予以补偿。在战时和其他紧急状态下,有些补偿措施是在事后落实的,不应把预先得到的补偿作为接受征用的条件。同时"补偿"不同于"赔偿"。补偿是由国家机关工作人员或军事人员的合法行为引起的,是国家对公民因国防活动受到损失所采取的补救措施,仅限于直接经济损失,不包括间接经济损失和精神损失。因此,必须实事求是地进行申请与核实。

(三)国防义务与国防权利的关系

国防义务与国防权利是对立统一的关系。所谓"对立",是指两者各有不同的含义,有质的不同。权利是主动的,义务是被动的;权利可以放弃,义务必须履行。所谓"统一",是指两者同时产生、密切联系、互为条件、相辅相成。

第三节 国防建设

国防建设是国家为提高国防实力而进行的各方面建设,主要包括武装力量建设,边防、海防、空防及战场建设,国防科技与国防工业建设,国防法制建设,国防动员建设,国防教育,以及与国防相关的交通、通信、能源和航天建设等。国防的性质依国家的性质和国家政策不同而不同。国防的巩固和强大是防备外来武装侵略和颠覆,维护国家稳定与安全的保证。建设现代化的国防是中华人民共和国国家建设的宏伟目标之一。保卫国家安全，维护国家权益，反对霸权主义，维护世界和平是国防的根本目的。中华人民共和国成立后，经过近70年的艰苦努力，我国国防建设取得了举世瞩目的成就。

一、国防领导体制

国防领导体制是国家谋划、决策、指挥、协调国防建设和军事斗争的组织体系及相应制度，包括国防领导机构的设置、职权划分和相互关系等，是国家体制和军事组织体制的重要组成部分。国防领导体制对发挥综合国力、实现国防目的具有至关重要的作用。一般设有最高统帅、最高国防决策机构、国家行政机关中管理国防事务的部门和武装力量领导指挥系统等。根据《中华人民共和国宪法》《中华人民共和国国防法》和有关法律，我国建立和完善了国防领导体制，对国防活动实行高度集中统一的领导。

（一）国防领导体制的历史发展

自中华人民共和国成立以来，为使国防领导体制适应国家政治、经济和科技的发展，特别是适应军事发展和保障国家安全的需要，对国防领导体制进行了多次调整改革，使之在实践中不断发展和完善。

中华人民共和国成立之初，根据有关法律规定，设立了中央人民政府人民革命军事委员会作为国家最高军事领导机关，统一管辖并指挥中国人民解放军及其他武装力量。1954年，第一届全国人民代表大会通过并颁布的《中华人民共和国宪法》规定，中华人民共和国主席统率全国武装力量，担任国防委员会主席，不再设立中央人民政府革命军事委员会。第一届全国人民代表大会第一次会议决定，设立国防委员会和国防部，撤销中国人民解放军总司令部。同年9月28日，中共中央政治局通过决议，在中央政治局和书记处之下设党的军事委员会，担负领导整个军事工作。中央政治局、书记处和军事委员会有关军事工作的决定，对内以军事委员会（简称"军委"）的名义下达，对外以国务院或国防部的名义下达。1958年7月，中央军委扩大会议通过的《关于改变组织体制的决议》规定，中央军委是中共中央的军事工作部门，是统一领导全军的统帅机关，军委主席是全军统帅，下设总参谋部、总政治部、总后勤部；国防部是军委对外的名义。军委决定的事项凡需经国务院批准，或需用行政名义下达的，由国防部长签署对外发布。

1982年，第五届全国人民代表大会第五次会议通过的第四部《中华人民共和国宪法》规定，设立中华人民共和国中央军事委员会，领导全国的武装力量。中央军事委员会实行主席负责制，主席由全国人民代表大会选举或罢免。为加强我军武器装备建设，1998年，中央军委增设了总装备部。

2015年2月26日，中央军委印发《关于新形势下深入推进依法治军从严治军的决定》。该决定对深入贯彻党的十八届四中全会精神和习近平强军思想、加强军队法治建设作出全面部署，要求全军用强军目标引领军事法治建设，强化法治信仰和法治思维，按照法治要求转变治军方式,形成党委依法决策、机关依法指导、部队依法行动、官兵依法履职的良好局面,提高国防和军队建设法治化水平。

2016年1月11日,军委机关4个总部改为15个职能部门,即由原来的总参谋部、总政治部、总后勤部和总装备部4个总部改为军委办公厅、军委联合参谋部、军委政治工作部、军委后勤保障部、军委装备发展部、军委训练管理部、军委国防动员部、军委纪律检查委员会、军委政法委员会、军委科学技术委员会、军委战略规划办公室、军委改革和编制办公室、军委国际军事合作办公室、军委审计署和军委机关事务管理总局15个职能部门。

随着国防和军队改革的深入,2016年2月1日,中国人民解放军战区成立,在原来的沈阳军区、北京军区、济南军区、南京军区、广州军区、成都军区、兰州军区七大军区基础上,重新调整组建了五大战区,即东部战区、南部战区、西部战区、北部战区和中部战区。战区专司主营打仗,而不直接领导管理部队。战区是联合作战机构,而不是单一军种指挥机构。部队平时的建设与管理由各军种领导机构负责。除原来的海军、空军领导机构外,第二炮兵改称火箭军,新组建成立了联勤保障部队、陆军领导机构和战略支援部队。

(二)国防领导的特征及组织形式

党和国家对国防的领导是通过一定的组织机构来实现的,这种组织形式是历史发展的产物。同时,一个国家的最高国防领导组织形式与本国的社会制度、历史传统和国体、政体密切相关。因此,世界各国最高国防领导的组织形式既有共同点,又有一定区别。我国最高国防领导的组织形式体现了国体、政体和传统的一致性。它的一个基本特征就是党在国防领导中的决定性地位和作用。在革命战争年代,军事最高领导是党中央的军事委员会,党中央主席兼任军委主席,实行一元化领导。新中国成立以来,中国共产党成为执政党,是国家和社会主义建设事业的领导核心。我国的最高国防领导也在实践中不断发展、完善,组织形式经历了多次变革,但根本的一条没有变,即中国共产党的核心领导。《中华人民共和国宪法》规定,中华人民共和国中央军事委员会领导全国武装力量。这样既坚持和改善了党的领导,又进一步明确了军事系统在国家机构中的地位,确立了由党和国家共同行使领导职责的最高国防领导体制。

(三)中华人民共和国国防领导职权

根据《中华人民共和国宪法》和《中华人民共和国国防法》,中华人民共和国国防领导职权由中共中央、全国人民代表大会及其常务委员会、国家主席、国务院、中央军事委员会行使。

1.中共中央的国防领导职权

中国共产党作为执政党,是领导中国社会主义事业的核心力量。中共中央在国家生活包括国防事务中发挥决定性的领导作用。有关国防、战争和军队建设的重大问题,都是由中共中央、中央军委、中央政治局及其常务委员会作出决策并通过必要的法定程序,作为党和国家的统一决策贯彻执行。

2. 全国人民代表大会及其常务委员会的国防领导职权

中华人民共和国全国人民代表大会是国家最高权力机关。它在国防方面的职权主要有:全国人民代表大会选举国家中央军委主席,根据中央军委主席的提名,决定中央军委其他组成人员的人选,决定战争与和平的问题,并行使宪法规定的国防方面的其他职权;全国人民代表大会常务委员会在全国人民代表大会闭会期间决定战争状态的宣布,决定全国总动员或者局部动员,并行使宪法规定的国防方面的其他职权。

3. 国家主席的国防领导职权

中华人民共和国主席的国防领导职权主要有:根据全国人民代表大会的决定和全国人民代表大会常务委员会的决定,宣布战争状态;根据全国人民代表大会的决定和全国人民代表大会常务委员会的决定,发布动员令;公布全国人民代表大会及其常务委员会制定的有关国防方面的法律;根据全国人民代表大会常务委员会的决定,授予在国防方面的国家勋章和荣誉称号;根据全国人民代表大会常务委员会的决定,批准和废除同外国缔结的有关国防方面的条约和重要协定。

4. 国务院的国防领导职权

中华人民共和国国务院是最高国家权力机关的执行机关,是国家最高行政机关。它的国防领导职权包括:编制国防建设发展规划和计划;制定国防建设方面的方针、政策和行政法规;领导和管理国防科研生产;管理国防经费和国防资产;领导和管理国民经济动员工作和人民武装动员、人民防空动员、交通战备动员等方面的工作;领导和管理拥军优属工作和退伍现役军人的安置工作;领导国防教育工作;与中央军事委员会共同领导中国人民武装警察部队、民兵的建设和征兵、预备役工作以及边防、海防、空防的管理工作;法律规定的与国防建设事业有关的其他职权。

5. 中央军事委员会的国防领导职权

中华人民共和国中央军事委员会是最高国家军事机关,与中共中央军事委员会是同一机构,负责领导全国武装力量。其职权主要包括:统一指挥全国武装力量;决定军事战略和武装力量的作战方针;领导和管理中国人民解放军的建设,制定规划、计划并组织实施;向全国人民代表大会或者全国人民代表大会常务委员会提出议案;根据宪法和法律,制定军事法规,发布决定和命令;决定中国人民解放军的体制和编制,规定战区、军兵种和其他军级单位的任务和职责;依照法律、军事法规的规定,任免、培训、考核和奖惩武装力量成员;批准武装力量的武器装备体制和武器装备发展规划、计划,协同国务院领导和管理国防科研生产;会同国务院管理国防经费和国防资产;法律规定的其他职权。

中央军委实行主席负责制,中央军委主席为全国武装力量的统帅。中央军委组成人员为:中央军委主席,副主席若干人,委员若干人。

二、国防政策

(一)国防政策的内容

国防政策是国家进行国防建设和国防斗争的基本行动准则。国家的一切国防活动以及与国防有关的其他活动,都必须以国防政策为依据。

1. 坚决捍卫国家主权、安全、发展利益

慑止和抵抗侵略,保卫国家政治安全、人民安全和社会稳定,反对和遏制"台独",打击"藏独""东突"等分裂势力,保卫国家主权、统一、领土完整和安全。维护国家海洋权益,维护国家在太空、电磁、网络空间等安全利益,维护国家海外利益,支撑国家可持续发展。

中国坚定维护国家主权和领土完整。南海诸岛、钓鱼岛及其附属岛屿是中国固有领土。中国在南海岛礁进行基础设施建设,部署必要的防御性力量,在东海钓鱼岛海域进行巡航,是依法行使国家主权。中国致力于同直接有关的当事国在尊重历史事实和国际法的基础上,通过谈判协商解决有关争议。中国坚持同地区国家一道维护和平稳定,坚定维护各国依据国际法所享有的航行和飞越自由,维护海上通道安全。

解决台湾问题,实现国家完全统一,是中华民族的根本利益,是实现中华民族伟大复兴的必然要求。中国坚持"和平统一、一国两制"方针,推动两岸关系和平发展,推进中国和平统一进程,坚决反对一切分裂中国的图谋和行径,坚决反对任何外国势力干涉。中国必须统一,也必然统一。中国有坚定决心和强大能力维护国家主权和领土完整,决不允许任何人、任何组织、任何政党、在任何时候、以任何形式、把任何一块中国领土从中国分裂出去。我们不承诺放弃使用武力,保留采取一切必要措施的选项,针对的是外部势力干涉和极少数"台独"分裂分子及其分裂活动,绝非针对台湾同胞。如果有人要把台湾从中国分裂出去,中国军队将不惜一切代价,坚决予以挫败,捍卫国家统一。

2. 坚持永不称霸、永不扩张、永不谋求势力范围

国虽大,好战必亡。中华民族历来爱好和平。近代以来,中国人民饱受侵略和战乱之苦,深感和平之珍贵、发展之迫切,绝不会把自己经受过的悲惨遭遇强加于人。新中国成立近70年来,中国没有主动挑起过任何一场战争和冲突。改革开放以来,中国致力于促进世界和平,主动裁减军队员额400余万。中国由积贫积弱发展成为世界第二大经济体,靠的不是别人的施舍,更不是军事扩张和殖民掠夺,而是人民勤劳、维护和平。中国既通过维护世界和平为自身发展创造有利条件,又通过自身发展促进世界和平,真诚希望所有国家都选择和平发展道路,共同防范冲突和战争。

中国坚持在和平共处五项原则基础上发展同各国的友好合作,尊重各国人民自主选择发展道路的权利,主张通过平等对话和谈判协商解决国际争端,反对干涉别国内政,反对恃强凌弱,反对把自己的意志强加于人。中国坚持结伴不结盟,不参加任何军事集团,反对侵略扩张,反对动辄使用武力或以武力相威胁。中国的国防建设和发展,始终着眼于满足自身安全的正当需要,始终是世界和平力量的增长。历史已经并将继续证明,中国决不走追逐霸权、"国强必霸"的老路。无论将来发展到哪一步,中国都不会威胁谁,都不会谋求建立势力范围。

3.贯彻落实新时代军事战略方针

新时代军事战略方针,坚持防御、自卫、后发制人原则,实行积极防御,坚持"人不犯我、我不犯人,人若犯我、我必犯人",强调遏制战争与打赢战争相统一,强调战略上防御与战役战斗上进攻相统一。

贯彻落实新时代军事战略方针,服从服务党和国家战略全局,落实总体国家安全观,强化忧患意识、危机意识、打仗意识,积极适应战略竞争新格局、国家安全新需求、现代战争新形态,有效履行新时代军队使命任务。根据国家面临的安全威胁,扎实做好军事斗争准备,全面提高新时代备战打仗能力,构建立足防御、多域统筹、均衡稳定的新时代军事战略布局。坚持全民国防,创新人民战争的战略战术和内容方法,充分发挥人民战争整体威力。

中国始终奉行在任何时候和任何情况下都不首先使用核武器、无条件不对无核武器国家和无核武器区使用或威胁使用核武器的核政策,主张最终全面禁止和彻底销毁核武器,不会与任何国家进行核军备竞赛,始终把自身核力量维持在国家安全需要的最低水平。中国坚持自卫防御核战略,目的是遏制他国对中国使用或威胁使用核武器,确保国家战略安全。

4.坚持走中国特色强军之路

建设同国际地位相称、同国家安全和发展利益相适应的巩固国防和强大军队,是中国社会主义现代化建设的战略任务,是坚持走和平发展道路的安全保障,是总结历史经验的必然选择。

新时代中国国防和军队建设,必须深入贯彻习近平强军思想,深入贯彻习近平军事战略思想,坚持政治建军、改革强军、科技兴军、依法治军,聚焦能打仗、打胜仗,推动机械化信息化融合发展,加快军事智能化发展,构建中国特色现代军事力量体系,完善和发展中国特色社会主义军事制度,不断提高履行新时代使命任务的能力。

新时代中国国防和军队建设的战略目标是,到2020年基本实现机械化,信息化建设取得重大进展,战略能力有大的提升。同国家现代化进程相一致,全面推进军事理论现代化、军队组织形态现代化、军事人员现代化、武器装备现代化,力争到2035年基本实现国防和军队现代化,到本世纪中叶把人民军队全面建成世界一流军队。

5.服务构建人类命运共同体

中国人民的梦想与世界人民的梦想息息相通。一个和平稳定繁荣的中国,是世界的机遇和福祉。一支强大的中国军队,是维护世界和平稳定、服务构建人类命运共同体的坚定力量。

中国军队坚持共同、综合、合作、可持续的安全观,秉持正确义利观,积极参与全球安全治理体系改革,深化双边和多边安全合作,促进不同安全机制间协调包容、互补合作,营造平等互信、公平正义、共建共享的安全格局。

中国军队坚持履行国际责任和义务,始终高举合作共赢的旗帜,在力所能及的范围内向国际社会提供更多公共安全产品,积极参加国际维和、海上护航、人道主义救援等行动,加强国际军控和防扩散合作,建设性参与热点问题的政治解决,共同维护国际通道安全,合力应对恐怖主义、网络安全、重大自然灾害等全球性挑战,积极为构建人类命运共同体贡献力量。

(二)国防政策的特点

中国国防政策具有政治性、防御性、全民性和自主性等特点。

政治性表现在:中国国防服从中国共产党的领导,服从党和国家的总路线和总政策,服务于国家总体战略目标。党对国防的领导既是中国人民的历史选择,又是宪法和法律明确规定的。《中华人民共和国宪法》和《中华人民共和国国防法》中明确规定了党对国防和武装力量的领导地位。

防御性表现在:我国的国防政策是积极防御性的,但这种战略上的防御不是消极的,不是被动挨打的,防御中也有进攻。它是和平时期努力遏制战争与准备打赢自卫战争的有机统一,是战争时期战略上的防御与战役战斗上的积极攻势行动的有机统一,是政治斗争与军事斗争的有机统一。中国永远不对外侵略和扩张,但是对于外来的侵略、颠覆以及其他严重侵犯国家利益的行为,必将给予坚决的反击。

全民性表现在:加强军政、军民团结,全民办国防,着眼于发挥现代人民战争整体优势,加强以综合国力为基础的国防动员和后备力量建设。中国的国防是人民的国防,中国武装力量属于人民,我国国防事业的力量源泉在于人民群众,坚决依靠广大人民群众建设国防,实行全民自卫。

自主性表现在:坚持不与任何国家或国家集团结盟,不参加任何军事集团;坚持从国情出发,独立自主地进行决策和制定战略;坚持主要依靠自己的力量建设国防,完善工业和国防科技体系,发展先进武器装备;坚持国家利益高于一切的原则,独立地处理一切对外军事事务。在保持国防事务自主权的同时努力加强国际合作,团结一切爱好和平的国家和人民,为维护世界和平和稳定而奋斗。

三、国防战略与国防成就

(一)国防战略

1956年,彭德怀代表中共中央、中央军委所作的《关于保卫祖国的战略方针和国防建设问题》的报告中,提出了"积极防御"的战略方针。1977年,叶剑英代表中央军委所作的《抓纲治军、准备打仗》的报告中,重申了"积极防御"的战略方针。根据形势的发展,邓小平指出:"没有明确的战略方针,好多事情都不好办。"1980年,邓小平在军委召开的一次研讨会上再次提出:"我们未来的反侵略战争,究竟采取什么方针?我赞成就是'积极防御'四个字。"关于积极防御战略方针的内涵,毛泽东在《中国革命战争的战略问题》一文中作过精辟的阐述,是"攻势防御""决战防御""为了反攻和进攻的防御"。邓小平根据新的现实环境下军事斗争的实际需要,坚持和发展了"积极防御"的战略方针。他在1978年的一次谈话中指出:"我们的战略始终是防御,二十年后也是战略防御……就是将来现代化了,也还是战略防御。"在1980年军委召开的一次会议上,他更加明确地指出:"积极防御本身就不只是一个防御,防御中有进攻。"这是用马克思主义的辩证观点揭示了积极防御的本质。在中国革命战争和新中国成立后巩固国防的长期斗争实践中,积极防御的战略方针始终贯穿着自卫战争、后发制人;对待强敌,持久作战;依靠人民战争,以劣势装备战胜优势装备之敌;立足于复杂困难情况下作战等重要思想。在新形势下,我国的社会制度和基本政策以及军事斗争的现实需要决定我们仍然坚持积极防御的国防战略。根据和平时期的特点,进一步发展和丰富积极防御战略,实行遏制战争与打赢战争的辩证统一,着重准备对付可能发生的局部战争和突发事件,以国家利益为最高准则处理军事战略问题,是新时期我国国防战略的基本目标和基本任务。

中国国防战略的基本出发点是国家的根本利益。对于新中国来说,国家的根本利益就在于国家的主权、安全和领土完整,就在于实现建设一个富强、民主、文明、和谐的社会主义国家的发展目标。新中国的国家大战略就是国家的这一根本利益在一定历史条件下的集中体现。近70年来,新中国的国防战略以国家根本利益为最高原则,坚持从国家大战略的高度来运筹军事斗争准备和军事行动。因此,新中国的军事斗争准备和军事行动,始终立足于维护我国周边和平与世界和平,赢得和慑止针对中国的侵略战争,为实现国家发展目标提供可靠的安全保障。从这一立足点出发,新中国的国防战略坚持了以下重要原则:服务于反对霸权主义和强权政治的国家对外基本政策;着眼于创造相对持久的国际和平环境;推动国际战略格局向有利于世界和平的方向发展。

对战争与和平的认识和判断是确立中国国防战略的一个基本依据。依据对战争与和平形势的发展所作出的认识和判断,我国曾进行过几次战略调整。新中国成立伊始,根据解放战争已经取得决定性胜利,全国将迎来经济、文化建设高潮的形势,开始大规模裁减军队,并提出了建设一支强大的、诸军兵种兼有的现代化军队的奋斗目标。由于朝鲜战争的爆发,我军建设由战时向平时转变受到影响。抗美援朝战争结束后,我国赢得了一个相对稳定的和平环境。我军从调整体制编制、改革军事制度、改善武器装备、加强正规化训练等方面入手,全面展开了现代化正规化建设。进入20世纪60年代,鉴于国际形势和周边局势趋于紧张,国家面临来自多方面的侵略威胁、战争挑衅和军事压力,我国对战争危险作出了严峻估计,全面加强战备工作。随之,军队建设也逐步转到立足于准备"早打、大打、打核战争"的临战状态。党的十一届三中全会以后,全党、全国的工作重点转移到经济建设上来,军队工作的重心也转移到以现代化为中心的全面建设上来,提出了建设强大的现代化、正规化革命军队的总目标。1985年,中央军委扩大会议作出了军队建设指导思想实行战略性转变的重大决策,决定军队建设从临战准备状态转变到和平时期建设轨道上来,即充分利用较长时间内大仗打不起来的和平环境,在服从国家经济建设大局的前提下,抓紧时间有计划、有步骤地加强以现代化为中心的军队建设,提高军队现代战争条件下的防卫作战能力,为赢得未来反侵略战争的胜利做好长期准备。这是我军历史上又一次重大的战略调整,对我军建设产生了深远的影响。

战略调整是一种关乎全局的指导方针的调整。新中国国防战略近70年的历程表明,适时地进行符合实际情况的战略调整,对于军队的建设和发展具有根本的推动作用;而违背客观实际情况的战略调整,则会对军队的建设和发展带来消极影响。这里的关键问题是对战争与和平的认识问题,是对战争危险的判断问题。科学认识战争与和平问题,恰当判断战争危险,是实施正确战略调整的必要前提条件。在未来的国防建设中,我们仍然应该把握这一关键,以赢得克敌制胜的战略制高点。

1. 人民战争思想的战略指导与有效制敌的"杀手锏"

人民战争思想是毛泽东军事思想的实质和核心。在长期的革命战争中,人民战争思想是我党、我军赖以战胜国内外敌人的强大思想武器,它不仅规定了党和军队的基本军事路线,而且规定了党和军队的基本战略战术原则。中国的国防战略始终是以人民战争思想为依据的。1958年,毛泽东指出:"帝国主义如果竟敢发动对我国的侵略战争,那时我们就将实现全民皆兵,民兵就将配合人民解放军,并且随时补充人民解放军,彻底打败侵略者。"在新的历史时期,邓小平强调:"继承毛泽东军事思想,研究现代条件下的人民战争,发展我国军事科学。"他还说:"我们现在还是坚持人民战争。我们不会去侵略人家。敌人要打进来,中国的'三结合'就会叫敌人处于人民战争的汪洋大海之中。"江泽民也强调:"要保卫我们的国家安全,应始终坚持人民战争这一克敌制胜的法宝。"

近70年来,人民战争思想不仅在赢得反侵略战争中发挥了根本指导作用,而且在国防建设中也发挥了根本指导作用。在人民战争思想指导下,新中国大力建设能够有效开展人民战争的武装力量体制,不断加强民兵和预备役建设。经过近70年努力,新中国已经建成了一支召之即来、来之能战的强大的民兵和预备役力量。这是新中国赢得和遏制战争的强大因素,也是新中国的真正优势所在。这就是说,人民战争不仅是我们赢得反侵略战争的强有力手段,也是我们遏制侵略战争的强有力手段。

新中国的军事战略指导从来都把争取胜利的立足点,放在依靠广大人民群众的支持,依靠全体官兵的高度的政治觉悟和勇敢精神,依靠现有装备和机动灵活的战略战术上,从来都不相信一两件新式武器可以决定战争的胜负。但是,我们也深知武器装备的优势是赢得战争和遏制战争的重要因素。在核时代掌握一定数量和规模的核武器对于保障国家主权和安全具有重要意义,是对拥有强大军事力量的帝国主义国家形成威慑的必要手段,也是在军事力量不对称形势下寻求和确立力量"对称点"的必要条件。

新中国成立15年后,中国人民克服了常人难以想象的困难,于1964年成功地爆炸了第一颗原子弹,然后又很快研制成功了中远程导弹、氢弹和人造地球卫星。实践证明,掌握了核导弹技术,不仅大大提高了新中国慑止战争的能力,而且大大提高了新中国的国际地位。邓小平在总结这个经验时指出:"过去也好,今天也好,将来也好,中国必须发展自己的高科技,在世界高科技领域占有一席之地。如果60年代以来中国没有原子弹、氢弹,没有发射卫星,中国就不能叫有重要影响的大国,就没有现在这样的国际地位。这些东西反映了一个民族的能力,也是一个民族、一个国家兴旺发达的标志。"中国的经济和科技发展全面赶超发达国家还有待时日,但是,为了国家主权和安全,我们必须在高科技领域占有一席之地,必须掌握一定数量的具有世界先进水平的武器装备,有一批能有效制敌的"杀手锏"。否则,像中国这样实行独立自主政策的社会主义大国,就很难有效地维护自己的安全。

2. 坚持自卫立场、后发制人,把握军事斗争的主动权

中国永远不会欺负别国,永远不会称霸,永远不会向全球伸手。但同时,我们决不允许任何人损害我们的主权和领土完整,不惧怕任何强加在我们头上的战争。即人不犯我,我不犯人,人若犯我,我必犯人。在军事战略指导上,坚持自卫立场,实行后发制人。根据这一原则,我们的作战是自卫性质的,是在敌人向我打"第一枪"后的还击作战。当然,战略上的防御决不意味着我们在战役战斗上也是防御的。我们的自卫还击作战是防御与进攻相统一,威慑与制胜相统一。这一原则的意义不仅在于军事方面要掌握军事行动的主动权,而且在于政治方面保证了我们始终处于主动地位,赢得广泛的同情和支持。

3. 贯彻坚持自卫立场、实行后发制人的原则

历史证明,新中国是认真贯彻坚持自卫立场、实行后发制人原则的。如中印边界自卫反击战争,就是中国不得已而为之的一场战争。新中国把推翻了殖民主义统治、积极倡导不结盟政策的印度视为友好国家,致力于发展中印友好关系。但是,印度却对我国领土怀有觊觎之心。新中国成立后不久它便出兵占领了中印边界传统习惯线以北和所谓的"麦克马洪线"以南大片中国领土,同时占领中印边界中段和西段大片有争议地区。1959年,印度尼赫鲁政府在积极支持西藏上层反动集团发动武装叛乱的同时,公然向中国提出领土要求,并挑起边界武装冲突。中国理所当然地拒绝了印度的无理要求,但还是努力维护中印友好关系。印度却把中国的忍让视为软弱可欺,于1962年10月公然下令向中国发动全线进攻。在此形势下,中国政府不得不决定实施自卫反击作战。中国在军事战略指导上始终服从国家捍卫主权和安全的政治需要,始终保持极大的克制和忍让,采取了一系列避免武装冲突的措施。这样做,当然不能感化被扩张野心冲昏了头脑的印度当局,但却使国际社会看清了我国诚心诚意解决中印边界争端、维护和平的立场,和印度肆意扩大事态、破坏边境安宁的真面貌,从而使我国在政治上、道义上占据了完全的主动,争得了国际舆论的支持。

今天,拥有强大国防的中国已不再任人欺凌和宰割,帝国主义者在中国土地上横行无忌的历史已经一去不复返。但我们也应当看到,不公正不合理的国际政治、经济秩序还会在相当长的历史时期内继续存在,霸权主义和强权政治还会给世界各国人民带来包括战争在内的种种灾难,军事力量依然是捍卫国家主权、安全和领土完整的核心因素,正确的国防战略依然是国家不可或缺的治国之道。中国作为坚持社会主义制度的大国,不可避免地会受到一些奉行霸权主义和强权政治的国家的敌视,会受到它们政治与军事兼施的遏制与威胁。因此,中国在为实现强国理想而继续奋斗的道路上,还必须对侵略战争保持高度的警惕,还必须巩固我国国防,做好打赢高技术局部战争的充分准备。

(二)国防成就

100多年前的中国有国无防,国门大开,受尽了帝国主义列强的侵略欺凌,中国人民为此付出了惨重的代价,经历了丧权辱国的屈辱历史。新中国成立后,经过近70年的努力,国防建设取得了举世瞩目的巨大成就。

1. 顺应世界新军事革命潮流,重塑我军领导指挥体制

军委总部和军种、大军区领导指挥体制是历史形成的,稳定运行近70年,对推进我军建设发展、保证各项重大任务完成,发挥了十分重要的作用。但随着形势任务的发展,其局限性、滞后性日益凸显,难以适应打赢信息化战争、有效履行我军新时期使命任务的新要求,迫切需要改革创新。2013年,十八届三中全会决定对深化国防和军队改革,构建中国特色现代军事力量体系作出明确部署。2016年,将总部制改为多部门制,由原来的总参谋部、总政治部、总后勤部和总装备部4个总部,改为7个部(厅)、3个委员会和5个直属机构,如图1-1所示。

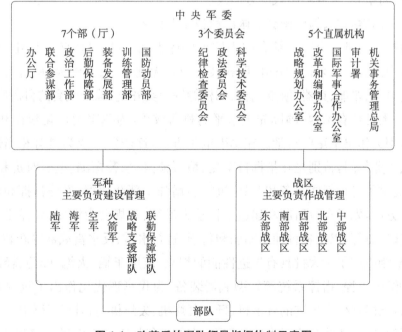

图1-1 改革后的军队领导指挥体制示意图

2. 中国人民解放军的现代化、正规化和革命化建设取得突破性的进展

新中国成立后,中国人民解放军不断向现代化、正规化和革命化迈进。特别是改革开放以来,我国国防实力得到进一步加强,国防现代化建设,尤其是军队建设,有了突破性进展,取得了一系列重大成就。1949年10月1日,当毛泽东主席在天安门向全世界庄严宣告中华人民共和国成立时,中国人民解放军也迈开了建设诸军兵种合成军队的坚实步伐。当时的中国人民解放军基本是一支单一的以步兵为主的陆军。海军、空军仅仅刚具雏形,而陆军中的炮兵、装甲兵、工程兵、通信兵等技术兵种所占比例非常小。经过近70年的艰苦努力,中国人民解放军实现了由单一陆军向诸军兵种合成的军队发展,不仅掌握了种类比较齐全的常规武器装备,而且拥有了具有一定威慑力的原子弹、氢弹等尖端武器装备。进入21世纪,中国人民解放军继续向着更高阶段迈进。根据信息化战争的特点,中国人民解放军开始把军事斗争准备的立足点放在打赢信息化条件下的局部战争上,军队建设逐步实现由数量规模型向质量效能型、由人力密集型向科技密集型的转变;在发展武器装备方面,中国人民解放军根据信息化条件下局部战略的需要,努力发展高技术"杀手锏";在改革调整体制编制方面,中国人民解放军进一步压缩了军队规模,优化诸军兵种比例结构,完善体制,使军队体制编制更加适应现代联合作战的需要;在改革教育训练方面,为培养掌握现代科技知识和战争知识、精通现代军事科学理论的高层次指挥人才,有资格的指挥院校和军事研究机构增设了硕士、博士和博士后教育,部队训练加大了实战力度。进入21世纪,中国人民解放军将继续优化体制编制,更新教育训练内容和手段,改善武器装备,加强军队的质量建设,提高诸军兵种的合成化水平,使其向精兵、合成和高效的方向发展。

3. 形成了门类齐全、综合配套的国防科技工业体系

国防科技是衡量一个国家综合国力的重要标志之一,也是国防现代化建设的重要方面。自新中国成立以来,我国的国防科技工业从无到有、从小到大、从落后到先进,建立起了包括电子、船舶、兵器、航空、航天和核能等门类齐全、综合配套的科研实验生产体系,取得了一大批具有国内、国际先进水平的科研成果,为我军现代化建设和切实增强我国的综合国力作出了重要贡献。在军事电子方面,逐步发展成为具有相当规模、门类齐全的新兴工业部门,特别是在指挥自动化、情报侦察、预警探测、电子对抗和通信等方面,为我军提供了各种新式装备和产品,进一步增强了部队侦察、通信指挥和作战能力;在船舶工业方面,先后自行研制和建造了核动力潜艇、常规动力潜艇、导弹驱逐舰、导弹护卫舰、导弹快艇等,以及各种辅助船舶和新型鱼雷、水雷、反水雷武器等新装备;在兵器工业方面,研制生产了一大批具有先进性能的坦克、装甲车辆、火炮、弹药、轻武器、军用光电器材和综合火控、指挥系统等新型武器装备,为我军现代化作出了重要贡献;在航空工业方面,已能够生产先进的歼击机、歼击轰炸机、轰炸机、直升机、运输机、教练机等,基本满足了海、空军作战和飞行训练的需要;在航天科技工业方面,已拥有地地、地空、海空和空空导弹武器系统,运载火箭、各种应用卫星的研制和实验能力以及各种应用卫星的发射能力,使我国在世界高技术领域占有一席之地;在核工业方面,我国不仅可以生产制造原子弹、氢弹,还掌握了核潜艇技术,形成了我国的核威慑力量,而且在和平利用核能方面,也取得了突破性进展。

4. 国防后备力量建设取得了长足的发展

党和国家十分重视国防后备力量建设。特别是自党的十一届三中全会以来,党中央、国务院、中央军委明确提出了"精干的常备军和强大的后备力量相结合,是建设现代化国防的必由之路"基本指导方针,使我国国防后备力量建设进入新阶段。一是实现了指导思想的战略性转变,走上了相对和平时期稳步发展的轨道。当前,党中央、国务院、中央军委更加明确地提出"民兵工作要以更好地适应新时期军事战略方针和适应发展社会主义市场经济的新形势为指针"。二是确立并实行了民兵与预备役相结合的制度,初步形成了具有中国特色的国防后备力量体系,并下大力重点狠抓基干民兵队伍建设和预备役部队建设,加强了训练,改进了武器装备,使我国后备兵员的整体素质显著提高。三是注重宏观指导,合理布局,边海防、大中城市和重点地区的民兵工作得到加强。四是民兵、预备役部队在参战支前、保卫边疆、发展生产、扶贫帮困、抢险救灾、维护社会治安等方面发挥了重要作用,为国家的改革、发展和稳定作出了巨大的贡献。五是健全了国防动员机构。目的是保证国家在一旦发生战争的情况下,能很快由平时状态转入战时状态,调动足够的人力、财力和物力应付战争。六是加强了国防教育,学生军训工作全面展开,发展形势良好。国办发〔2001〕48号文件对学生军训工作的指导思想、方针、原则、组织领导、工作机构设置、教师队伍建设、教学训练保障和训练内容、时间等问题作出了明确规定,这标志着学生军训工作走上规范化、正规化道路。

三、军民融合发展

（一）军民融合的内涵

军民融合,是指把国防和军队现代化建设深深融入经济社会发展体系之中,全面推进经济、科技、教育、人才等领域的军民融合,在更广范围、更高层次、更深程度上把国防和军队现代化建设与经济社会发展结合起来,为实现国防和军队现代化提供丰厚的资源和可持续发展的后劲。可以说,走中国特色军民融合式发展路子,既是兴国之举,又是强军之道。军民融合式发展是时代赋予国防和军队现代化建设的使命,应区分好主次先后、轻重缓急,抓住关键环节,以重点突破带动整体跃升。

第一,推动武器装备科研生产体系的军民融合,充分发挥市场在资源配置中的基础性作用和政府的宏观调控作用,推进国防科技和民用科技互动发展,统一通用型军民产品的技术标准,深化武器装备采购制度改革。

第二,推动军队人才培养体系的军民融合,完善依托国民教育培养军队人才的体制机制,拓宽利用国民教育资源和国家人才资源渠道,吸引社会高层次人才到军队工作。

第三,推动军队保障体系的军民融合,完善军民结合、寓军于民的军队保障体系,全面建设军队现代后勤,积极稳妥地把保障体制向一体化推进,保障方式向社会化拓展,保障手段向信息化迈进,后勤管理向科学化转变。

第四,推动国防动员体系的军民融合,建立健全国防动员组织领导制度,完善军民结合、平战一体的工作格局,加强国防动员应急功能。

第五,推动科技资源体系的军民融合,发挥国防科技工业对国民经济的促进作用,促进国防领域和民用领域科技成果、人才、资金、信息等要素交流融合,形成国民经济对国防建设的强大支撑力、国防科技对经济发展的强大牵引力。

从宏观层面上讲,制定实施军民融合式发展战略,需要重点做好"六个纳入",即把国防和军队建设与改革规划纳入国家经济社会改革和发展总体规划,把国防科技和武器装备发展纳入国家科技创新体系,把重大国防设施和战场建设纳入国家基本建设体系,把军队人才基础知识素质培养纳入国民教育体系,把军队生活服务保障纳入社会服务保障体系,把国防动员纳入国家应急管理体系。

深化军民融合式发展体制机制改革,应做好四个方面的工作:一是着眼于理顺融合式发展的利益关系,着力建立健全国家层面和地方层面的军地协调体制机制,加强军民融合式发展的组织领导和综合协调;二是着眼于优化融合式发展的资源配置,着力构建权责对称、运转顺畅、激励有效、惩罚有力的运行机制,不断提高融合式发展的运行效率;三是着眼于调动融合式发展的积极因素,制定完善包括市场准入、财政补贴、税收减免、投融资政策在内的一系列优惠政策,不断开创军民融合式发展新局面;四是着眼于强化军民融合式发展的法制保障,着力构建一套层次分明、相互配套、彼此协调的法规体系,不断促进军民融合发展工作的法制化、正规化、科学化。

(二)军民融合战略的发展

新中国成立以来特别是改革开放40多年来,在党中央集中统一领导下,我国在推进军民结合、寓军于民、军民融合的探索和实践中,坚持从基本国情、军情出发,开创了一条中国特色军民融合式发展路子,取得了举世瞩目的伟大成就,积累了极为宝贵的成功经验。

1. 毛泽东推动军民融合式发展

毛泽东主席等中央领导从一开始就是从国家战略全局出发提出军民结合的,要求军事工业、民用工业都要具有能军能民两种能力、两种本事,并强调必须如此做。当然,当时强调国防工业要"以军为主",是与当时对国家安全形势的判断密切相关的,是与突出强调国防建设和加强战备一致的。众所周知,当时的指导思想是立足于"早打、大打、打核战争",而且我们正处于加紧建立国防科技工业体系的关键时期。唯有建立自己的军工体系,才能确保我军武器装备建设立足国内,从根本上防止受制于人,把国家安全的命脉牢牢掌握在自己手里。可以说,"以军为主"是由当时的安全形势、军事需求和军工科研生产能力、水平决定的,这也是国家核心利益和长远发展的必然要求。

2. 邓小平坚定军民融合式发展

邓小平同志曾坚定地指出,国防工业要走军民结合的道路,强调这是一个大方针,这个道路是对的,并决定将"以军为主"改为"军品优先",这是与党和国家工作重点转移,以及军品任务大幅度减少、军工研制生产能力调整密切相关的,是"十六字"方针内涵上的一次重要改变,也可以说是指导方针的一次重大调整,既符合我国国防科技工业的实际情况,也体现了世界军事工业发展的共同趋势。实行军民结合,最根本的目的是为了解放和发展生产力。为此,国防科技工业必须纳入整个国家规划,加入整个国家建设中去,在优先确保军品任务的同时,要重点发展高技术、高附加值民品和出口产品,带动和促进国家高科技及其产业的发展。为此,一个关键性、实质性的问题是,必须通过改革体制、转变机制、调整结构,为推进军民结合提供重要保证,注入新的生机与活力。同时,要从国家整体规划上统筹军民结合,而且军工发展民品必须以高新技术产品为重点。在这一时期,国防科技工业实质上实行了两个重大转变:一是在服务方向上,由过去主要为军队现代化服务向为四个现代化服务转变;二是在功能和结构上,由过去的单一军品型向军民结合型转变,从某种意义上讲,已不是单纯的军工了。由此,也必然由相对封闭转向全面开放。

3. 江泽民坚持军民融合式发展

在军工管理体制调整后,要在过去推进军民结合的基础上实现新发展、新突破,就必须从国家发展战略、规划计划上,解决军民兼容的问题。而且,在新的形势下、在更高的起点上推进寓军于民,提高军民兼容程度,增强平战转换能力,已不是仅从有利于经济建设上来考虑,更不是仅从军工企业、科研单位研制开发民品和出口产品上来考虑,而是从经济建设和国防建设两大战略任务的有机统一上来决策、运筹、谋划和推进。同时,还可以看出,这个时期突出"军民兼容""寓军于民",是与国家整个经济体制调整改革一致的,强调两头兼顾、协调发展,从国家总体改革与发展层面实现寓军于民,达到相互促进、相互兼容、协调发展,最大限度地发挥军民资源的综合效益。显然,这在认识上、实践上都是新的提高和跃升。可以说,从军民结合到寓军于民是一次历史性跨域。

4. 胡锦涛强调"军民融合"

强调"军民融合",是与深入贯彻落实科学发展观、实现全面建设小康社会的宏伟目标密切相关的,是整个国家经济体制改革、结构调整、产业升级的必然要求,也是长期以来军民结合、寓军于民的新要求。可以说,从体制机制、发展路子、发展方式上,进一步解决了新形势下的军民结合、寓军于民向广度和深度发展的问题,而且提出更明确的指导方针、战略目标、体系重点。集中到一点,军民融合实质就是把国防建设与经济建设更有效地统一起来,统筹谋划,融为一体,实现全面协调可持续发展,达到富国强军的战略目标。可以说,从寓军于民到军民融合是又一次历史性跨越。

5. 习近平军民融合思想

以党的十八大为标志,我国社会主义事业和改革开放站在一个新的历史起点上,进入了全面建成小康社会和实现中华民族伟大复兴的新时代。以习近平同志为核心的党中央,敏锐把握时代大趋势,科学回答实践新要求,积极顺应人民新期待,站在国家安全和发展全局的高度,提出了一系列重大战略思想,作出了一系列重大战略决策,其中重要的一点就是深入实施军民融合发展战略。实践证明,军民融合是国防建设和经济建设融合发展的集中体现,是国防和军队建设融入经济社会发展体系的内在要求,是实现安全与发展兼顾、富国与强军统一的必由之路,是转变经济发展方式和军队建设方式的重要抓手,是构建一体化国家战略体系和能力的重大举措,也是增强平战转换和国防动员能力的重要保障。同时,也有利于新形势下加强军政、军民团结。把军民融合发展上升为国家战略,加快军民融合深度发展,在新的起点上走中国特色军民融合式发展路子,是军民融合发展史上又一次新的历史性跨越。

习近平同志关于新时代军民融合深度发展的重要论述,内容丰富、寓意深远,精辟阐明了军民融合深度发展的战略定位、时代要求、科学内涵、本质特征、目标重点、重大举措,以及面临的突出矛盾和问题,具有很强的战略性、理论性、科学性和创新性。

第四节 中国武装力量

武装力量是国家或政治集团所拥有的各种武装组织的总称。一般以军队为主体,由军队和其他正规与非正规的武装组织构成,是国防力量的主体。

一、中国武装力量性质、宗旨和使命

武装力量的组织与构成,通常受国家政治制度、经济实力、军事战略、地理环境、人口和历史传统等多种因素的制约。目前,世界各国武装力量大体分为三种类型:一是由三种或三种以上武装组织构成;二是由军队和武装警察构成;三是由军队或武装警察或民兵构成。大多数国家一般采取以军队为主体的多种武装组织相结合的组织结构。我国武装力量由多种类型构成。

(一)中国武装力量性质

中国人民解放军是中国共产党缔造和领导的,用马克思列宁主义、毛泽东思想和包括邓小平理论、"三个代表"重要思想、科学发展观、习近平新时代中国特色社会主义思想等重大战略思想在内的中国特色社会主义理论体系武装的人民军队,是中华人民共和国的武装力量,是人民民主专政的坚强柱石。

中华人民共和国的武装力量属于人民,中国武装力量的任务是巩固国防,抵抗侵略,保卫祖国,保卫人民的和平劳动,参加国家建设事业,全心全意为人民服务。

(二)中国武装力量宗旨

1945年4月,毛泽东在《论联合政府》的报告中,对人民军队的宗旨作了概括:"紧紧地和中国人民站在一起,全心全意为中国人民服务,就是这个军队的唯一的宗旨。"这一宗旨表明,中国人民解放军是中国共产党领导的无产阶级性质的新型人民军队。它来自人民,属于人民,为了人民,时刻同人民站在一起,全心全意地为中国无产阶级和中国各族人民的利益而战斗。中国人民解放军无条件地执行中国共产党的纲领、路线和政策,实行有领导的民主,建立自觉的纪律。

(三)中国武装力量历史使命

中国人民解放军在新世纪新阶段的历史使命是:为党巩固执政地位提供重要力量保证,为维护国家发展的重要战略机遇期提供坚强安全保障,为维护国家利益提供有力战略支撑,为维护世界和平与促进共同发展发挥重要作用。坚定不移地捍卫国家安全、统一和领土完整。增强"四个意识",站在听党指挥、维护核心的政治和全局高度,坚决听从党中央、中央军委和习近平总书记指挥,勇毅笃行,坚定不移走中国特色强军之路,向着党在新形势下的强军目标、世界一流军队奋力挺进。

二、武装力量构成

(一)中国武装力量的构成

《中华人民共和国国防法》规定:"中华人民共和国的武装力量,由中国人民解放军现役部队和预备役部队、中国人民武装警察部队、民兵组成。"它的基本体制是"三结合"。

中国武装力量

1. 中国人民解放军

中国人民解放军是中国武装力量的主体。它诞生于1927年8月1日,历经红军、八路军和新四军、解放军等发展阶段。它从小到大,由弱到强,在中国人民的长期武装斗争中,先后打败了国内外一切反动军队、反动势力和日本侵略者,为新中国的诞生立下了不朽功勋。新中国成立后,又在抗美援朝和历次边境反击战争中捍卫了国家主权和尊严,成为保卫祖国和社会主义建设事业的坚强柱石。中国人民解放军由现役部队和预备役部队组成。

现役部队是国家的常备军。它由陆军、海军、空军、火箭军和战略支援部队组成。预备役部队是具有一定战斗力的准正规部队。它是以现役军人为骨干,以预备役军官、士兵为基础,按统一编制编成,能在战时迅速转为现役部队。它是中国人民解放军的重要组成部分,是战时首批动员的后备力量。

1983年，预备役部队正式组建，列入中国人民解放军建制序列，实行统一编制，授有番号、军旗，执行中国人民解放军的条令、条例。预备役部队平时隶属于各战区，战时转入现役后隶属现役部队。

2. 中国人民武装警察部队

中国人民武装警察部队成立于1982年6月，是担负国家赋予的国家内部安全保卫任务的部队，由党中央、中央军委集中统一领导，实行统一领导管理与分级指挥相结合的体制。中国人民武装警察部队主要由内卫总队、机动总队、海警总队、院校和科研机构等组成，主要担负执勤、处突、反恐怖、海上维权执法、抢险救援以及防卫作战等任务。

中国人民武装警察部队设武警总部（正大军区级）、指挥部（正军级）、总队（正军级、副军级）、支队（旅、团）四级领导机关。各省级（市、区）设武警总队（正军级、副军级），各地级（市、州、盟）设武警支队（旅、团级），各县级（地市辖区、市、县）、镇设有武警大队（营级）或中队（连级）。武警总部设司令部（副大军区级）、政治部（副大军区级）、后勤部（正军级）、各警种指挥部（正军级）及各机动师。

自2018年1月1日零时起，中国人民武装警察部队由党中央、中央军委集中统一领导，实行中央军委—武警部队—部队领导指挥体制。武警部队职能属性不变，不列入解放军序列。

2018年3月，根据中共中央印发的《深化党和国家机构改革方案》，将列武警部队序列、国务院部门领导管理的现役力量全部退出武警，将国家海洋局领导管理的海警队伍转隶武警部队，将武警部队担负民事属性任务的黄金、森林、水电部队整体移交国家相关职能部门并改编为非现役专业队伍，同时撤收武警部队海关执勤兵力，彻底理顺武警部队领导管理和指挥使用关系。

3. 中国民兵

中国民兵（以下简称"民兵"）是不脱离生产的群众武装组织，是中华人民共和国武装力量的组成部分，是中国人民解放军的后备力量。民兵初建于第一次国内革命战争时期。革命战争年代，民兵为民族的解放、打败日本侵略者和新中国的成立作出了巨大的贡献。正如毛泽东所说："兵民是胜利之本。"新中国成立后，民兵仍是国家武装力量的组成部分，在建设祖国、保卫祖国中发挥了重大作用。

（二）中国人民解放军的构成

中国人民解放军的性质是：中国共产党缔造和领导的，用马克思列宁主义、毛泽东思想、邓小平理论和"三个代表"重要思想武装起来的人民军队。中国人民解放军是中华人民共和国的武装力量，是人民民主专政的坚强柱石。

中国人民解放军由陆军、海军、空军、火箭军和战略支援部队构成。

1. 陆军

陆军是以步兵、装甲兵、炮兵为主体，主要在陆地上遂行作战任务的军种。陆军是陆战场上决定胜负的主要力量,具有强大的火力、突击力和快速的机动能力。陆军既能独立作战,又能与海军、空军联合(协同)作战。陆军自 1927 年 8 月 1 日诞生以来,在 90 余年的发展进程中,由最初的单一步兵,发展为由多兵种合成的军种。陆军在中国革命相当长的时期内一直是武装力量的主体,为新中国的成立立下了汗马功劳。

(1)陆军的构成。我国陆军由步兵、装甲兵、炮兵、防空兵、陆军航空兵、工程兵、通信兵、防化兵、电子对抗兵和专业部(分)队等组成。

步兵是以枪械、小口径火炮、导弹和装甲车辆为基本装备,主要在陆地遂行作战任务的兵种。按机动和战斗方式,可将步兵分为徒步步兵、摩托化步兵和机械化步兵。

装甲兵是以坦克为基本装备,主要遂行地面突击任务的兵种。它具有较强的火力、快速机动能力和较好的装甲防护能力,是陆军的重要突击力量,可单独或协同其他兵种作战。

炮兵是以火炮、火箭炮、地地战役战术导弹和反坦克导弹等为基本装备,主要遂行地面火力突击任务的兵种。它是陆军主要火力突击力量,可单独或协同步兵、装甲兵和其他兵种作战。

防空兵是以地空导弹、高射炮和高射机枪等为基本装备,主要遂行地面防空作战任务的兵种。防空兵包括地空导弹兵、高射炮兵、雷达对抗部队和电子对抗兵等,可单独或在合成军队编成内遂行防空作战任务。

陆军航空兵是以直升机为基本装备的兵种,具有空中机动、空中突击和空中保障能力,主要遂行以航空火力支援地面作战和机降作战任务,由直升机飞行部队和直升机飞行保障部队等组成。

工程兵是担负工程保障任务的兵种,主要遂行构筑工事,修建道路、桥梁、渡场、港口、机场,设置、排除障碍物,实施工程伪装,消除核化生武器袭击后果等任务。工程兵由工兵、舟桥、伪装、建筑、工程维护和给水工程等专业部(分)队组成,是军队遂行工程保障任务的技术骨干力量,按隶属关系分为预备工程兵和队属工程兵。工程兵装备有地雷、爆破、筑路、渡河、桥梁、伪装、野战供水、工程侦察等器材和工程机械设备。

通信兵是担负军事通信任务的兵种,主要遂行保障军队通信联络,建立和管理军队指挥自动化系统,组织实施观通、导航等任务。通信兵由固定通信、野战通信、通信工程、指挥自动化、观通、导航和军邮等专业部(分)队组成。

防化兵是担负防化保障与喷火、发烟任务的兵种,主要遂行实施核观测、化学观察、化学和辐射侦察;组织部队和人民实施核化生防护,以及消除袭击后果;实施喷火、施放烟幕等任务。防化兵由防化(观测、侦察和洗消)、喷火和发烟等部队和分队组成。

电子对抗兵是应用电子对抗装备遂行电子对抗、电子侦察和电子干扰任务的部(分)队的统称。它包括雷达对抗部(分)队和通信对抗部(分)队,主要遂行单独或协同作战任务。

(2)陆军的使命。抗击外敌入侵、保卫国家领土主权、维护国家和平统一和社会稳定。

(3)陆军的装备。

步兵装备有手枪、自动步枪、冲锋枪、机枪、手榴弹、火箭筒、轻型火炮(迫击炮、无后坐力炮)和反坦克导弹等;摩托化步兵装备有各种输送车辆;机械化步兵装备有步兵战车、装甲输送车。

装甲兵装备有各型坦克、装甲车辆以及与战斗配套的各种勤务保障车辆。坦克按任务分为主战坦克和特种坦克。主战坦克有重型、中型和轻型之分;特种坦克有水陆坦克、扫雷坦克、侦察坦克等。其他战斗与勤务保障车辆有步兵战车、自行火炮、装甲输送车、装甲侦察与指挥车等。

炮兵装备有各种型号、口径与用途的压制火炮和战役战术导弹。火炮主要有加农炮、榴弹炮、加农榴弹炮、火箭炮、迫击炮和反坦克导弹等;战役战术导弹以"东风"系列型号为主。

防空兵装备有地空导弹、高射炮和高射机枪等。地空导弹以各型中低空、中近程和单兵肩射式导弹为主,具有快速机动和伴随掩护能力,可同时对付多批目标,能有效拦截作战飞机和巡航导弹。

陆军航空兵装备有攻击直升机(武装直升机)、运输直升机和其他类型的专用直升机等。

工程兵装备有工程机械、渡河桥梁器材、伪装器材、工程侦察器材、地雷爆破器材和工具器材等。

通信兵装备有固定通信装备器材、野战通信装备器材和其他装备器材等。

防化兵装备有核爆炸观测仪、核辐射侦察仪、化学侦察仪、洗消车辆和喷火、发烟器材等设备。

电子对抗兵装备有各种型号的电子侦察、电子干扰和电子伪装设备器材等。

2. 海军

我国海军于1949年4月23日成立。海军是以舰艇部队为主体,主要在海洋遂行作战任务的军种。它具有在水面、水下和空中作战的能力。海军既能联合(协同)其他兵种作战,又能单独实施海上作战。

(1)海军的构成。海军由水面舰艇部队、潜艇部队、舰载航空兵部队、海军航空兵、海军岸防兵、海军陆战队等兵种和各种专业勤务部队组成。军委海军机关设有司令部、政治部、后勤部和装备部。

水面舰艇部队是以水面舰艇为基本装备,在水面遂行作战任务的兵种。它包括航空母舰部队、水面作战舰艇部队、登陆作战舰艇部队和勤务舰船部队,可攻击海上、沿岸和一定纵深内的目标,参加夺取制海权、登陆反登陆、封锁反封锁和保护或破坏海上交通线作战等，具有独立作战和合同作战的能力。

潜艇部队是以潜艇为基本装备，主要在水下遂行作战任务的兵种。它包括战略导弹潜艇部队和攻击潜艇部队，可攻击大中型舰船、潜艇和陆上战略目标，攻击和封锁港口、基地，破坏海上交通线以及实施侦察、反潜、布雷、巡逻和运送人员物资等。

舰载航空兵部队由中央军委批准于2013年5月10日成立，以舰载机为基本装备，是主要在航母上遂行作战任务的兵种。

海军航空兵是以飞机为基本装备，主要在海洋和濒海上空遂行作战任务的兵种，包括岸基航空兵和舰载航空兵，可攻击海上、空中目标，袭击敌方，保护己方海军基地、港口、沿海机场和海上交通线，争夺海洋战区和濒海战区的制空权与制海权，空中掩护、支援海上舰艇作战等。

海军岸防兵是以岸舰导弹和岸炮为基本装备，部署在沿海重要地段、岛屿，主要遂行海岸防御作战任务的兵种，包括海岸导弹部队和海岸炮兵部队，可突击海上舰船，保卫基地、港口和沿海重要地段，扼守海峡、水道，掩护近岸海上交通线和舰船，支援岛岸和要塞守备部队作战等。

海军陆战队是以两栖作战武器为基本装备，主要遂行登陆作战任务的海军兵种。它可单独或配合其他兵种实施登陆作战，参加海军基地、港口和岛屿的防御作战及特种作战等，通常由陆战步兵、炮兵、装甲兵、工程兵及侦察、通信等部（分）队组成。

（2）海军的使命。防御外敌海上入侵，收复敌占岛屿，保卫我国领海主权，维护祖国统一和海洋权益。

（3）海军的装备。

水面舰艇部队装备有辽宁号航母和多种型号的导弹驱逐舰、护卫舰（艇）、导弹艇、猎潜艇、布雷舰、扫雷舰（艇）、登陆舰（艇）、气垫船及各种专业勤务舰船，包括运输船、油船、水船、冷藏船、工程船、消磁船、医院船、救生船和侦察船等。舰载武器有各型舰舰导弹、舰空导弹、各种口径的舰炮、反潜武器（深水炸弹）、鱼雷和舰载直升机。

潜艇部队装备有国产的多种型号的常规动力、核动力的鱼雷潜艇和导弹潜艇，以及引进的部分常规动力潜艇。艇上装备的武器有鱼雷、水雷、飞航式导弹、弹道导弹等。

海军航空兵装备的飞机与空军航空兵基本相同，有多种型号的歼击机、轰炸机、强击机、水上飞机和反潜机等。此外，还有各种运输机、直升机和其他特种飞机。机载武器有各种空舰导弹、空地导弹、空空导弹、火箭弹、航空火炮、鱼雷和深水炸弹等。

海军岸防兵装备有"海鹰""鹰击"系列多种型号的岸舰导弹、岸舰火炮和火箭炮等。

海军陆战队装备有自动化步兵武器、反坦克导弹、防空导弹、各种火炮、火箭炮、舟桥、冲锋舟、气垫船、水陆两用坦克、装甲输送车及其他特种装备和作战器材。

3. 空军

我国空军成立于1949年11月11日。空军是以航空兵为主体，主要遂行空中作战任务的军种。它具有高速机动、远程作战和猛烈突击的能力。空军既能与陆军、海军和火箭军联合(协同)作战,又能独立实施作战。

(1)空军的构成。空军由航空兵、地面防空兵、空降兵、雷达兵以及通信兵等其他专业勤务部队组成。军委空军机关设有司令部、政治部、后勤部和装备部。

航空兵是以军用飞机和直升机为基本装备,主要遂行空中作战和保障任务的兵种。它是空军的主要兵种,通常包括歼击航空兵、歼击轰炸航空兵、强击航空兵、轰炸航空兵、侦察航空兵、运输航空兵和其他专业航空兵等。

歼击航空兵是以歼击机为基本装备,主要遂行空战任务的兵种,通常用于反敌航空侦察、抗敌空袭、争夺制空权和实施空中掩护等,必要时也可用以突击地面、水上目标。

歼击轰炸航空兵是以歼击轰炸机为基本装备,主要遂行攻击地面、水上和空中目标任务的兵种,通常用于攻击和轰炸敌战役、战术纵深内的目标,参加争夺制空权斗争等。

强击航空兵是以强击机为基本装备,主要遂行低空、超低空攻击地面和水上目标任务的兵种,通常用于攻击敌战术纵深和浅近战役纵深内的小型活动目标,以航空火力支援地面、海上作战。

轰炸航空兵是以轰炸机为基本装备,主要遂行轰炸地面或水面、水下目标任务的兵种,通常用于破坏、摧毁敌战略和战役纵深目标,参加争夺制空权斗争等。

侦察航空兵是以侦察机为基本装备,遂行空中侦察任务的兵种,主要用于查明敌方的目标和电磁信息,以及敌区的地形、天气等情况,为己方各军兵种部队的作战行动提供航空侦察情报资料。

运输航空兵是以运输机为基本装备,遂行空中运输任务的兵种,主要用于空运人员、装备和物资,保障部队空中机动、空降作战等。

其他专业航空兵是以专业飞机与设备为基本装备,如电子干扰机、空中加油机、空中预警机等,遂行专业任务的兵种。

地面防空兵分为地空导弹兵和高射炮兵。地空导弹兵是以地空导弹武器系统为基本装备,遂行地面防空作战任务的兵种,主要用于要地防空和争夺制空权斗争等。高射炮兵是以高射炮武器系统为基本装备,主要遂行地面防空作战任务的兵种,通常用于要地防空和争夺制空权斗争,必要时也遂行歼灭地面、水面目标的任务。

空降兵是以降落伞和陆战武器为基本装备,以航空器为运输工具,主要遂行伞降和机降作战任务的兵种,通常用于空降到重要目标或地域,突击敌部队、指挥机构、重要军事设施和后方供应系统,以及支援在敌后作战的部队行动等。

雷达兵是以对空情报雷达为基本装备,主要遂行对空中目标探测和报知空中情报任务的兵种,通常用于对空警戒侦察,保障有关机构对航空器飞行的指挥引导和实施航空管制等。

通信兵与气象、电子对抗等其他专业勤务部队是以专业和特种设备为基本装备,主要遂行为空军作战部队的作战行动提供专业勤务保障任务的兵种。

(2)空军的使命。组织国土防空,夺取制空权,独立或联合(协同)其他军种作战,保卫祖国领土、领空、领海主权和国家利益,维护国家统一和安全,保障我国改革开放和经济建设的顺利进行。

(3)空军的装备。

航空兵装备有多种型号的歼击机、歼击轰炸机、强击机、轰炸机、侦察机、运输机、预警机、加油机和电子战飞机等;机载武器有航空火炮、航空火箭、航空炸弹、空空导弹、空地导弹和鱼雷等。

地面防空兵装备有地空导弹系统以及双37毫米和57毫米高炮系统。

空降兵装备有伞兵战斗车、伞兵突击车以及特种装备和各型降落伞等;步兵轻武器包括机枪、冲锋枪、自动步枪,侦察分队还有微型、微声冲锋枪;炮兵武器包括各种型号和口径的迫击炮、无后坐力炮、榴弹炮、高射机枪、高射击炮、火箭炮等。

雷达兵装备有多种型号和程式的地面警戒雷达、引导雷达等。

4. 火箭军

中国人民解放军火箭军是中国人民解放军新的军种,由第二炮兵更名而来,于2015年12月31日正式成立。火箭军受中央军委的直接领导和指挥,它与海军潜地战略导弹部队和空军战略轰炸机部队构成我国三位一体的战略核力量。火箭军可单独作战,也可与其他军种联合(协同)作战。

(1)火箭军的构成。火箭军由核导弹部队、常规导弹部队和作战保障部队等组成。按照"精干有效、核常兼备"的原则,火箭军加快推进信息化转型,依靠科技进步推动武器装备自主创新,利用成熟技术有重点、有选择地改进现有装备,提高导弹武器的安全性、可靠性、有效性,完善核常兼备的力量体系,增强快速反应、有效突防、精确打击、综合毁伤和生存防护能力,战略威慑与核反击、常规精确打击能力均稳步提升。

(2)火箭军的使命。中国人民解放军火箭军是中国战略威慑的核心力量,是中国大国地位的战略支撑,是维护国家安全的重要基石。火箭军全体官兵要把握火箭军的职能定位和使命任务,按照核常兼备、全域慑战的战略要求,增强可信可靠的核威慑和核反击能力,加强中远程精确打击力量建设,加强战略制衡能力,努力建设一支强大的现代化火箭军。

(3)火箭军的装备。目前,火箭军装备有"东风"系列多种型号的地地导弹,包括近程导弹、中程导弹、远程导弹和洲际导弹、战略核导弹和常规导弹以及巡航导弹。可陆基固定发射,也可机动发射。

5. 战略支援部队

中国人民解放军战略支援部队是中国陆军、海军、空军、火箭军之后的第五大军种。中国人民解放军战略支援部队于2015年12月31日正式成立,是维护国家安全的新型作战力量,是我军新质作战能力的重要增长点,是主要将战略性、基础性、支撑性都很强的各类保障力量进行功能整合后组建而成的。成立战略支援部队有利于优化军事力量结构、提高综合保障能力。

(1)战略支援部队的任务。

情报侦察。搜集和捕获敌方的无线电信号、电磁信号、红外信号,通过对这些信号的分析来获取情报。

卫星管理。随着航天技术的飞速发展,特别是卫星信息侦察、跟踪监视、制导导航和航天兵的广泛应用,研发和利用、管理太空技术,是夺取未来战争制高点的关键。

电子对抗。利用现代电子技术对敌方进行电子侦察与反侦察、干扰与反干扰、摧毁与反摧毁,是未来战争的主要表现形式。

网络攻防。随着网络技术的兴起,利用网络存在的漏洞和安全缺陷对网络系统的硬件及其系统中的数据进行攻击和破坏,反之,利用网络技术保证己方的网络系统免于敌方的攻击和破坏。

心理战。心理战就是通过运用心理学的原理,以人类的心理为战场,有计划地采用各种手段,包括网络、电视、广播等传播媒介,对人的认知、情感和意识施加影响,从精神上瓦解敌方军民的斗志或清楚敌方宣传所造成的影响的对抗活动,从而打击敌方的心志,以最小的代价换取最大利益的胜利。

(2)战略支援部队的使命。中国人民解放军战略支援部队是信息化战争的一种新兴力量,是利用现代电子科学技术捍卫国家安全,战时提供情报信息,协调各军种间的武器装备,最大限度地取得战争的主动权。

(3)战略支援部队的装备。战略支援部队就是通过空天、电子、网络、火箭导弹等非常规战略武器对常规部队作战起决定性支援作用的部队。空天技术装备已经覆盖所有类型的卫星,如通信卫星、照相侦察卫星、预警卫星、导航卫星、气象卫星等。雷达技术装备如探测雷达、预警雷达、导航雷达、气象雷达等。光电技术已经将网络覆盖所有的军种和武器装备,为未来战争提供了强有力的信息保障。

三、人民军队的发展历程

1. 人民军队创立

人民军队是一个历史的范畴。随着社会生产力的提高、阶级的出现和阶级斗争的发展,人民为了反抗统治阶级的奴役和压迫,产生了由人民群众自己组织的军队。奴隶社会时期,奴隶起义建立起来的武装组织,是代表奴隶阶级利益的人民武装。在中国,从秦朝的陈胜、吴广起义到清朝的太平天国运动,2000多年的时间里,先后爆发了数百次农民革命战争,尽管行动口号、组织方式、规模和影响有所不同,但在反对封建的生产关系、主张建立农民"平等"的理想社会等方面却是相同的。

无产阶级登上人类历史的政治舞台之后,马克思、恩格斯创立了组织无产阶级革命军队,用暴力推翻旧的社会制度的革命理论。根据这个理论建立起来的军队,区别于以往的任何人民武装。它是由无产阶级政党领导的,以马克思主义理论作指导,为无产阶级和人类彻底解放而战斗的人民军队。1871 年的巴黎公社起义,就是一支由无产阶级领导的,以劳动人民(主要是工人)为主体组成的人民军队。巴黎公社依靠这支军队建立了人类历史上第一个无产阶级专政的政权。恩格斯根据巴黎公社的经验,曾反复强调打碎旧军队,建立新军队,并于 1887 年 2 月明确提出"真正的人民军"[①]的概念。列宁、斯大林在领导苏联革命的过程中,进一步提出了无产阶级军队由工农组成,是为劳动者利益而斗争的工具的建军原则。根据上述原则建立起来的苏联红军,为建立和巩固苏维埃国家政权,为在第二次世界大战中抵御并战胜德国侵略者,取得卫国战争的胜利,作出了历史性的贡献。

中国共产党人从中国社会和中国革命的特点出发,把创建新型人民军队作为中国革命的首要问题。1926 年,毛泽东在主办广州农民运动讲习所期间,就提出了建立农民自己的武装的思想。1927 年 8 月,他又提出"政权是由枪杆子中取得的"论断。大革命失败后,中国共产党在全国各地发动和领导了百余次武装起义。1927 年 8 月 1 日的南昌起义,标志着中国共产党独立领导武装斗争的开始和中国新型人民军队的诞生。毛泽东等领导的参加秋收起义的工农革命军,经过三湾改编,特别是经过古田会议,为从根本上解决建设新型人民军队的一系列理论、路线和原则问题奠定了基础。中国工农红军,抗日战争时期的八路军、新四军和一切人民武装,以及现在的中国人民解放军,就是在这些基本理论和原则的指导下不断发展和壮大起来的。中国人民在中国共产党的领导下,以人民军队为骨干,经过长期的革命战争和艰苦卓绝的斗争,推翻了帝国主义、封建主义和官僚资本主义的统治,取得了新民主主义革命的胜利,建立了中华人民共和国。新中国成立以后,又依靠人民军队,战胜了外来势力的侵略、破坏和武装挑衅,维护了国家的独立和安全,保卫了社会主义现代化的建设,巩固了无产阶级专政的国家政权。

2. 人民军队建设理论

中国共产党人在中国革命战争的实践中,运用马克思列宁主义的基本原理,系统地回答和解决了如何在党的领导下,把以农民为主要成分的革命军队,建设成为一支无产阶级性质的、具有严格纪律的、同人民群众保持亲密联系的新型人民军队的问题,形成了一系列具有中国特色的人民军队建设的理论和原则。其主要内容包括:第一,全心全意为人民服务,是这支军队的唯一宗旨。为广大人民群众的利益而结合、而战斗,永远同人民群众保持联系,始终同人民群众同甘共苦,全心全意地为中国人民服务,是中国人民军队的唯一宗旨和根本属性。这就从军队的性质上,划清了与一切剥削阶级军队的

---

① 《马克思恩格斯军事文集》第 2 卷,第 424 页。

界限。因而,它能得到人民群众的真诚拥护和全力支持。第二,确立中国共产党对这支军队的绝对领导的地位。中国人民军队从诞生之日起,就置于中国共产党的绝对领导之下。它的一切行动听从中国共产党中央委员会和中央军事委员会的指挥,在政治上、思想上同党中央保持高度一致。中国共产党在军队的团以上和相当于团以上的单位设立党的各级委员会,在连队建立党的支部,这是各部队或连队统一领导和团结的核心。第三,具有服从于人民根本利益的革命纪律。这支军队建立了严格的政治纪律和军事纪律。著名的"三大纪律八项注意"体现了这些纪律的主要要求。这种纪律以维护人民群众的根本利益为出发点,建立在全体军人的政治自觉的基础之上,是团结自己、战胜敌人和完成一切任务的重要保证。第四,实行集中指导下的民主制度,是这支军队肃清封建主义、军阀主义的残余影响,废除打骂制度,实行内部民主的工作方针。通过开展集中领导下的政治、经济、军事的民主活动,达到政治上高度团结、生活上获得改善、军事上提高技术和战术的目的。同时,也反对一切极端民主化和无政府主义的倾向。第五,永远是一个战斗队,同时又是工作队、生产队,是这支军队的根本任务。中国人民军队是执行革命的政治任务的武装集团,它除了担负作战这项主要任务外,还担负宣传群众、组织群众、武装群众、帮助群众建设革命政权等工作,并利用作战间隙进行生产。在建立了全国政权之后,它是保卫社会主义祖国的钢铁长城,又是建设社会主义物质文明和精神文明的重要力量。第六,采用一整套与人民战争相适应的战略战术。作为人民战争的骨干力量,这支军队在长期的革命战争中,创造了为人民战争所必需的完备的战略战术。这种战略战术,立足于武器装备处在劣势的条件下,充分发挥广大军民的主观能动作用,以己之长,击敌之短,灵活机动地打击和消灭敌人,夺取革命战争的胜利。第七,强有力的革命政治工作是这支军队的生命线。政治工作的基本任务是:用马克思列宁主义、毛泽东思想和中国共产党的路线、方针、政策教育部队,以共产主义思想为指导进行精神文明建设,加强党对军队的绝对领导,保证国家的法律、法令和上级命令、指示贯彻执行,维护军队的高度集中统一和严格的纪律,实行"官兵一致、军民一致和瓦解敌军"的原则,增强军队内部和外部的团结,巩固和提高部队的战斗力,保证建军、作战以及其他各项任务的完成,推进现代化、正规化革命军队建设。中国共产党在军队的团以上和相当于团以上的单位设政治委员和政治机关,并在各级配备政治工作人员,领导和管理部队的政治工作。

无产阶级领导的人民军队是无产阶级夺取政权和巩固政权的斗争工具,是无产阶级政权的重要组成部分。中国和其他社会主义国家都建立了自己的人民军队。随着斗争的发展,关于建设人民军队的理论和实践也不断地得到丰富和发展。中国共产党在新的历史条件下,将正确运用历史的经验,不断研究新情况,解决新问题,创造新经验,努力把中国人民解放军建设成为一支具有中国特色的强大的现代化、正规化的革命军队。

党的十八大以来,习近平总书记提出实现强军目标、建设世界一流军队,确立加强人民军队建设、改革和军事斗争准备的根本引领；制定新形势下军事战略方针，立起统揽军事力量建设和运用的总纲；强调更加注重聚焦实战、更加注重创新驱动、更加注重体系建设、更加注重集约高效、更加注重军民融合，加强对人民军队建设发展的战略指导；深入推进政治建军、改革强军、依法治军，着力强化练兵备战，下更大气力推进科技兴军，积极推动军民融合发展，展开强军兴军的战略举措和布局；全面加强人民军队党的建设，为人民军队建设发展提供坚强的组织保证。

习近平总书记一系列重大战略思想、重大理论观点、重大决策部署，深刻阐明了新的历史条件下国防和军队建设的战略目标、使命任务、指导方针、强大动力、根本保证、科学方法，回答了"新形势下为什么强军、怎样强军，未来打什么仗、怎样打胜仗"的基本问题，为在新的历史起点上全面推进国防和军队建设提供了根本指导，立起了统领建设的魂、指导工作的纲。

人民军队从"小米加步枪"的艰难困苦中走出，为新中国的建立流血牺牲，为守护国家、人民的利益风雨兼程。随着国家的日益强大，人民军队的力量也越来越壮大，在捍卫国家利益时有了更强的自信。正如习近平总书记在多个重要国际场合所宣示的：中华民族历来是爱好和平的民族；中华民族的血液中没有侵略他人、称霸世界的基因，中国人民不接受"国强必霸"的逻辑；历经苦难的中国人民珍惜和平，绝不会将自己曾经遭受过的悲惨经历强加给其他民族。人民军队的发展壮大，为的正是保卫祖国和人民，为的正是助力中华民族实现伟大复兴。

历史带给人们启迪：落后就要挨打，强军才能安邦。"没有一个人民的军队，便没有人民的一切。"国家和民族的命运，与军队的强弱休戚相关。巩固的国防，是民族生存之盾；强大的军队，是国家安全之本。能战方能止战，准备打才能不必打。

没有强大军事力量作后盾，没有世界一流军队作支撑，中国和平发展就没有保障，繁荣兴盛就没有根基。只有适应国际战略格局和国家安全形势的深刻变化，建设同中国国际地位相称、同国家安全和发展利益相适应的巩固国防和强大军队，真正做到关键时刻能够决战决胜，国家安全才有底数，民族复兴才有底气。

第五节　国防动员

国防动员亦称战争动员，是指国家为准备战争和实施战争而在相应的范围内由平时状态转入战时状态所采取的，对人力、物力和财力统一调动的紧急措施。根据战争动员的规模，一般分为总动员和局部动员。

一、国防动员概述

(一)国防动员的产生与发展

国防动员与战争紧密相连,是战争活动的重要组成部分和前提条件,因此,最早被称为战争动员。战争动员产生于奴隶社会时期,发展于封建社会和资本主义社会时期。工业革命后,战争动员进入全面发展时期。尤其是20世纪规模空前的两次世界大战的爆发,为战争动员的进一步发展提供了客观条件。该时期战争动员的特点:一是动员的规模空前;二是动员的范围进一步扩展;三是动员呈现出持续性的特征;四是动员体制和制度不断完善。到第二次世界大战前夕,各参战国纷纷建立或改组了战争动员领导机构,对战争动员实施统一的领导,如美国设立了战时资源委员会,法国、德国等也分别设立了类似的专门机构。与此同时,战争动员法规日臻完善。如德国的《战时授权法案》、日本的《国家总动员法》、英国的《紧急全权国防法案》、法国《总动员法》和苏联的《关于战时状态法令》等,对动员的基本事项和重大事项都作出了规定。

(二)国防动员的地位与作用

国防动员是国防活动的重要内容之一,是准备和实施战争的重要措施。无论是古代战争还是现代战争,无论是全面战争还是局部战争,无论是常规战争还是非常规战争,都离不开动员。因此,国防动员在保障赢得战争胜利等方面,都具有十分重要的地位与作用。

1.国防动员是打赢战争的基础环节

为遏制战争爆发并夺取战争的胜利积聚强大的战争力量,是国防动员的基本功能与任务。战争是实力的较量,任何不具备强大实力的国家,要赢得战争的胜利是不可想象的。战争动员不仅能够通过平时的准备,为战争实施积聚强大的战争潜力,而且可以通过建立一套平战转换机制,使这种潜力在战争爆发后迅速转化为实力,从而为保障战争的胜利奠定必要而坚实的物质基础。

2.国防动员是应对紧急突发事件的有效措施

国防动员的最初功能是应对战争的需要,但在现代条件下,随着各种灾难事故和突发事件的频繁发生,人们已把国防动员的功能予以拓展,让它同样可以在应对和处置各类突发事件中发挥应有作用。因此,当国家遇到此类突发事件时,国防动员可以凭借自身的准备和特有的机制,使国家或地区在需要时进入一定的应急状态,动员国家、军队和社会的一定力量,抗御自然灾害、处置各种自然和人为的事故与灾难,使国家和社会处于正常运转状态,维护人民群众的生命财产安全。

3.国防动员是支援经济和社会发展的重要力量

国防动员实行"平战结合、军民结合、寓军于民"的原则,在和平时期国防动员建设的成果可以直接为经济建设服务。于军于民均可节约国防开支,有利于国家集中力量发展经济。

(三)国防动员的内容

国防动员的主要内容包括人民武装动员、国民经济动员、科学技术动员、人民防空动员、交通战备动员和政治动员,具体见表1-1。

表1-1 国防动员的分类

类别	动员内容
人民武装动员	人民武装动员是国家将后备力量充实到军队,使军队和其他武装组织由平时状态转入战时状态所进行的活动,包括现役部队动员、后备兵员动员、预备役部队动员和民兵动员
国民经济动员	国民经济动员是国家将经济部门、经济活动和相应的体制从平时状态转入战时状态所进行的活动,主要包括工业动员、农业动员、贸易动员、财政金融动员、科学技术动员、医疗卫生动员和劳动力动员等
科学技术动员	科学技术动员是战时由国家统一组织调整科学研究部门和专家、工程技术人员,从事战争所需要的科学技术开发研究所采取的措施,是战争动员的重要组成部分。其任务是开发应用新兴科学技术,利用科研设施和成果,研制先进的武器设备,为军队培养、输送专业技术人才,使军队在战争中保持科学技术和武器设备方面的优势
人民防空动员	人民防空动员是国家发动和组织人民群众防备敌人空袭、消除空袭后果所进行的活动,主要包括人防预警动员、群众防护动员、重要经济目标防护动员、人防专业队伍动员等
交通战备动员	交通战备动员包括交通运输动员和通信动员,是国家统一管制各种交通线路、设施、工具和通信系统,组织和调动交通、通信专业力量为战争服务的活动
政治动员	政治动员是国家为进行战争而开展的宣传、教育、组织工作和外交活动。政治动员是国防动员的一项重要内容,并为其他领域的动员活动提供思想和组织保证,主要包括国防观念、国防知识、军事技能和国防法规等方面的教育,目的是增强国防观念和维护国家安全意识,提高履行国防义务的自觉性

(四)国防动员的要求和原则

1. 现代国防动员的要求

现代国防斗争复杂多样,尖锐激烈,对动员工作提出了更高的要求。在现代条件下特别要重点做好应付局部战争和突发事件的动员准备。从总体上看,现代局部战争和现代化国防对动员的要求主要有以下几方面。

第一,动员速度要快。现代高技术局部战争的突发性、短促性、速决性不断增大,从发现战争征候到实施动员的时间十分短暂,可供动员利用的时间越来越短。

第二,动员数量要多。所谓动员数量多,就是动员的兵员和物资要有足够的数量,首先要保障战争初期的需要,同时还要保持持续的动员能力,以保障战争中后期的需要。世界近期发生的局部战争,虽然规模有限,但其中一个突出特点是物力、财力消耗增加。如海湾战争仅持续了43天,美军及多国部队却消耗了611亿美元,平均每天消耗11.2亿美元。

第三,动员质量要高。在现代战争中,信息化武器装备的大量使用,使一线直接参战的士兵和指挥人员减少,而后方技术保障、设备维修人员成倍增加,这必然导致军队中专业技术兵员比例不断上升。据有关资料记载,第一次世界大战时军队的技术种类仅有20多种，第二次世界大战时有160多种，如今世界上一些发达国家军队的专业技术种类已有几千种。可见，现代战争对专业技术兵的需求量越来越大，对后备力量战时动员的质量要求也越来越高。

第四，动员范围要广。局部战争实践充分证明，在信息技术条件下，无论是进行小规模的局部战争，还是进行中等规模的局部战争，动员所涉及的范围都非常广泛。海湾战争中，美国在陆、海、空三军都征召了后备役人员，动员的范围几乎涉及全国各方面。除兵员动员外，还动员征用大批民船、车辆和大型民用运输机，以及作战和生活物资达数万种。

第五，动员力求隐蔽安全。现代侦察情报手段先进，远程兵器精度高，破坏力度大。战争初期，敌人必将依其先进的技术装备，采取各种手段，对我方进行破坏。因此，在组织实施动员，特别是兵力的集结与机动及军用物资的储备与运输时，应力求做到隐蔽安全。在平时，要根据战时可能出现的情况，进行必要的演练，以适应战时复杂情况下实施快速动员。

2. 国防动员的基本原则

国防动员的基本原则是组织动员准备、实施战时动员，这也是动员工作规律的反映。从适应现代战争的客观需要出发，结合我国的国情、军情，现代条件下国防动员应遵循以下基本指导原则。

(1)服从大局，长期准备。动员准备是实现国家总战略的重要措施之一。当前，国民经济发展是国家总战略的重点，加强经济建设是党和国家压倒一切的中心任务。

(2)全面规划，统筹兼顾。为了做好动员准备，提高动员工作的整体效益，必须从国家和国防的全局出发，统一规划动员准备的目标和措施。

(3)军民结合，平战结合。所谓军民结合，主要在经济部门实行军用和民用兼营。为了减少国家军费负担，又能满足未来战争的需要，世界上一些国家大多通过军民结合的途径建立起适应各种战争需要的国家动员基础。

(4)严密组织，快速高效。严密组织就是要求必须运用科学先进的动员方式和手段，努力实现快速高效的动员目的。快速高效主要是指动员要在战争所允许的时间内快速反应并快速有效地完成动员任务，以满足战争的需要。提高动员的速度和效率不仅要在平时做好准备，还要恰当地把握动员时机，还必须从本国的实际出发，恰当地确定动员的方式，提高动员体制的功能。

(5)因敌因势，协调灵活。我国未来面临的反侵略战争，其规模和样式都可能是多样的，发生战争的地域也有不确定性，有可能对强敌作战，也有可能对与我国实力相当或实力不如我们的敌人作战，因此，必须根据不同的作战对象、作战规模、作战样式、作战地域，灵活地采用不同的动员方式和措施，有的放矢地做好动员工作。

二、国防动员的意义

国防动员是实施国防战略的重要组成部分,是国家战略的重要内容,对保障国家安全和领土、主权完整,具有重要的战略意义。

国防动员的战略意义主要表现在以下几个方面。

(一)国防动员是确定军事战略的重要依据

军事战略是国家军事斗争全局的谋划和指导,主要包括两方面的内容:一是确定军事斗争的目标;二是选择实现军事斗争目标的途径。无论是确定军事斗争的目标,还是选择实现目标的途径,都不能不考虑国家动员的基础和能力。

我国无论过去或将来都将一如既往地奉行积极防御的军事战略。作为防御型的军事战略,一般都以打赢可能面临的各种规模、强度不同的反侵略战争为出发点,无论打赢任何规模、强度不同的反侵略战争,都将以与之相适应的动员基础和能力为前提,都不能忽视国防动员的基础和能力。例如,一个国家是立足于速决取胜还是持久取胜,是先发制人还是后发制人,是以何种手段或方式达成战争目的等,决策必须建立在科学分析及判断武装力量动员、政治动员、经济动员、科技动员、支前动员、民防动员等动员能力的基础之上。也就是说,一个国家军事战略的制定和实施,必须以本国的动员实情和国防战略的现实环境作为主要依据,既不能超越现实国力允许的范围,也不能过高估计敌人的力量而畏敌如虎,采取"绥靖"政策。因为无论是保障国家安全、消除威胁的精神条件还是物质条件,无论是有形力量还是无形力量,无论是现实力量还是潜在力量,都是制定和实施军事战略的客观基础和重要因素,忽视了这种客观基础和因素,则后果是不堪设想的。

(二)国防动员是国防建设的核心内容

国防行为是国家的最高行为,是为了维护国家最高利益而采取的行动,即为维护国家领土、主权完整以及国家和人民的生命财产安全而采取政治的、军事的、经济的、文化的综合手段所进行的一系列活动。其中,包括国防力量的运用、开展国防斗争、国防力量的建设和国防体制、法制建设。其核心内容是建立完善的国防动员体制、机制,有计划、有步骤地把人力、物力、财力、外交、精神诸要素调动、协调、汇集起来,平时做好充分的准备,一旦战时或紧急情况需要,运用动员体制的作用,将国防动员潜力快速高效地转化为实力,为打赢反侵略战争、维护国家安全服务。可见,国防行为的根本目的主要是通过国防动员来达成的。国防动员在国防建设中起着主导和核心作用。

(三)国防动员是实行现代条件下人民战争"总体战"的重要保证

"总体战"是德国军事理论家埃里希·冯·鲁登道夫提出的军事概念,其含义是:主张最大限度地动员本国所有的物质力量进行全民战争,一切服从、服务于战争,倾全力以求胜利;有足够的国防军和后备队,并有良好的训练和精良的武器装备;军事斗争要与政治斗争、经济斗争、精神斗争等手段相结合;战争中的军需民用物品要先行计划和准备,战争对经济具有极大的依赖性;临战时要迅速完成军队的动员、集结和展开等。

"总体战"是针对全面战争而言的,强调的是动员全民支持参加战争的重要性。从政治角度讲,"总体战"理论与指导我国革命战争、国防建设和军队建设不断取得新胜利的人民战争思想十分相似。人民战争思想是以毛泽东为代表的中国共产党人,以马克思主义辩证唯物论和历史唯物论为指导,通过长期的革命战争和军事实践,全面发展了马克思列宁主义的人民战争理论,形成的具有中国特色的军事战略思想。人民战争强调的是"一切为了人民,一切依靠人民",没有人民的支持,战争就是无源之水、无本之木。

在当今世界战略格局发生深刻变化的背景下,特别是高技术条件下,任何国家都不会轻易地发动和卷入一场全面战争,全面战争爆发的可能性逐渐减小,战争的主要形式是局部战争,是高技术局部战争。虽然高技术局部战争是未来反侵略战争的主要表现形式,爆发全面战争的可能性小,但应对未来战争的动员准备必须是全面的。随着高技术在军事领域的广泛运用,战争的突然性、破坏性大大增强,远距离打击、不接触打击、精确打击成为高技术战争的显著特点,即使是大国,战争的前沿和后方也已变得十分模糊,必须要求平时保持充分的精神和物质准备,才能预防和打赢未来高技术战争。而国防动员建设是一个整体工程,不仅要从政治上、精神上保证人民的国家认同,树立坚定的爱国思想和国防意识,而且要从物质上、经济上进行科学有效的积蓄和储备,还要健全和完善动员体制机制,等等。国防动员建设要求是整体的而不是局部的,是系统的而不是零散的,是长远的而不是临时的,是全面的而不是单一的,是完整的而不是零碎的,是着眼于战略的而不是战术的。因此,"总体战"理论对做好军事斗争准备,对打赢未来反侵略战争依然具有重要的现实指导意义,按照人民战争的"总体战"要求进行国防动员建设是十分重要的。

(四)国防动员是实现国家安全和发展目标的中枢

在国家安全遭受威胁的情况下,使国防实力能够迅速地"膨胀"起来,是国防动员的主要功能。在平时国家没有必要保持与战时相适应的军力,只要具备强大的战争潜力和将这种潜力转化为实力的体制机制,就可以保障战时形成必要的军事实力,适应战争的需要。

战争潜力寓于国防动员潜力之中,而国防动员潜力则寓于综合国力之中。在以经济建设为中心的综合国力发展中,国防动员潜力也得到相应的发展,战争潜力也得到了充实。在国防动员准备的过程中,对可用于战争(防御作战)的那部分综合国力进行科学规划,有效地进行组织和管理,并在战时通过动员进行合理的区分和使用,即可最大限度地满足战争的需要。在这里需要强调的是,动员组织保证、体制保证尤为重要。没有完善的动员体制保障,再强大的国力也很难迅速转化为国防实力。反之,没有完善的(设置科学、指挥协调、上下贯通、反应迅速)国防动员体制保障,不注重国防建设与经济建设的协调发展,一味强调国防建设、军队建设的重要性,必然会拖垮经济,一旦国家经济崩溃,国防建设必就不能自存自保,国家将陷入危险的境地。因此,实行防御战略的国家,必须将国家发展战略和国家安全战略紧密联系起来,通盘考虑,使两者互为保障、相互促进、协调发展。国防动员就要发挥其中的体制和机制作用,成为二者的纽带和中枢。

和平与发展依然是当今时代的主题,世界各国都从本国利益出发,都不会轻易使用战争手段来解决国与国之间的利益冲突,更多的是采取理性的方式解决问题,也就是说,战争不再作为解决国际争端的主要手段,世界各国为了确保和平,维护自身的利益,更加重"防",而不是重"打",把构建快捷高效的动员平台、增强威慑能力作为巩固国防的有效手段和措施,使和平能够更加持久,以赢得更多的发展机会和更大的发展空间。

长期以来,我国的国防动员建设一直坚持积极防御的战略思想,按照"军民结合、平战结合、寓军于民、军民兼顾"的方针,建立健全国防动员领导体制,制定完善的动员法律体系,把国防动员建设纳入国家建设的总体规划,着眼于打赢未来高技术局部战争的需要,不断强化国防动员的功能作用,使国防动员建设与经济社会协调发展,为巩固我国国防,维护世界和平,走出一条具有中国特色的动员建设之路,这是我国国家战略的必然选择。

思 考 题

1. 公民有哪些国防义务和权利?
2. 军民融合发展有什么重要意义?
3. 国防动员的基本原则和内容有哪些?
4. 国防的内涵有哪些?怎样树立正确的国防观?

知识拓展

军事学的产生与发展

战略

国际战略格局的本质与特征

冷战结束后国际战略形势的特点

第二章 国家安全

"我们党要巩固执政地位,要团结带领人民坚持和发展中国特色社会主义,保证国家安全是头等大事。""安而不忘危,存而不忘亡,治而不忘乱。"党的十八大以来,习近平总书记创造性地提出总体国家安全观的系统思想,成为维护国家安全的行动纲领和科学指南。党的十九大将坚持总体国家安全观纳入新时代坚持和发展中国特色社会主义的基本方略,并写入党章。总体国家安全观以一系列紧密联系、相互贯通的基本观点,科学回答了中国这样一个发展中的社会主义大国如何维护和塑造国家安全的一系列基本问题,标志着我们党对国家安全基本规律的认识达到了新高度。

第一节 国家安全概述

国家安全是人民幸福安康的基本要求,是安邦定国的重要基石。维护国家安全是全国各族人民的根本利益所在。

一、国家安全的内涵

《中华人民共和国国家安全法》第一章第二条规定:国家安全是指国家政权、主权、统一和领土完整、人民福祉、经济社会可持续发展和国家其他重大利益相对处于没有危险和不受内外威胁的状态,以及保障持续安全状态的能力。

国家安全的内涵是由国家安全所受的威胁和各国由此制定的安全目标所决定的。传统国家安全,指的是在政治上国家政权及社会制度如何防止内外敌对势力和敌对分子的政治干预、压力、颠覆、渗透和破坏;在军事上主权国如何应付外来的威胁和军事入侵,其焦点主要集中于政治、军事内涵方面。随着国家政治经济形势的发展,社会结构的变动,国家利益的实现与维护日益成为国家安全的实质内容,国家利益和意识形态关系问题的根本思维方式和政策范式的转变使国家安全概念和政策指向,从过去主要对付外部威胁而延伸到关注国内的经济增长、政治发展、社会生活、本国的文化价值体系调整、现代化过程中的一些"不稳定因素"和应付可能出现的各种形式的国内动乱。因此,在新的国家安全观念中,不仅包括"政治安全",还包括经济安全、文化安全、生态安全、资源安全、信息安全等。

从历史上看,资源的争夺主要是以战争这种极端的竞争方式进行的。战争造成国家灭亡,生灵涂炭,是世界各国国家安全的主要和长期威胁。因而建立一支强大的军队,保卫疆土不受侵犯,就成为各国国家安全的主要内容和追求的目标。因此,在一定意义上讲,军事安全似乎就等同于国家安全。不管是进攻性的还是防御性的国家,都以加强军备作为保障国家安全的主要措施。一个组织良好的民族,只要骁勇善战,不仅对内可以自保,对外也可以进攻。纵观几千年来的人类史,军事因素虽是不少大国崛起的安全基础,但军事安全的"异化"则成为某些大国衰落的主要原因。

随着社会的发展,人们的利益范围不断拓展,竞争的领域和手段也在不断变化,"国家安全"的内涵也在不断拓展。也就是说,国家主体面临的威胁及实现安全的手段与途径,是随着时代的变化而变化的。不同的时代,国家安全有不同的内涵、不同的侧重点。今天,随着国际斗争的领域出现重大变化,与军事等"传统安全"相对应的"非传统安全"问题日益突出。非传统安全所涉及的领域主要包括经济安全、信息网络安全、资源安全、环境与污染、国际恐怖活动与有组织犯罪等。

由经济全球化所引发的经济安全问题,在非传统安全的所有领域中占有非常重要的地位。经济全球化作为当今世界发展的历史潮流,不仅深刻影响着世界各国的经济,还深刻影响着世界各国的文化走向,影响着国家文化秩序的变动和文化力量格局的重组。

由经济全球化带来的信息传播的自由交流,使传统意义上的文化继承在全球化的语言环境下正在失去原有的空间,国家和文化边界正在消除,国家文化主权受到严重的威胁和挑战。面对西方强势文化利用其资本、技术和市场优势对其他国家的文化渗透、控制和强行推入,国家文化安全被历史地和现实地推到了主权国家的面前。文化生存是国家和民族生存的前提条件,文化的生存状态不仅积淀着一个国家和民族的全部文化创造和文化成果,还蕴含着过去向未来的发展基因,一旦文化遭遇威胁,则必然要给民族和国家带来文化危机和民族危机。

意识形态是一个国家的灵魂,体现着全体社会成员的整体行为的一致性。意识形态安全作为国内安全的重要组成部分,它并不是要求全体社会成员政治认识上的一致,而是要求有共同的价值观念和价值取向,共同的法律和秩序意识,要求政治上、思想上的个性和分歧从属于共同的价值观和秩序论。

信息网络安全是非传统安全中最新出现且飞速发展的问题。国际互联网络是一种能在瞬间生成、瞬间传播、实时互动、信息资源高度共享的传播媒介。随着网络的广泛应用,国家事务、国防建设、尖端科技和财政金融等方面逐渐实现信息网络管理,一旦信息系统遭到攻击和破坏,轻则造成巨大经济损失,重则直接导致国家政治经济生活的混乱,进而影响政治稳定和国家安全,因此,信息网络安全已成为国家安全的重要内容。

资源的流动、争夺是非传统安全中一个斗争十分激烈的领域;环境与污染是涉及各国切身利益的全球性问题;如何处理吸收外来先进文化与继承本民族的优秀文化传统的关系成为国家安全的深层次问题;国际恐怖活动与有组织犯罪也成为各国安全的主要威胁因素之一。人们普遍注意到,只注意军事安全已经非常不够,安全问题不仅涉及军事问题,而且呈现出综合性的发展态势。近年来,各种新的国家安全概念不断被提出。其中,"综合安全"的新概念成为时尚安全词汇,并很快为各国政治家和外交家所接受。人们越来越清楚地认识到,国家之间的竞争实质上是综合国力的竞争,今天"国家安全"的概念已不再限于传统意义上的军事安全,而是涵盖了经济安全、生态安全、资源安全、信息安全、文化安全等诸多方面。

国家安全寄托于强大的综合国力,而在综合国力的竞争中,经济和科技是最核心的内容。21世纪是科技革命的时代,一系列重大科学发现和技术发明深刻地改变了人类社会的面貌。科技实力是经济发展的原动力,科学技术这个"火车头"若出现故障,国家经济的列车就不可能快速前进。发达国家早已实现了工业化,现在又在信息化进程中占了先机之利,走在知识积累的前列,一定程度上对发展中国家形成了知识霸权。对后者来说,如何进行知识创新,是一个不能不考虑的重要问题。创新是一个民族进步的灵魂,是国家兴旺发达的不竭动力,没有创新能力的民族是难以屹立于世界先进民族之林的。

二、总体国家安全观

1. 总体国家安全观内涵

2014年4月15日上午,中共中央总书记、国家主席、中央军委主席、中央国家安全委员会主席习近平主持召开中央国家安全委员会第一次会议并发表重要讲话,强调"要准确把握国家安全形势变化新特点新趋势,坚持总体国家安全观,走出一条中国特色国家安全道路"。新时代,增强忧患意识,做到居安思危,是我们治党治国必须始终坚持的一个重大原则。我们党要巩固执政地位,要团结带领人民坚持和发展中国特色社会主义,保证国家安全是头等大事。当前我国国家安全内涵和外延比历史上任何时候都要丰富,时空领域比历史上任何时候都要宽广,内外因素比历史上任何时候都要复杂,必须坚持总体国家安全观。贯彻落实总体国家安全观,必须既重视外部安全,又重视内部安全,对内求发展、求变革、求稳定、建设平安中国,对外求和平、求合作、求共赢、建设和谐世界;既重视国土安全,又重视国民安全,坚持以民为本、以人为本,坚持国家安全一切为了人民、一切依靠人民,真正夯实国家安全的群众基础;既重视传统安全,又重视非传统安全,构建集政治安全、国土安全、军事安全、经济安全、文化安全、社会安全、科技安全、信息安全、生态安全、资源安全、核安全等于一体的国家安全体系;既重视发展问题,又重视安全问题,发展是安全的基础,安全是发展的条件,富国才能强兵,强兵才能卫国;既重视自身安全,又重视共同安全,打造命运共同体,推动各方朝着互利互惠、共同安全的目标相向而行。

2015年7月1日，第十二届全国人民代表大会常务委员会第十五次会议通过《中华人民共和国国家安全法》。《中华人民共和国国家安全法》第一章第三条规定：国家安全工作应当坚持总体国家安全观，以人民安全为宗旨，以政治安全为根本，以经济安全为基础，以军事、文化、社会安全为保障，以促进国际安全为依托，维护各领域国家安全，构建国家安全体系，走中国特色国家安全道路。总体国家安全观包括以下内容。

第一，总体国家安全观要求重视所有领域的国家安全问题。习近平总书记提出的集很多领域为一体的国家安全体系，只是对这些领域的一个不完全列举，意在强调国家安全领域的广泛性，并非意味着国家安全体系只包括十一个领域。国家安全包括这些领域，但不限于这些领域，所有关系国家安全的领域和问题，都应该高度关注。经济安全、文化安全，以及与经济安全关系密切但又不完全相同的金融安全和粮食安全等安全问题，虽然不见硝烟、没有伤亡，但一旦出现问题，可能危害更大，甚至无法挽回，必须高度重视。

第二，总体国家安全观的目标是要构建完整的国家安全体系。当前，我国正处在全面建成小康社会、全面深化改革、全面依法治国、全面从严治党的重要时期，面临复杂多变的安全和发展环境，各种可以预见和难以预见的风险因素明显增多，维护国家安全和社会稳定任务繁重艰巨。也就是说，在新的历史条件下，各个领域都可能面临国家安全风险，因此，必须坚持总体国家安全观，构建完整的国家安全体系，确保在所有的领域避免国家和人民重大利益面临任何风险，更不能遭受任何损失。

第三，总体国家安全观要求兼顾"五对关系"。习近平总书记强调，"贯彻落实总体国家安全观，必须既重视外部安全，又重视内部安全"，"既重视国土安全，又重视国民安全"，"既重视传统安全，又重视非传统安全"，"既重视发展问题，又重视安全问题"，"既重视自身安全，又重视共同安全"。

2. 总体国家安全观特点

一是从战略高度认识国家安全问题。总体国家安全观从战略高度认识国家安全问题，把国家安全当作实现中华民族伟大复兴中国梦的重要保障。习近平总书记在不同场合多次强调："实现中华民族伟大复兴的中国梦，保证人民安居乐业，国家安全是头等大事。"习近平总书记主持召开中央国家安全委员会第一次会议时指出："党的十八届三中全会决定成立国家安全委员会，是推进国家治理体系和治理能力现代化、实现国家长治久安的迫切要求，是全面建成小康社会、实现中华民族伟大复兴中国梦的重要保障。"习近平总书记还强调："我们要保持战略定力、战略自信、战略耐心，坚持以全球思维谋篇布局，坚持统筹发展和安全，坚持底线思维，坚持原则性和策略性相统一，把维护国家安全的战略主动权牢牢掌握在自己手中。"这些都充分说明，总体国家安全观是站在一个历史维度上以更高的战略眼光来认识国家安全问题的，具有战略高度和历史使命感。

二是更加关注非传统国家安全因素。总体国家安全观的"总体"二字，就是要比传统国家安全内容增加更多的非传统安全要素，使国家安全体系更加完整。如习近平总书记在论述传统安全与非传统安全关系时，列举到的非传统安全要素要远远多于传统安全的内容。习近平总书记提出，要"既重视传统安全，又重视非传统安全，构建集政治安全、国土安全、军事安全、经济安全、文化安全、社会安全、科技安全、信息安全、生态安全、资源安全、核安全等于一体的国家安全体"，这其中，传统安全只列举了三项，而非传统安全则多达八项。①

三是开创性地论述了发展与安全的辩证关系。习近平总书记在总体国家安全观中论及国家安全要兼顾的"五对关系"时，提出要"既重视发展问题，又重视安全问题，发展是安全的基础，安全是发展的条件，富国才能强兵，强兵才能卫国"。这既是对国家安全与发展辩证关系的开创性论述，也是对国家安全的重大理论贡献。2014年5月21日，习近平主席在亚洲相互协作与信任措施会议第四次峰会上的讲话中，再次清晰地阐述了二者的关系，指出发展和安全并重才能实现持久安全。

2015年12月16日，习近平主席在第二届世界互联网大会开幕式上的讲话中指出："安全和发展是一体之两翼、驱动之双轮。安全是发展的保障，发展是安全的目的。"一方面，虽然当前中国最迫切的任务是发展，但是如果缺乏必要的安全意识和安全保障的能力，那么我们的发展必定会不断地被各种安全问题所打断，发展所取得的成果不免会付之东流，甚至发展的结果也可能会变成一场悲剧。另一方面，如果没有发展作为基础，所有领域的国家安全都可能无法保障，国家安全体系会变得千疮百孔。因为，没有发展，就没有经济增长和科学技术的进步，也就没有军事实力和综合国力的提高，那么可能连国家领土和基本生存都无法得到保障，1840年以来的中国近代史就充分地证明了这一点；没有发展，新型国家安全就会缺乏必要的技术手段，就没有办法认识和应对网络安全、信息安全、种子安全和基因安全等方面存在的风险和出现的问题，生态安全和资源安全也就无从谈起；没有发展，人民群众生产和生活所需要的基础设施和公共服务就不能得到有效的供给，基层社会矛盾和冲突就会加剧，社会安全也就成了一句空话。总之，总体国家安全观对安全和发展辩证关系的论述具有开创性意义，对中国在快速发展过程中做好国家安全工作极具指导意义。

四是首次提出了国家安全在国际社会的公共性问题。习近平主席在提出总体国家

---

① 习近平总书记在2017年2月17日主持召开的国家安全工作座谈会上，强调要突出抓好政治安全、经济安全、国土安全、社会安全、网络安全等方面的安全工作，这其中涉及的非传统安全内容仍然比传统安全内容更多。习近平总书记尤其强调网络安全，他提出"要筑牢网络安全防线，提高网络安全保障水平"。

习近平总书记也在不同场合强调生态安全和粮食安全等问题。习近平总书记高度重视粮食问题，多次强调粮食安全的重要性，他说："中国人的饭碗任何时候都要牢牢端在自己手上。"他还强调："保障国家粮食安全是一个永恒的课题，任何时候这根弦都不能松。""我国是个人口众多的大国，解决好吃饭问题始终是治国理政的头等大事。"

2013年5月24日，习近平总书记在主持中共中央政治局就大力推进生态文明建设进行第六次集体学习时指出，推进生态文明建设，必须"着力树立生态观念、完善生态制度、维护生态安全、优化生态环境"。

安全观时多次提到了国家安全和国际安全的关系问题,认为国家安全要以促进国际安全为依托,既要重视自身安全,又要重视共同安全。这实际上是以大国元首的身份首次提出了国家安全在国际社会的公共性问题,再次向世界无私地贡献了中国智慧。

2015年3月28日,习近平主席在博鳌亚洲论坛2015年年会开幕式的演讲中指出:"当今世界,安全的内涵和外延更加丰富,时空领域更加宽广,各种因素更加错综复杂。各国人民命运与共、唇齿相依。当今世界,没有一个国家能实现脱离世界安全的自身安全,也没有建立在其他国家不安全基础上的安全。"2015年9月28日,习近平主席在纽约联合国总部出席第七十届联合国大会一般性辩论并发表的重要讲话中再次指出:"在经济全球化时代,各国安全相互关联、彼此影响。没有一个国家能凭一己之力谋求自身绝对安全,也没有一个国家可以从别国的动荡中收获稳定。"2015年12月16日,习近平主席在第二届世界互联网大会开幕式上发表主旨演讲时强调:"维护网络安全不应有双重标准,不能一个国家安全而其他国家不安全,一部分国家安全而另一部分国家不安全,更不能以牺牲别国安全谋求自身所谓绝对安全。""网络安全是全球性挑战,没有哪个国家能够置身事外、独善其身,维护网络安全是国际社会的共同责任。"

这些都是在告诉国际社会,在新的时代背景下,国家安全要有新的境界。世界发展的形势和条件变了,有些国家的安全问题在国际社会已经成为公共性的问题,相当一部分国家安全要通过国际合作才能得到保障。个别国家在国家安全问题上采取损人利己、以邻为壑的做法,极有可能会变成"搬起石头砸自己的脚"的悲剧。

3.科学理解总体国家安全观

总体国家安全观是对传统国家安全观念的超越和提升,认识和把握总体国家安全观,要运用马克思主义的正确方法,不可偏废,也不可泛化,更不可机械僵化。

第一,理解总体国家安全观,不可对国家安全问题过于泛化。不能把一切安全问题都无限度地上升到国家安全的高度。如日常生活中的交通安全问题、校园安全问题、人民群众的财产安全问题、企业的安全生产问题等,虽然都很重要,但是如果仅限于普通的个案,那就是一般的安全问题,达不到国家安全的层次。把一切安全问题都泛化为国家安全问题,只会模糊国家安全问题的焦点,使真正的国家安全问题无法得到应有的重视和关注,反而会损害国家安全。

第二,理解总体国家安全观,要有动态变化的思维。由于现实世界的复杂性和多变性,有些不是国家安全的问题,在特定的条件下也可以转化为国家安全问题。如食品安全和农产品安全等公共安全问题,在一般的意义上会危害消费者的健康、损害消费者的利益,虽然也应该严厉打击,但是它一般都有一定的影响范围,达不到国家安全的层次。如果某一方面的食品安全或农产品安全问题对人体有危害,涉及范围非常广泛,而且长期得不到有效治理,那么长期积累的结果就有可能导致国民的身体素质总体大幅下降,病患增加,生产力不足,财政负担加重,甚至使军队的战斗力丧失,那么食品安全和农产品安全问题就会上升成为国家安全问题。总体国家安全观强调公共安全问题,正是基于对现实世界安全问题复杂多变的考虑。

总之,总体国家安全观在强调构建完整的国家安全体系的基础上,更加关注非传统安全。这对在日益复杂和快速多变的国内外新形势下,应对可能出现的新型国家安全问题,确保国家和人民的重大核心利益是至关重要的。

第二节 国家安全形势

世界军事安全形势的基本态势是:国际安全环境总体稳定,抑制战争的因素不断增多,爆发大规模局部战争的可能性不大,但局部地区战乱不止,一些热点持续升温甚至接近战争边缘;主要国家积极进行战略调整,推进军事转型,加强核心军事能力建设,争夺有利战略位势,国际军事斗争更趋于复杂,世界军事力量对比发生新的变化;中国周边军事形势尚属平稳,总体可控,但美国推行"亚太再平衡"战略,企图打破地区原有平衡,联手日本、怂恿菲律宾等国制造事端,引发地区局势不安。

一、地缘环境基本概况及地缘安全

国家的地缘环境是指影响国家安全的地理位置、地理特征以及与地理密切相关的国家关系等因素。中国的地缘环境很特殊,从古至今,这种特殊的地缘环境无时无刻不在影响着中国的安全形势。

中国位于欧亚大陆的东南部,是欧亚大陆的一部分。中国是一个陆地大国,拥有960万平方千米的陆地疆土,陆地国土面积居世界第3位。中国还是一个海洋大国,内海和边海的水域面积约470万平方千米,有便利的海上通道和丰富的海洋资源。

(一)陆海兼备,陆地边界和海岸线漫长

中国有2.2万多千米长的陆地边界线、1.8万多千米的大陆海岸线和1.4万多千米的岛屿海岸线,有青藏高原和帕米尔高原将其与南亚、中亚隔断,在西北有一条穿越茫茫沙漠戈壁的狭窄通道与中亚相连,南有云贵高原和横断山脉天然屏障,东南有不可逾越的万里海域。在陆地方面,历代王朝主要担心来自外族的威胁;在海岸方面,明朝虽也出现过来自倭寇的威胁,但这种威胁对朝廷的安全影响有限。

(二)邻国众多,安全环境复杂

中国陆海相连,美丽富饶,疆域辽阔,陆海邻国众多,排世界第2位。中国陆地上与朝鲜、俄罗斯、蒙古、哈萨克斯坦、吉尔吉斯斯坦、塔吉克斯坦、阿富汗、巴基斯坦、印度、尼泊尔、不丹、缅甸、老挝和越南14个国家接壤;海上与日本、朝鲜、韩国、菲律宾、马来西亚、印度尼西亚、文莱和越南8个国家的大陆架或200海里专属经济区相连接,其中朝鲜和越南既是中国的海上邻国,又是陆地邻国。俄罗斯的邻国虽然比中国多1个,但其陆地面积比中国约大1倍,与中国陆地面积大致相当的美国只有2个陆地邻国,加拿大只有1个邻国,英国和澳大利亚被海洋环抱,这些国家的周边安全环境均不及中国的复杂。

邻国中,有些过去曾经对中国发动过侵略战争的国家现在仍是经济大国,并正在成为军事强国。一些邻国之间存有积怨,甚至对立,一旦它们之间发生冲突,必将影响中国的边境安全。有的国家内部不稳定因素多,一旦发生内乱,将对中国边境安全造成压力。例如,2005年3月24日,吉尔吉斯斯坦爆发的政治动乱,为美国向中亚地区的渗透提供了借口,直接威胁到中国西部的安全。有的国家居民与中国边境居民同为一个民族,有的国家居民与中国某些地区居民信奉同一宗教,这些积极因素有利于我国边境居民与邻国居民友好往来,改善国家之间的关系,但也存在消极因素。还有一些国家,与中国之间存在着历史遗留下来的边界领土争端和海洋划界争议。这些因素都将对中国安全环境产生不同的影响。

日本、印度是中国周边地区的两个重要国家,是构成中国地缘环境的重要因素。日本岛国资源缺乏,对海外资源和海外市场的严重依赖是它的显著特点。在近代,日本经历了50年的侵略扩张和对美国的依附。甲午战争至第二次世界大战结束以前,日本军国主义积极推行侵略扩张政策,主要是向亚洲大陆扩张。第二次世界大战结束后,美国控制世界海洋,日本转而依附美国,充当美国在太平洋的前沿堡垒。冷战结束后,日本继续追随美国,变化了的国际形势曾为日本提高国际地位提供了难得的机会。日本注重将经济、科技、金融优势转化为政治和军事影响力,积极开拓战略空间。

印度人口众多,是一个依陆面海的大国。从地理条件看,印度北面被崇山高原带阻隔,其半岛却深入印度洋,陆地上的隔绝与海路的通达,形成鲜明对照。所以,"由陆向海"是印度关注的战略发展问题。印度的地理条件较为优越,周边邻国主要是中小国家。中国是直接与印度毗邻的唯一大国,两国虽然存有边界争议,但是中印分别面对太平洋和印度洋两个不同的方向,同时受到青藏高原的阻隔,地理上的矛盾是有限的。

东南亚、中亚是中国周边的两个重要地区,也是中国陆、海两面的两个枢纽地区。这两个地区的形势稳定与否,对中国的安全和经济发展具有重要影响。在交通方面,东南亚是连接亚洲与大洋洲、沟通印度洋和太平洋的"十字路口",控制着太平洋到印度洋的主要水上航线。中亚地区处于东亚、西亚、南亚和北亚的地理连接点上,是欧亚大陆以及中国、俄罗斯、欧洲、中东、南亚各地陆路连接的枢纽。在资源方面,东南亚有丰富的战略资源,锡储量占世界的60%,橡胶年产量占世界的80%以上,矿产资源丰富,石油和稻米出口量较大。在安全方面,东南亚邻接中国的东南沿海与西南地区,是影响中国南部安全的重要方向。贯穿东南亚的海上战略通道对于日本有重要意义,对美欧各国的航运也有重要影响。中亚地区与中国新疆、西藏等地接壤,该地区的形势与我国西北边疆的安危休戚相关。

二、新形势下的国家安全

进入新世纪,世界格局和安全形势正发生着巨大变化,和平与发展成为新时代的主题。经过共同努力,中国与一些曾经对立的国家逐渐建立起相互谅解和信任的友好关系,中国周边安全环境处于较好的时期,呈现出和平稳定的新局面。

新中国成立以来,奉行独立自主的和平外交政策。进入21世纪,中国本着"与邻为善、以邻为伴"和"睦邻、安邻、富邻"的周边外交方针,积极推动周边形势向有利于和平与稳定的方向发展。但是,我们也应该看到,随着世界战略格局和亚太地区战略格局的不断发展变化,特别是美国推行"亚太再平衡"战略,中国周边安全环境也增加了许多新的不确定和不稳定因素。中国与周边国家还存在着一些尚未解决的领土、边界、海域、岛屿划分及归属方面的争议,国际上一些敌对势力更是借机推波助澜。因此,对中国周边安全环境中存在的不利因素尚不能掉以轻心。

(一)祖国统一仍面临复杂、严峻形势

在对中国周边安全问题构成影响的诸因素中,台湾问题无疑是主要因素之一。台湾问题事关祖国完全统一,事关国家核心利益。近年来,台海局势虽然出现了重大积极变化,但反"台独"斗争依然面临严峻的考验。

1. 反"台独"斗争形势复杂严峻

2016年随着民进党重新执政,两岸关系的未来发展面临新的问题与挑战。

台湾问题是21世纪中华民族复兴道路上必须排除的最大的一个障碍,是21世纪中国国家安全战略的重中之重,祖国统一终将实现,这也是全体中国人民的共同期盼。

2. 西方某大国干涉中国内政,使台海局势更加错综复杂

与此同时,外国干涉势力插手两岸事务,特别是以西方某大国为代表的国际反华势力不愿意看到社会主义中国的崛起和强大,经常利用台湾问题大做文章,干涉中国内政,阻挠中国发展,企图促使台湾问题国际化,使台海局势更加错综复杂。2016年12月,美国当选总统与台湾地区领导人蔡英文通电话。这是1979年台美"断交"后,台湾地区领导人首度与美国新当选总统对话。2018年1月,美国众议院通过一个所谓的"台湾旅行法草案"。长期以来,美国在台湾问题上一直采取所谓的"模糊"战略,使台海局势更加复杂。在美国许多看似相互矛盾的政策、表态背后,都隐藏着美国利用台湾问题制造麻烦和障碍、阻挠中国崛起的战略实质。

(二)我国海洋权益遭遇严峻挑战

在中国周边安全环境中,维护海洋权益的斗争具有较大的复杂性和敏感性。中国是个陆地大国,也是个海洋大国。毗连海域自然延伸面积约有470万平方千米。但是,由于历史的和现实的原因,我国与海上8个邻国均有海域划界或岛屿归属问题之争。

1. 关于东海大陆架和钓鱼岛的问题

(1)东海大陆架问题。东海位于中国、日本、韩国3国之间,东西宽150～420海里,南北长660海里,总面积约为77万平方千米。日本与中国是相向不共架国,中国大陆架一直延伸到冲绳海槽。冲绳海槽大部分深度超过1000米,坡度很陡,形成西部大陆架和东部岛架的天然分界。根据东海大陆架的实际情况,参照《联合国海洋法公约》的有关条款和各国海域划界的实践,冲绳海槽构成了中国东海大陆架与琉球大陆架的自然分界线。因此,应按大陆架自然延伸的原则,以冲绳海槽中心线为界,划分中国与日本在东海大陆架的边界。但是日本方面却主张按东海的"中心线"平分划界,这样中日间便产生了20多万平方千米的争议区。如果按日本的主张划界,中国在东海的大陆架范围将被拦腰截断,应归我国管辖的海域面积将减少一半。

(2)关于钓鱼岛问题。钓鱼岛及其附属岛屿是中国领土不可分割的一部分。无论从历史、地理还是从法理的角度来看,钓鱼岛都是中国的固有领土,中国对其拥有无可争辩的主权。钓鱼岛及其附属岛屿位于中国台湾岛的东北部,是台湾的附属岛屿,分布在东经123°20′～124°40′,北纬25°40′～26°00′之间的海域,由钓鱼岛、黄尾屿、赤尾屿、南小岛、北小岛、南屿、北屿、飞屿等岛礁组成,总面积约5.69平方千米。钓鱼岛位于该海域的最西端,面积约3.91平方千米,是该海域面积最大的岛屿,主峰海拔362米。黄尾屿位于钓鱼岛东北约27千米,面积约0.91平方千米,是该海域的第二大岛,最高海拔117米。赤尾屿位于钓鱼岛东北约110千米,是该海域最东端的岛屿,面积约0.065平方千米,最高海拔75米。20世纪70年代,中日在实现邦交正常化和缔结《中日和平友好条约》时,两国老一辈领导人着眼两国关系大局,就将"钓鱼岛问题放一放,留待以后解决"达成谅解和共识。但近年来,日本不断对钓鱼岛采取单方面举措,特别是对钓鱼岛实施所谓"国有化",严重侵犯中国主权,背离中日两国老一辈领导人达成的谅解和共识。这不但严重损害了中日关系,也是对世界反法西斯战争胜利成果的否定和挑战。中国强烈敦促日本尊重历史和国际法,立即停止一切损害中国领土主权的行为。中国政府捍卫国家领土主权的决心和意志是坚定不移的,有信心、有能力捍卫国家主权,维护领土完整。

钓鱼岛——中国的固有领土

2012年9月10日,日本政府不顾中方一再严正交涉,宣布"购买"钓鱼岛及其附属的南小岛和北小岛,实施所谓"国有化"。这是对中国领土主权的严重侵犯,是对13亿中国人民感情的严重伤害,是对历史事实和国际法理的严重践踏。中国政府和人民对此表示坚决反对和强烈抗议。

钓鱼岛及其附属岛屿自古以来就是中国的神圣领土,有史为凭、有法为据。钓鱼岛等岛屿是中国人最早发现、命名和利用的,中国渔民历来在这些岛屿及其附近海域从事生产活动。早在明朝,钓鱼岛等岛屿就已经纳入中国海防管辖范围,是中国台湾的附属岛屿。钓鱼岛从来就不是什么"无主地",中国是钓鱼岛等岛屿无可争辩的主人。

1895年,日本在甲午战争末期,趁清政府败局已定,非法窃取钓鱼岛及其附属岛屿。随后,日本强迫清政府签订不平等的《马关条约》,割让"台湾全岛及所有附属各岛屿"。第二次世界大战结束后,根据《开罗宣言》和《波茨坦公告》,中国收回日本侵占的台湾、澎湖列岛等领土,钓鱼岛及其附属岛屿在国际法上业已回归中国。历史不容翻案。日本在钓鱼岛问题上的立场,是对世界反法西斯战争胜利成果的公然否定,是对战后国际秩序的严重挑战。

1951年,日本同美国等国家签订片面的"旧金山和约",将琉球群岛(即现在的冲绳)交由美国管理。1953年,美国琉球民政府擅自扩大管辖范围,将中国领土钓鱼岛及其附属岛屿裹挟其中。1971年,日、美两国在"归还冲绳协定"中又擅自把钓鱼岛等岛屿列入"归还区域"。中国政府对日、美这种私相授受中国领土的做法从一开始就坚决反对,不予承认。日本政府所谓钓鱼岛是日本的固有领土,日中之间不存在需要解决的领土争端,完全是罔顾史实和法理,是完全站不住脚的。

1972年中日邦交正常化和1978年缔结和平友好条约谈判过程中,两国老一辈领导人着眼大局,就"钓鱼岛问题放一放,留待以后解决"达成重要谅解和共识。中日邦交正常化的大门由此开启,中日关系才有了40年的巨大发展,东亚地区才有了40年的稳定与安宁。如果日本当局对两国当年的共识矢口否认,一笔勾销,那么钓鱼岛局势还如何能保持稳定?中日关系今后还如何能顺利发展?日本还如何能取信于邻国和世人?

近年来,日本政府在钓鱼岛问题上不断挑起事端,特别是今年以来姑息纵容右翼势力掀起"购岛"风波,以为自己出面"购岛"铺路搭桥。人们有理由认为,日方在钓鱼岛问题上的所作所为绝不是偶然的,它所反映出来的政治趋向是很值得警惕的。我们不禁要问,日本到底要向何处去?日本未来走向能让人放心吗?

中国政府始终重视发展中日关系。中日两国和两国人民只能友好相处,不能彼此作对。推进中日战略互惠关系符合两国和两国人民的根本利益,有利于维护本地区和平、稳定与发展大局。但是中日关系的健康稳定发展需要日方同中方相向而行、共同努力。日本政府的"购岛"行为是同维护中日关系大局背道而驰的。

中国政府严正声明,日本政府的所谓"购岛"完全是非法的、无效的,丝毫改变不了日本侵占中国领土的历史事实,丝毫改变不了中国对钓鱼岛及其附属岛屿的领土主权。中华民族任人欺凌的时代已经一去不复返了。中国政府不会坐视领土主权受到侵犯。中方强烈敦促日方立即停止一切损害中国领土主权的行为,不折不扣地回到双方达成的共识和谅解上来,回到谈判解决争议的轨道上来。如果日方一意孤行,由此造成的一切严重后果只能由日方承担。

2. 关于南海诸岛问题

南海总面积约为360万平方千米。南海诸岛包括东沙、西沙、中沙和南沙四大群岛,分布于南海的中心部位,扼太平洋和印度洋的咽喉,不仅地理位置非常重要,而且蕴藏着丰富的矿产和水产资源。南沙群岛是南海诸岛中分布面积最广、岛礁数量最多、位处最南的一组群岛。南沙群岛由230个岛屿、礁滩和沙洲组成,分布在24.4万平方千米的海域中。其中露出水面的岛屿25个,明暗礁128个,明暗沙洲77个,太平岛面积最大,约0.5平方千米。

南沙群岛历来是中国的领土,在20世纪70年代以前,南海毗邻国家对此从未提出过异议。但是自发现南海蕴藏丰富的油气资源后,周边国家便开始窥视这一海域。菲律宾率先于1971年抢占了南沙东部的部分岛屿和沙洲。接着,南越政府也于1973年7月派兵占领了南海西部6个岛礁。1975年4月,越南一反承认南沙是中国领土的立场,接管了南越军队占领的岛礁,并不断扩大侵占行动。从1983年起,马来西亚先后占领了南沙南部的3个礁。随后,上述国家又单方面宣布了大陆架和200海里专属经济区范围,把南沙群岛的全部或部分岛礁列入自己的"版图",并加紧在南沙海域进行资源开发,致使南沙争端日益突出。

实际上,自从《联合国海洋法公约》制定并生效以后,南海周边国家不顾历史上早已承认南海诸岛属于中国的事实,以实施《联合国海洋法公约》为由,借口按照公约规定的"以陆定海"的原则——依据所拥有的陆地和岛屿划定领海基线,再按领海基线划定毗连区、大陆架和专属经济区,纷纷对我国南海传统疆界线(九段线)内的岛屿和附属水域提出主权要求。它们故意把已明确主权归属的岛屿说成是无主岛屿,凡是落入由它们单方面划定海域内的岛屿和附属水域就认为归它们所有。它们的做法是对《联合国海洋法公约》的蓄意歪曲。该公约的实施有一个重要前提,即尊重并且不改变陆地和岛屿原有的主权归属。也就是说,公约只是规定可以拥有大陆架,可以划定200海里专属经济区,但相关海域中的岛屿该是谁的还是谁的。

目前,南海周边国家对南沙的军事控制进一步增强,对南沙资源的掠夺性开发进一步加快。越南已同17个国家的近30家公司和国际财团签订了合作开发南海油气资源的合同。菲律宾、马来西亚、印度尼西亚以及文莱等国已在我南海疆域内开采石油和天然气。

值得注意的是,南沙问题国际化趋势已有新的发展。东盟国家曾就南沙问题进行过多次内部磋商,力图联合中国谈判解决南沙争端问题,并准备在谈判不能取得成功时提交联合国裁决。美国等西方大国正在积极插手南沙事务,试图利用南沙问题挑拨我国与东盟国家的关系,并制造"中国威胁论",对我国施加"更有针对性的压力"。应当引起警惕的是,西方大国插手南沙事务主要是通过与其他各方合作进行的,这越来越清楚地显示出它们共同对付中国的意图。

除此之外,中国在东海、黄海与周边一些国家在海域划分上的矛盾一时也还难以解决。

资料卡片　　　中菲黄岩岛事件

2012年4月10日,12艘中国渔船在中国黄岩岛潟湖内正常作业时,被一艘菲律宾军舰干扰。菲军舰一度企图抓扣被其堵在潟湖内的中国渔民,被赶来的中国两艘海监船所阻止。随后,中国渔政310船赶往事发地黄岩岛海域维权,菲方亦派多艘舰船增援,双方持续对峙。中方为表达善意,将一艘渔政船和一艘海监船于22日下午撤离黄岩岛附近海域,并表示愿通过外交磋商解决黄岩岛事件。

三、新兴领域国家安全

当前,我们正处在传统安全威胁依然突出、非传统安全威胁日益凸显的"传统安全威胁和非传统安全威胁相互交织"的历史时期。非传统安全主要是新兴领域的国家安全问题,目前,非传统安全威胁的新兴领域主要有生态环境安全、经济安全、人口安全、卫生安全等多方面;涉及国家主权、统一、领土完整与安全的有恐怖主义、信息安全等。

1. 恐怖主义威胁

冷战结束后,宗教极端主义、民族分裂主义和国际恐怖主义三股恶势力在世界上许多地方泛滥,往往带有很强的政治企图,成为影响国家安全和地区稳定的重大威胁。20世纪末以来,受世界范围恐怖活动的影响,在外国敌对势力的怂恿和支持下,我国境内外的一些宗教狂热分子、民族分裂分子和各种敌对势力进行勾结,加紧在我国新疆、西藏等边境民族地区煽动"疆独""藏独",不断进行恐怖活动,制造混乱。以"东突"组织为代表的"疆独"分子已经不折不扣地沦为恐怖分子。境内外"东突"分裂势力与国际恐怖主义、极端主义、分裂主义等三股恶势力相互勾结,成立分裂主义组织,培训暴力恐怖分子,实施恐怖破坏活动,制造了一系列暗杀、爆炸和抢劫等恶性事件,企图以恐怖活动为主要手段达到分裂祖国的目的。一些宗教极端主义分子也借民族问题从事分裂乃至恐怖活动。"藏独"势力打着宗教旗号,拉拢迷惑群众,借机制造事端,和国际反华势力一起图谋把西藏从我国分裂出去。可以说,"疆独""藏独"问题已经成为中国面临的最大的恐怖主义威胁。2008年3月14日西藏拉萨及2009年7月5日新疆乌鲁木齐发生的"打、砸、抢、烧",就是以达赖和热比娅为首的民族分裂主义组织策划的系列暴力事件,严重危害了我国国家安全和社会政治稳定。

2. 信息安全

现代的信息安全包括经济、政治、科技、军事、思想文化及社会稳定等各个领域,涉及个人权益、企业生存、金融风险防范、社会稳定和国家安全。没有信息安全,就没有真正的政治安全、军事安全和经济安全,也没有完全意义上的国家安全。当前我国信息安全面临的主要问题,一是基础信息技术依赖国外;二是网络、媒体、电信管理的制度化、规范化不够完善;三是信息安全管理体制不够健全;四是信息安全意识淡薄;五是信息安全产业化、规模化水平不高。更为严重的是,信息渗透与反渗透的斗争异常激烈。西方国家、非政府组织、民间组织以及海外敌对势力,纷纷通过网络对我国展开舆论争夺、思想渗透和文化侵略,极大威胁社会的安全和稳定。2013年爆出的"棱镜门"事件,虽发生在美国,但在一定层面上反映出目前网络安全已经是世界性话题。因此,要解决好国防信息安全问题,必须强化全民国防观念,走独立自主的创新发展道路。

首先,增强网络安全意识。一是加强保密教育,使国防战线工作者进一步了解国际网络安全现状,认识到窃密与反窃密斗争的严峻性,增强自我防范意识;二是用于国防领域的计算机要使用专门的软件,切勿使用盗版软件,切勿随意从互联网上下载各种软件,以切断病毒传染源;三是国家要加强信息安全方面的立法,加大打击流氓软件、"间谍软件"等恶意软件的力度,净化网络空间。

其次,加强网络信息人才队伍建设。要借鉴国外的一些做法,吸纳网络高手,建好网络信息安全队伍,提高我国网络安全防范能力。

再次,加快软件开发步伐。现在,美、印等国是公认的软件开发和销售大国,在这方面我国还相对滞后,国家应加强开发具有自主知识产权的软件,特别是要开发对我国国家信息安全有重大影响的软件,以满足国防和军队等重要领域的需要。

最后,加强反病毒技术研究。目前,在网络安全领域主要采用的技术保障手段有防火墙、入侵检测、数据加密和反病毒等,其中反病毒技术的应用最为广泛。国家要加强反病毒技术的研究,不断提升国防信息安全的主动防御能力。

2017年6月,《中华人民共和国网络安全法》正式实施,这是我国第一部规范网络空间秩序的基础性法律。

"棱镜门"事件

"棱镜门"事件又称"斯诺登"事件,指的是美国中央情报局前雇员爱德华·斯诺登(Edward Snowden)所揭露的美国政府惊人的监听计划。所谓"棱镜计划"(PRISM),是一项由美国国家安全局(NSA)自2007年起开始实施的绝密电子监听计划。该计划能够对即时通信和既存资料进行深度的监听,其中许可的监听对象包括任何在美国以外地区使用参与计划公司服务的客户,或是任何与国外人士通信的美国公民。美国国家安全局在此计划中可以获得电子邮件、视频和语音交谈、影片、照片、档案传输、登入通知以及社交网络等细节。美国政府证实,它确实要求美国威瑞森(Verizon)公司提供数百万私人电话记录,其中包括个人电话的时长、通话地点、通话双方的电话号码。斯诺登披露,过去6年间,美国国家安全局和联邦调查局通过进入微软、谷歌、苹果、雅虎等九大网络巨头的服务器,监控美国公民的电子邮件、聊天记录、视频及照片等秘密资料,世界舆论随之哗然。

第三节 国际战略形势

一、国际战略形势与发展趋势

当前国际形势处于大动荡、大改组、大变动的时期。从西方殖民主义到第一次世界大战,到第二次世界大战,到苏联解体,到911事件,都对世界形势产生了深刻的影响,但并不是根本性的影响,也就是说并没有改变西方国家主宰整个世界的趋势。

习近平同志指出,国内外形势正在发生深刻复杂变化。我们要客观全面地理解这一判断。当今世界,西方国家对世界的主导态势正发生着深刻变化,最突出的特征就是西方国家的内部出现分裂态势,以美国为首的西方国家对国际社会的主宰态势正在褪色,这已经成为一个不可逆的趋势。一方面,西方国家在全球化的过程中获利;另一方面,西方国家现在出现了逆全球化的现象。无论是英国"脱欧",还是特朗普当选美国总统,都充分反映了这一点。当前,一些西方国家极右势力兴起、民粹主义盛行,贸易保护主义成为其主要国策,这些都与全球化趋势相背离。

我们都知道,西方国家是靠殖民统治,掠夺发展中国家的资源,奴役发展中国家的民众,从而成为世界的主宰的。当前,西方国家对世界的主导态势正发生着深刻变化,变化的根本就是西方国家的人口结构对政治体制构成冲击。西方国家的立国之本是以白色人种为中心、以基督教为核心的意识形态为国家的主要价值观。根据人口学的统计,白色人种的出生率呈现负增长的态势,而西方国家移民后裔的出生率呈快速增长的态势。长此以往,这些移民后裔将会成为国家的统治者,这是西方国家恐慌的根本原因。

西方国家"筑高墙""反移民""反难民",英国"脱欧"就是不愿意接受欧盟难民分配方案,特朗普在竞选总统时就明确提出要在美墨边界"筑高墙",2017年1月,特朗普签署了"禁穆令",这些都充分显示了西方国家当前面临的最根本、最核心的问题源自国内,源自其在殖民统治时期埋下的隐患。

西方国家一直鼓吹所谓的"普世价值",在当前形势下这套价值观的虚伪性暴露无遗。美国为了阻止难民、移民进入,不遗余力地采取各种非人道措施,甚至不惜让一些难民、移民家庭分离。再看欧盟,欧盟不惜代价与土耳其达成难民交换协议,跟北欧国家达成难民协议,把移民圈在这些国家,让他们在难民营中自生自灭。意大利拒绝载着大批难民的救援船靠岸……这些都充分显现出当西方国家的核心价值观受到冲击时,它们所谓的"普世价值"也就随之分崩离析了。

对于当今国际形势,中国提出了全球治理的中国方案。习近平总书记反复强调,中国要"为人类作出更大贡献"。中国提出的"一带一路"倡议为世界和平与发展提供了中国方案。自古以来,中华民族就积极开展对外交往通商,而不是对外侵略扩张;执着于保家卫国的爱国主义,而不是开疆拓土的殖民主义。对和平、和睦、和谐的追求深深植根于中华民族的精神世界之中,深深溶化在中国人民的血脉之中,"以和为贵""天下太平"等理念世代相传。2100多年前,中国人就走出了一条丝绸之路,推动东西方平等开展文明交流,留下了互利合作的足迹,沿路各国人民均受益匪浅。中国始终不渝走和平发展道路。习近平总书记指出,在新的历史条件下,我们提出"一带一路"倡议,就是要继承和发扬丝绸之路精神,把我国发展同沿线和世界各国发展结合起来,把中国梦同沿线和世界各国人民的梦想结合起来,赋予古丝绸之路以全新的时代内涵。我们要深刻把握和理解"一带一路"重大意义的基本出发点。此外,习近平总书记提倡的构建人类命运共同体得到越来越多国家和人民的欢迎和认同,并被写入联合国重要文件。构建人类命运共同体为解决当今世界乱象,为人类发展实现持久和平和持续繁荣指明了方向。

当今世界,国际安全形势热点问题居多,矛盾激化的居多,问题缓和的居少。

第一,朝鲜半岛局势趋于缓和,但真正达到半岛无核化、实现半岛和平还有很长的路要走。长期以来,朝鲜半岛问题实质上是美国和朝鲜的问题。美国不断以武力相威胁,制造朝鲜半岛紧张局势。2018年6月12日,朝鲜最高领导人金正恩与美国总统特朗普在新加坡举行会晤,朝鲜半岛核问题的紧张程度有所缓解,这也恰恰印证了朝鲜半岛问题根子在美国,美国如果不放弃武力威胁,朝鲜半岛就很难真正实现半岛无核化,实现半岛和平。

第二,伊核协议生变,带来更多不确定因素。2018年5月8日,美国总统特朗普宣布美国退出伊朗核问题协议,并重启因伊核协议而豁免的对伊制裁。伊朗核问题协议不仅是参与伊朗核问题谈判的六方国家和伊朗共同达成的协议,也是经过联合国安理会认可批准的,是符合西方国家长期以来坚持的契约精神的协议。美国单方面撕毁伊核协议,事实上是以一超独霸来霸凌伊朗。迄今为止,伊朗是完全遵守伊核协议的,美国却违背了构成国际社会安全与稳定的契约精神。

伊朗是中东地区的大国,长期以来一直是世界的"火药桶",是国际安全形势不断恶化的根源所在,美国的所作所为只会使得国际安全形势不断恶化。伊朗局势不仅对全球油价产生影响,而且对中东地区的和平与稳定也会产生影响,甚至会间接地波及世界上其他地区。美国现在不仅仅是"世界警察",还是世界动荡的制造者、不稳定因素的制造者、矛盾的制造者、麻烦的制造者。

从伊核协议生变我们可以看到,西方国家正在转变,这个变化实质上是不利于国际社会的和平稳定与安全的。

第三，叙利亚继续进行代理人战争，短期内局势难以平静。这既是恐怖组织"伊斯兰国"导致的，也是美国搅乱中东局势导致的。比如，美国宣布将驻以色列的大使馆搬迁到耶路撒冷，实质上这是承认耶路撒冷是以色列的永久首都。在特朗普的导演下，巴以冲突的根源问题不仅没有得到缓解，而且还在不断恶化。

第四，乌克兰导致西方国家与俄罗斯矛盾难解。乌克兰问题是以美国为代表的北约国家和俄罗斯矛盾冲突的缩影。2018年7月16日，俄罗斯总统普京与美国总统特朗普在芬兰首都赫尔辛基举行会晤，就两国关系现状、发展前景和重大国际问题进行会谈，双方讨论美俄双边关系和一系列国家安全议题。这次会晤能够解决双边关系冲突吗？解决不了。不仅解决不了，还会使美国与其欧洲盟国之间的裂痕加大。西方国家矛盾越来越多，内部社会分化的问题、国家之间裂痕扩大的问题，都是对当前国际安全形势会产生深刻影响的问题。

第五，美国向国际社会发起贸易战。实质上这是美国利用迄今依然具有的军事优势、美元霸权霸凌其他国家，寻求本国利益最大化。美国所谓的追求公平贸易，使贸易顺差和逆差达到平衡，实质上这是给国际社会释放的"烟幕弹"。因为美元霸权，美国能够通过印制美元转嫁国内危机。每张美元印制成本不足4美分，美国靠这些廉价印制的美元就可以给本国带来巨额财富，而其他国家都是依靠本国民众的血汗换取美元，国际社会都在为美国打工，这本身就是不公平贸易。现在，特朗普变本加厉地在依然保持美元霸权的状态下要求贸易平衡，这个平衡就使得国际贸易的不公平问题更加凸显。只有看到国际贸易的本质问题，才能认清当前美国通过以强凌弱来追求本国最大利益的美国优先的问题。美国已经成为破坏全球多边贸易规则的最大推手。特朗普公开提出要用"对抗性"的方法来解决国内结构性问题并发起全球性挑战，这是在加剧国际社会分化瓦解，造成发展更加不平衡，贫富差距进一步拉大。

2016年1月19日，习近平主席在埃及《金字塔报》发表题为《让中阿友谊如尼罗河水奔涌向前》的署名文章，文章中引用了阿拉伯谚语"独行快，众行远"，非常简明地指出国际社会发展的正确道路。一个国家如果仅仅追求本国利益，好像发展很快，但实际上发展难以持久，因为只有国际社会共同发展，才能走向和平、安全、稳定、幸福的光明未来。

2017年5月14日，习近平主席出席北京"一带一路"国际合作高峰论坛开幕式，并发表题为《携手推进"一带一路"建设》的主旨演讲，强调坚持以和平合作、开放包容、互学互鉴、互利共赢为核心的丝路精神，携手推动"一带一路"建设行稳致远，将"一带一路"建成和平、繁荣、开放、创新、文明之路，迈向更加美好的明天。

2018年7月25日，习近平主席应邀出席在南非约翰内斯堡举行的金砖国家工商论坛，并发表题为《顺应时代潮流实现共同发展》的重要讲话。强调金砖国家要顺应历史大势，坚持合作共赢、创新引领、包容普惠、多边主义，为构建新型国际关系、构建人类命运共同体发挥建设性作用。7月26日,习近平主席在金砖国家领导人第十次会晤上发表题为《让美好愿景变为现实》的重要讲话,就金砖合作未来发展提出倡议,强调金砖国家要把握历史大势,深化战略伙伴关系,巩固"三轮驱动"合作架构,让第二个"金色十年"的美好愿景变为现实。

二、区域性安全问题

(一)欧美和大洋洲安全威胁增大

第一,法国、德国、比利时、英国等国遭到的一系列恐怖袭击表明,西方国家面临的恐怖威胁呈现上升态势。欧洲国家现在闻"恐"色变,出现任何突发事件,比如砍人事件、冲撞事件等,政府要首先明确这是不是恐怖袭击,经查如果嫌疑人为心智失常者或者是酒驾、毒驾等,与恐怖袭击无关,民众悬着的一颗心才放下。

第二,西方国家极右势力抬头。在特朗普上台后,沉寂多年的三K党在美国东部的弗吉尼亚州死灰复燃,开车冲撞普通民众。极右势力抬头导致西方国家极右暴力事件再次兴起。无论是欧美还是大洋洲,这些发达国家的政治体制都是以白种人为中心,当白人核心地位受到威胁和冲击时,白人至上主义就会重新抬头,攻击有色人种的暴力事件呈现上升态势。

第三,随着社会分化,欧美国家刑事犯罪呈现上升态势。由于国家内部矛盾不断激化,很多原来看似安全、稳定的国家或地区,抢劫、杀人事件也在不断增多。留学生到西方国家不要放松了警惕,一定要提高安全防范意识,防止成为犯罪活动的牺牲品。同时,去欧美国家旅游也要提高安全防范意识。比如,2016年8月,一个有27名中国游客的旅行团在巴黎戴高乐机场附近遭遇5到10人犯罪团伙集体抢劫。2018年7月,一段名为"法国大街上公然抢行李"的视频在网络上迅速扩散。

第四,有组织犯罪,比如毒品犯罪,一直是西方国家所面临的难以解决的痼疾。这些国家表面上虽然处于安全、稳定的状态,但是实质上构成安全威胁的诸多矛盾因素在不断增加。

(二)原苏联地区安全威胁隐忧仍十分严峻

我们把原苏联地区分成联合体国家和中亚地区。联合体国家总体安全形势尚可,恐怖威胁严重的区域主要在俄罗斯。俄罗斯恐怖威胁严重的区域在北高加索地区,比如车臣共和国、印古什共和国和达吉斯坦共和国。

俄罗斯长期以来面临严峻的恐怖威胁问题,现在恐怖威胁有扩大的趋势。无论是2004年9月在俄罗斯南部发生的别斯兰人质事件,还是后来的莫斯科地铁连环爆炸、多莫杰多沃机场抵达大厅内发生的自杀式炸弹爆炸,还有其他的恐怖袭击事件,都可以看出俄罗斯的恐怖威胁有扩大的趋势。

在上合组织框架下,中国与中亚地区开展反恐安全合作,中亚地区的安全形势呈现不断好转态势。即便如此,比如吉尔吉斯斯坦、哈萨克斯坦,也都出现了一些安全问题,发生了一些恐怖袭击事件。但目前来看,上合组织成员国之间的反恐安全合作给成员国带来了非常好的结果,中亚地区恐怖威胁已经得到极大遏制,上合组织成为冷战结束后新型国际合作组织的典范。尽管上合组织成员国在军事方面有合作,但是上合组织防务安全始终遵循公开、开放和透明的原则,奉行不结盟、不对抗、不针对任何其他国家和组织的原则,长期以来一直倡导互信、互利、平等、协作的新安全观。上合组织的成果也非常丰硕。2017年6月,上合组织大家庭再次扩容,巴基斯坦和印度成为该组织的正式成员国。在上合组织合作框架下,以安全和发展作为双引擎,巴基斯坦和印度将会真正走上合作发展的道路。

(三)南亚地区安全威胁上升

南亚地区安全威胁不断上升,这既跟南亚地区国家的客观情况有关,也跟美国全球战略不断调整变化有关。南亚地区安全问题的重灾区是阿富汗。阿富汗的安全问题和美国所谓的"亚太再平衡战略"息息相关,与特朗普上台以后推行的所谓"印太战略"也息息相关。我们从阿富汗政府和阿富汗塔利班的和谈之路可以看到,美国在阿富汗问题上到底起了什么样的作用,究竟是想促进阿富汗和平与稳定,还是要维持阿富汗动荡与不安。

2015年,阿富汗塔利班和阿富汗政府出现了和谈曙光,这与当时美国总统奥巴马在第二个任期要结束阿富汗战争的战略态势有关。奥巴马曾经给出美军撤出阿富汗计划,在2016年年底奥巴马任期结束时差不多撤出所有美军。这就必须促进阿富汗塔利班和阿富汗政府和谈。但是,在奥巴马执政后期,美国全球战略不断发生变化。这个时期,美国实行所谓的"亚太再平衡战略",在东海制造麻烦,在南海制造问题,鼓动一些国家在南海、东海问题上制造更多冲突,试图以此遏制中国的发展。

中国重视丝绸之路经济带建设,美国不愿看到中国在南亚地区有更多发展机会,认为阿富汗局势动荡不安对其更加有利。美国的实用主义和极端利己主义导致阿富汗当前的难局。这一点,我们从美国的具体操作就能够看出。首先,美国为了和阿富汗塔利班进行接触,在联合国安理会将阿富汗塔利班和基地组织分开制裁。接着,美国推动阿富汗塔利班和阿富汗政府第一轮和谈。但是,当第一轮和谈出现曙光并且定下第二轮和谈后,美国改变了在阿富汗的战略,利用所掌握的阿富汗塔利班领导人奥马尔生死的情报,制造了阿富汗塔利班的内部分裂。

2018年以来,阿富汗的安全形势进一步恶化。联合国表示,2018年上半年在阿富汗长期战争中丧生的平民人数创下历史新高。据统计,2018年前六个月共有1692名平民死亡,武装分子袭击和自杀式炸弹是造成死亡的主要原因。

美国在制造了阿富汗分裂以后，分裂的一部分投靠了恐怖组织"伊斯兰国"。现在，不仅阿富汗塔利班给阿富汗带来安全威胁，还有"伊斯兰国"。特朗普向阿富汗增兵并不能解决阿富汗问题，美国是要控制阿富汗，不让阿富汗和谈进程顺利进行。

由于地缘关系，巴基斯坦的安全形势复杂化与阿富汗的安全形势尖锐化是相互呼应的，只要控制了阿富汗，就会导致巴基斯坦的安全形势很难发生好转。阿巴安全形势既有地缘上的复杂形态，又有跨界民族的生存问题，普什图人实际上是阿巴的跨界民族。911事件后，2001年10月，美国发动阿富汗战争，在清剿阿富汗塔利班的过程中，很多阿富汗塔利班人员越境跑到了巴基斯坦。现在巴基斯坦清剿塔利班，这些塔利班人员又越境跑到了阿富汗。阿巴如果不能很好地合作，阿富汗和巴基斯坦的安全形势就很难得到根本性好转。

现在是中巴经济走廊建设的关键时期，巴基斯坦的安全形势已经成为中巴经济走廊面临的重大安全威胁。巴基斯坦的安全形势跟阿富汗有所不同，除了巴基斯坦塔利班外，巴基斯坦还有"穆罕默德军""虔诚军""坚格维军"等恐怖势力。此外，在巴基斯坦西南部的俾路支省和东南部的信德省也都存在着分裂势力。在俾路支省，分裂势力主要有"俾路支解放军""俾路支联合军""俾路支斯坦军"和"俾路支共和军"等。

巴基斯坦塔利班和阿富汗塔利班也不太一样。由于巴基斯坦部落区部族认同高于国家认同，巴基斯坦塔利班实质上是部落武装的松散联合体，虽然不同的部落武装都称塔利班，但是相互之间没有隶属关系，这就大大增加了和谈难度。因为跟南瓦济里斯坦塔利班和谈了，对北瓦济里斯坦塔利班不构成影响；跟巴焦尔塔利班和谈了，对斯瓦特塔利班也不构成影响，这就是松散联合体的特点。

南亚地区还有两个国家，一个是印度，一个是孟加拉国。印度的总体安全形势在大多数区域是处于可控状态的，只有少数区域处于安全形势风险较高地带。印度面临的安全威胁主要来自于两方面，一是印度纳萨尔派反政府武装，这支反政府武装隐藏在印度的深山老林中，主要在欠发达的印度中部和东部农村活动；二是印度东北部的阿萨姆邦，主要是外来者和当地民众之间容易发生冲突。印度的安全问题主要源自宗教间的矛盾冲突，比如印度教和锡克教、印度教和伊斯兰教的矛盾冲突。

孟加拉国面临的安全威胁主要来自于潜在威胁。受"伊斯兰国"影响，原来在孟加拉国已经受到遏制的极端势力、反政府武装再度兴起，在首都达卡连续制造了恐怖袭击事件。现在恐怖活动的势头在一定程度上得到了遏制，但是潜在威胁依然存在。

（四）东南亚地区安全威胁不减

东南亚地区的安全形势呈现出两种态势。一种态势是在印度尼西亚、马来西亚以及泰国南部、菲律宾南部，国内的反政府武装、极端势力、恐怖势力与国际恐怖势力结合，对本国安全形势构成威胁。比如2018年5月在印度尼西亚发生的泗水三教堂遭连环恐怖袭击事件,袭击者来自同一个家庭,包括父母和4名孩子,他们刚从叙利亚回国。此外,"伊斯兰国"还宣称在印度尼西亚成立了第一个海外分支。

除了受"伊斯兰国"影响,印度尼西亚原来的老牌恐怖势力"伊斯兰祈祷团"也非常活跃。后来"伊斯兰祈祷团"在东亚几个国家联手打击下成了小团伙,"唯一真主游击队"就是其中具有代表性的小团伙。"唯一真主游击队"的精神领袖是原来"伊斯兰祈祷团"的精神领袖巴希尔,巴希尔对印尼极端势力影响非常大,他被印尼政府几次抓进监狱,又几次释放。

马来西亚国内并没有明显成形的恐怖组织,但由于马来西亚是一个伊斯兰国家,从叙利亚、"伊斯兰国"回国的人员将会对安全形势构成威胁。

泰国的总体安全形势还是非常好的。但是,在泰国南部,比如穆斯林聚集区,"北大年民族解放阵线"针对僧侣、警察、教师和政府官员频繁发动暴力事件。从地图上看,泰国南部很小,主要有北大年府、惹拉府和陶公府,但是安全威胁却十分严峻。

菲律宾面临的一个突出的安全问题是,南部一直存在着反政府武装,比如"棉兰老民族解放阵线""阿布沙耶夫组织"等,在棉兰老地区搞分裂活动。其中一些组织,在菲律宾政府与其和谈后,表示承认菲律宾政府,并在棉兰老区域高度自治。而另外一些组织,比如"摩洛伊斯兰解放阵线",它的主体跟政府同意和谈,但是里面的一些极端人物分裂出来,成立了新的组织"邦萨摩洛伊斯兰自由战士",还有"穆特组织"等,继续在棉兰老地区搞分裂活动。此外,2017年5月,"阿布沙耶夫组织"打着"伊斯兰国"的旗号在棉兰老主要城市马拉维攻城略地。虽然这些分裂活动被菲律宾政府平息下去了,但是恐怖组织在菲律宾南部依然存在。比如三宝颜市的绑架勒索事件,以及棉兰老其他地区发生的绑架勒索事件,大多与"阿布沙耶夫组织"相关。不仅如此,该组织还威胁到周边国家的安全,马来西亚沙巴州发生的针对中国公民的绑架事件,实际上就是"阿布沙耶夫组织"制造的。

菲律宾面临的另一个突出的安全问题就是毒品。毒品也是泰国、缅甸和老挝等一些东南亚国家面临的安全问题。

东南亚地区安全形势的另一种态势是柬埔寨、老挝、缅甸、斯里兰卡等国的少数民族武装对本国安全形势构成威胁。其中,最为突出的是缅甸。缅甸的国务资政昂山素季,她的父亲昂山将军在20世纪40年代末联合缅甸本部以及掸联邦、克钦邦、钦邦等少数民族地区,从英国殖民者手中争取独立,与掸族、克钦族以及钦族领导人达成《彬龙协议》。《彬龙协议》的重点是各个少数民族地区在国家政治中享有充分自治,并且各个少数民族地区人民享有民主国家公民所享有的各项权利。但是在缅甸民主改革以后,缅甸政府试图以武力改编缅甸少数民族地方武装,使得民族矛盾极为尖锐。冲突最为严重的地区在缅甸东北部的克钦邦,缅甸政府军与"克钦独立军"经常发生战争,有时也波及我国云南境内。

斯里兰卡面临的安全威胁主要是中央政府和少数民族之间的矛盾冲突,以及原"泰米尔猛虎组织"残余人员聚集区域形成的安全威胁。

(五)西亚北非成安全威胁重灾区

当前西亚北非面临的最严重的安全威胁是叙利亚问题。叙利亚问题是国际性大国美国和俄罗斯在中东地区的博弈点,同时也是区域性大国沙特阿拉伯和伊朗在中东地区的博弈点。叙利亚境内,有叙利亚政府与叙利亚反对派组织、"伊斯兰国"之间的冲突。叙利亚问题牵动着西亚北非的地缘政治安全。在中东,绝大多数伊斯兰国家是以教派来划分阵营的。伊斯兰教的逊尼派和什叶派构成了中东地区矛盾冲突的基本格调,沙特和伊朗之间的矛盾也源自于此。沙特是逊尼派政权,伊朗是什叶派政权。伊朗支持叙利亚、伊拉克,因为叙利亚是什叶派政权,伊拉克也是什叶派政权。在也门问题上,胡塞武装组织代表的是什叶派,哈迪政权代表的是逊尼派,沙特帮助哈迪政权打击胡塞武装组织,胡塞武装组织能够得到伊朗的支持,也都是以教派来划分阵营的。

还有以色列问题。犹太教和伊斯兰教之间的冲突构成了巴以冲突。以色列现在在叙利亚打击伊朗,又构成了宗教间矛盾的新格局。中东问题为什么复杂?因为冲突的背后既有宗教的、文化的、民族的因素,更重要的是还有大国干预等外部因素,各种因素互相影响、激化,使得冲突的复杂性非同一般。

西亚北非之所以成为安全威胁重灾区,主要因为:第一,长期以来一直存在着各大宗教之间、同一宗教内部各教派之间的矛盾冲突;第二,少数大国对中东事务的干预,导致了这些原本存在的矛盾冲突更加激化,进而波及西方国家自身,难民问题实际上也是源自于此。

(六)非洲其他地区安全威胁复杂

非洲国家现在所面临的困境是本国的发展态势跟西方所谓的"民主选举制度"不相适应的矛盾。这个困境的表象是"逢选必乱",一到大选国内就乱成一锅粥,一换政府就如同变天一样。这个困境的始作俑者是西方国家,西方所谓的"民主选举制度"不适应非洲国家的国情。非洲国家的国情是,部落成员对部落的忠诚度要高于国家。

此外,非洲北部地区形成"恐怖动荡弧",比如萨赫勒地带,尼日利亚、马里、布基纳法索、乍得,以及埃及、利比亚、摩洛哥、阿尔及利亚、索马里这些国家受恐怖活动影响很大。再有,除了索马里水域,几内亚湾成为新的海盗活跃区域。需要注意的是,没有纯粹的海盗问题,索马里海盗问题、几内亚湾海盗问题都是陆上问题造成的。

非洲中部到南部,反政府武装成为这些国家安全形势的严重威胁。比如中非、刚果(布)、刚果(金)、津巴布韦乱象问题,再到南非,刑事犯罪案件十分猖獗。

(七)拉美地区毒品等安全威胁严重

恐怖威胁不构成拉美地区的突出威胁。拉美地区,比如哥伦比亚、秘鲁,原来的一些反政府游击队,以及由这些反政府游击队逐渐演变成的极端势力、恐怖组织正在逐渐消亡。

拉美地区面临的安全威胁主要表现在:第一,经济困境带来政治动荡,政治动荡导致安全问题更加复杂;第二,非法毒品贸易猖獗导致有组织犯罪活动不断增加。刑事犯罪、枪支泛滥、毒品问题构成拉美地区最为突出的安全威胁。

三、世界主要国家军事力量及战略动向

(一)美国军事力量及战略新动向

1. 美国武装力量的组成

美国的武装力量由现役部队、后备役部队和文职人员三部分组成。现役部队由陆军、空军、海军、海军陆战队四个军种组成,后备役部队按组织系统分为国民警卫队和联邦后备队,按动员后备程度分为一类后备役、二类后备役和三类后备役。

美国现役部队总兵力约 140 余万人,后备役部队约 188 万人。陆军约 49 万人,装备坦克和装甲车辆约 42000 辆,各型的飞机 5640 余架及大量各型导弹;海军约 42 万人,装备各型舰船 1050 余艘,其中航母 12 艘,海航飞机约 4300 架及各型导弹,海军陆战队约 17 万人,装备各类战车约 3500 辆,飞机 1300 余架及各型导弹;空军约 38 万人,装备各型飞机约 7380 架,其中作战飞机约 3010 余架,保障飞机 4100 余架,具有远、中、近、常、核等各种打击能力。

2. 美军驻亚洲太平洋地区部分兵力及装备

太平洋舰队由第 3 舰队和第 7 舰队组成。第 3 舰队由 4 个航母战斗群、4 个海上补给群、两栖作战群组成,负责西太平洋东部和中部海区;第 7 舰队由 1 个航母群、1 个海上补给群、两栖作战灵活反应群组成,负责西太平洋及印度洋海区。两大舰队主要装备有潜艇约 60 艘,航母 6 艘,巡洋舰 29 艘,驱逐舰 17 艘,护卫视 16 艘,两栖战舰 25 艘。

夏威夷驻军中陆军约 2.5 万人,空军约 4400 人,海军约 2 万人,飞机 30 余架,潜艇 17 艘,作战舰只 16 艘,支援舰船 10 艘;驻日本美军有陆军 2000 人,空军约 1.5 万人,海军约 7400 人,海军陆战队约 2 万人,各型飞机约 280 架,航母 1 艘,潜艇 3 艘,水面战舰 8 艘,两栖战舰 3 艘;驻韩国美军陆军约 2.8 万人,空军约 9000 人,各型飞机约 200 架;驻澳大利亚美军空军 230 人,海军约 100 人,驻新加坡美军海空军约 150 人;驻关岛美军主军 2200 人,海军 4600 人。

3. 美国的防务政策

冷战结束后,美国成了世界上唯一的超级军事大国,为了维护它主导全球的地位,对其防务政策进行了相应的调整。1993 年克林顿执政后,先提出了"经济安全""军事优势""全球民主化"的"扩展战略"的战略构想。1994 年又将"扩展战略"发展为"参与和扩

展战略",强调通过参与国外事务来扩展美国的战略利益。

美国国防部宣布 2017 财年增补预算 300 亿美元。2018 财年增加国防预算 540 亿美元,增幅仅次于里根执政时期以及几次战争期间的增长幅度。这是特朗普上台后首次公布国防预算,其国防预算增长一定程度上折射出特朗普政府防务政策的重心倾向。

依据美国国防部增补预算案,增补的预算将主要按照总统要求用于实施加速击败 ISIS 等恐怖组织的行动计划。特朗普政府海外应急预算激增体现出其加速击败 ISIS 的急迫。

构建中远期战备能力,构建更强大的美国军队意图。美国增补预算重点投向飞机、导弹、弹药购置与升级改进,加强陆、海、空、天、网能力建设与升级。[①] 增补的科研预算主要投向先期技术开发、先期部件开发和原型化、系统开发与验证、作战系统开发等工程研发与制造阶段项目。[②]

(二)日本军事力量战略新动向

日本的国防体制是,内阁总理大臣是日本武装力量的最高统帅。内阁会议是国防问题的最高决策机构,防卫省是处理国防事务的行政机构。防卫省长官通过各军自卫队参谋长对陆上自卫队、海上自卫队、航空自卫队实施领导和指挥,参谋长联席会议主席协助防卫省长官指挥三军。

1. 日本武装力量的组成

日本武装力量由现役部队、预备役部队、军事部门工作的文职人员组成。现役部队分陆上自卫队、海上自卫队、航空自卫队,实行志愿兵役制度。现役部队总兵力约 25 万人,陆军约 15 万人,装备坦克和装甲战车 2000 余辆,火炮 5000 多门,飞机 500 余架,岸对舰导弹、防空导弹、反坦克导弹若干。海军约 5 万人,装备各型飞机 900 余架,各型导弹若干。准军事部队 1.2 万人,装备舰船 500 余艘、飞机 60 多架。预备役部队约 5 万余人。

日本经济实力雄厚,战争潜力巨大。近几年来,日本军费开支都接近 500 亿美元,是中国军费的 3 倍多,仅次于美国和俄罗斯,冷战结束后,日本加快了走向军事大国的步伐,大力发展军备,军事综合实力有了极大提高,特别是为了适应在距离本土 1000 海里

---

① 陆军大量增加预算用于无人机、MSE 导弹和爱国者改进型导弹,以及标枪导弹、制导多管火箭炮,艾伯拉姆(Abrams)主战坦克、布雷德利(Bradley)战车等采购或升级。海军将继续采购战斧导弹,还将增补 24 架 F-18 战斗机、6 架 P-8 巡逻机、2 架 V-22 倾转旋翼运输机、2 架 C-40A、3 套岸舰通信装置。增加的 V-22 运输机和 P-8 巡逻机有可能是为美军新建造的"福特"级核动力航母配备飞行编队。空军增补 5 架 F-35、5 架 HC/MC-130,还将对 F-16、C-130、轰炸机进行升级改造,增加购置空射巡航导弹 ALCM 安全系统、民兵洲际导弹安全设备等战略及战术安全系统。

② 瞄准下一代作战能力提升的各军种重点装备开发项目仍是特朗普政府关注重点。比如陆军的 LRPF 远程精确火力(LRPF)导弹项目,海军的远程反舰导弹(LARSM)项目,特别是空军的"下一代空中优势"(NGAD)战斗机项目从 2000 万猛增至 1.678 亿美元。NGAD 战斗机是未来 20 年维持美军空中优势的至关重要一步,将于 2028 年形成初始作战能力。LRPF 是陆军新一代战术导弹系统,将填补陆军 300~500 千米火力打击范围空白,拓展反舰作战能力,提升陆军抵消"反介入/区域拒止"能力。LARSM 是海军下一代远程反舰导弹,针对未来强对抗环境设计,是美军首次将我军大型作战舰艇作为主要作战对象之一研制的反舰武器。

外实施"洋上防御"的新战略,日本的"十九舰队"计划开始全面启动。所谓"十九舰队",即在原各护卫队群舰船的基础上,每队再增编一艘金刚级导弹驱逐舰和一艘最新型的村雨级(排水量 4400 吨,可载一架 SA-60J 反潜直升机)驱逐舰,使之达到 10 艘驱逐舰和 9 架反潜直升机的规模。这一目标实现后,日本海上自卫队的护卫队群虽然无法跟美国的大型航母战斗群相提并论,但它却具有在远离日本本土 1000 海里的海上独立实施反潜、反舰和防空作战的能力,能够有效地控制方圆 150 海里内的海域和 150 海里内的空域,这无疑使其成为当今世界上综合作战能力最强的水面作战舰艇群之一,如果其渴望已久的航母能建成,那么,日本海军的作战能力将更加强大。

2. 日本的防务政策

冷战结束后,世界战略形势发生了重大的变化,日本战略环境也相继产生了重大变化。日本认为,目前日本的战略压力不再来自北方,其主要的潜在威胁是中国和朝鲜,基于这种观点,日本的军事战略和防务政策都进行了调整,以适应日本战略环境变化后的战略需要。主要表现在以下几个方面。

(1)防务重点从对付北方威胁转向对付西方威胁。近年来,日本一方面承认冷战结束后日本周边地区已不存在针对日本的"特定威胁",声称日本"不作威胁他国的军事大国",另一方面又强调"朝鲜半岛局势持续紧张",中国日益强大,特别强调邻近国家均在大力进行军事力量扩充和加强军队的现代化,实质上就是宣传朝鲜"威胁"论和中国"威胁"论。

(2)加强美日安全合作。日本认为日美安全合作对新形势下的日本至关重要,是日本防卫政策的支柱和基石。在日本看来,冷战后美国仍然是世界上最强大的军事大国,日本可以依赖美国的核威慑力量维护自身的安全,同时在这一保护伞保护下,不断加强自身的防卫力量,完善防卫体系,扩大自卫队活动空间及提高其对各种危机冲突的反应能力。

(3)积极推行外向型防卫政策。日本在调整战略重点后,全面推行积极的外向型防卫政策,使得日本的"专守防务"原则名存实亡,由被动型防卫变成了主动型防卫,由自卫型走向外向攻击型。

(4)大力发展军备,提高武装力量的质量。日本对自卫队体制进行调整,使自卫队的"快反"能力和"应变"能力得到很大提高,不惜斥巨资大力加强海上自卫队、航空自卫队建设,花重金购买世界发达国家尖端武器装备,以提高现有武装力量质量。

(5)军事体制出现重大突破,军事部门获得更大权限。2007 年 1 月 9 日,日本军事部门最高指挥机构——防卫厅正式升格为防卫省,日本在军事体制上出现了重大突破。防卫厅升格为防卫省之后其职能和权限得到了大幅提升。防卫大臣可以就安全防卫问题直接召开内阁会议、制定法律法规,而且在要求增加军费和扩充军事力量方面所受制约进一步减小。此次升格必将加快日本政府突破和平宪法制约的步伐,改变日本和平国家的组织机构,进而影响东北亚地区的和平与稳定。

(三)印度军事力量

印度的国防体制是,总统为武装力量最高统帅,总统通过总理对全国武装力量实施领导和指挥。印军最高决策机构为内阁政治事务委员会,最高军事行政长官是国防部长,印度陆、海、空三军平时作战权直属内阁总理,战时通过授权主要军种参谋长实施统一指挥。

1. 武装力量组成

印度武装力量由现役部队、后备役部队、准军事部队组成,现役部队由陆、海、空三个军种组成,实行募兵制度。

目前印军现役部队总兵力为130多万人,其中,陆军105万人、空军12.7万人、海军6万余人。陆军以轻型装备为主,包括轻型坦克、装甲车、榴弹炮、防空火炮等,另有车载及肩扛式防空导弹,印度陆军拥有直升机部队。主要武器装备包括坦克3000余辆、装甲车辆约1900辆、火炮6550门。印度海军拥有150余艘作战舰艇,其中航空母舰2艘,拥有20余艘潜艇,另有4艘导弹艇,34艘巡逻快艇,2艘扫雷艇,76艘各式两栖登陆舰艇。空军目前有各型飞机1400余架、直升机180架。

2. 继续推行"地区性有限威慑"的军事战略

印度在军事上始终把防务重点放在西部和北部边境,把控制印度洋作为未来的重点。印度把战略重点置于西部边境,采取进攻态势,把一半以上的三军兵力置于西部边境和阿拉伯海,从兵力与装备上对西部邻国形成了绝对军事优势,准备打一场全面局部战争;印度对北部的主要邻国保持进攻性防御态势,立足于打半个局部战争。

近年来,印军虽将北部边境部分前沿部队后撤至纵深地区,但这只是将前沿部署变为前沿存在。同时,印度还加强了控制印度洋的力度,这表明战略重心开始由陆地转向海洋。印度为了"执牛耳于印度洋",完成海上战略扩张的目标,海军不断向大型化、远洋化方向发展。2000年以后,印度开始执行1艘航空母舰、3艘德时级驱逐舰、3艘布拉马普特拉河级护卫舰等的庞大造舰计划,并从俄罗斯购进3艘克里瓦克级导弹护卫舰。同时,引进90余架高性能的海上作战飞机,包括60架米格29K舰载机、6架图22M3"逆火"战略轰炸机、4架卡31预警直升机、6架卡28反潜直升机及配套的空舰导弹,以强化海空一体的作战能力。

3. 大力发展武器装备及核武器

印度70%的武器装备来自苏联,随着苏联的解体,印度一方面开始自行生产常规武器、"阿君"式主战坦克、"火"式中程导弹,改造部分"米格"飞机,海军还准备自行建造航空母舰;另一方面,加紧研制生产核武器,20世纪末,印度接连进行多次核试验,又进行过多次运载工具的试验,使印军目前具备了核打击能力。

4. 争取 21 世纪初成为世界军事强国

20 世纪 70 年代以前，印度的武装力量在世界、甚至南亚地区并未引起人们的重视，20 世纪 80 年代以来，印度把"立足南亚，面向印度洋，争取在 21 世纪初成为世界军事强国"作为国防发展的新战略，其武装力量悄然崛起，使得印军实力大为提高，成为世界上军事实力较强的国家之一。

（四）俄罗斯武装力量

俄罗斯是当今世界上除美国之外军事实力最强大的国家，俄罗斯联邦总统是俄罗斯武装力量的最高统帅，总统通过国防部长和总参谋长对武装力量实施领导与指挥。俄罗斯联邦安全会议是俄罗斯联邦国家安全的最高决策机构和立法机关，俄罗斯国防会议是最高国防决策咨询机构，国防部长通过国防部对武装力量实施直接领导，总参谋部通过各军兵种司令部对武装力量实施指挥。

1. 俄罗斯武装力量的组成

俄罗斯武装力量由正规军、预备役部队和准军事部队组成，包括火箭军、陆军、空军、海军、防空军五个军种。

俄罗斯武装力量现役部队约 140 万人，预备役部队约 240 万人，准军事部队约 35 万人，另有战略核力量 15 万余人（统计在各军种之内）。拥有战略火箭军 10 万余人，装备有洲际导弹 700 余枚，核弹头 3500 余个。陆军拥有装甲战车 18000 余辆，其中坦克 5000 余辆，火炮 21400 门，飞机 2450 架，地对地导弹、反坦克导弹、防空导弹若干。海军约 19 万人，编成五个舰队，装备水面舰艇 2010 艘，潜艇 60 余艘，海军飞机约 1000 架；空军约 14 万人，空军各型飞机 6300 架；防空军约 17 万人，各型飞机 1500 余架及大量各型防空导弹；准军事部队装甲战车 3200 辆，飞机 270 架，舰艇 330 余艘。

2. 俄罗斯的防务政策

苏联解体、两极格局瓦解后，俄罗斯面临的国际战略形势发生了重大变化，进行了一系列调整，逐步确立了新的防务政策。

（1）将捍卫国家利益视为俄罗斯首要战略目标。目前的俄罗斯，首要的战略目标是捍卫国家利益，这种利益体现为国家的安全，经济的强大，民族的复兴。为此，在全球范围内，积极创造对俄罗斯有利的安全环境，粉碎任何孤立和削弱俄罗斯、建立针对俄罗斯的军事政治联盟的企图。在地区范围内，俄罗斯要建立在独联体国家中的主导地位，维护本国的传统势力范围，发展与周边国家的正常国家关系，制止并粉碎对俄罗斯主权和领土完整的挑衅和侵略。遏制境外武装冲突向俄罗斯境内的蔓延。在国内，粉碎任何企图分裂国家的极端民族主义、分裂主义和有组织犯罪活动。为俄罗斯经济振兴和社会发展创造良好的内部条件。

（2）重点对付俄罗斯周边环境恶化的威胁。当前俄罗斯的地缘环境发生了严重恶化，在西部方向，俄罗斯战略边界向东后退了约 1500 千米。莫斯科已从后方成为前沿阵地,尤为重要的是,美国和北约正利用俄罗斯面临的困难积极推进北约东扩,不但企图将军事力量推进到俄罗斯边界,而且想剥夺俄罗斯以欧洲为主要地区实现复兴与发展的条件,在黑海和高加索地区,穆斯林极端分子活动增强,严重威胁俄罗斯出海口安全和在这一地区的传统战略利益,在俄罗斯周边地区,特别是一些独联体国家,还在不断发生局部战争和武装冲突。俄罗斯认为上述因素都是对俄罗斯构成的现实的主要威胁。

(3)建立独联体集体安全机制,推行积极防御的军事学说。随着冷战后国际战略形势的发展,俄罗斯越来越重视同独联体国家的战略关系,这一关系对于俄罗斯获得更大的战略空间,最大限度地保持原苏联战略体系的完整性,确保国家周边的稳定具有重要意义。

思 考 题

1. 如何正确把握和认识国家安全的内涵?
2. 什么是总体国家安全观?
3. 如何深刻认识当前我国面临的安全形势?
4. 如何正确把握世界主要国家军事力量及战略动向?

知识拓展

中国的地理特点及其对安全的影响

中国安全环境的发展趋势

影响中国国家安全、统一的主要因素

第三章 军事思想

第一节 军事思想概述

军事思想在军事理论科学体系中占有重要的地位,它与军事学术各科是母科与子科的关系。军事思想揭示了战争的一般规律、建军作战的基本方针和原则,对军事学术各科都具有制约作用。军事学术各科的不断充实和发展,也为军事思想的不断充实和发展提供了新的依据。

一、军事思想的内涵

军事思想是关于战争、军队和国防等基本问题的理性认识,是人们长期从事军事实践的经验总结和理论概括,从总体上考察和回答军事领域的普遍性、根本性问题。军事思想来源于人类的军事实践,为战争实践和军队建设实践提供超前性和预见性的理论指导;同时又在军事实践中接受检验,随着战争和军事实践的发展而发展。研究军事思想的目的在于揭示战争的本质、基本规律以及指导战争的方法论,阐明军队和国防建设的理论原则等。

军事思想作为一种独立的意识形态起源于奴隶社会,产生于一定的社会物质生产和战争实践,具有以下特点:

一是具有鲜明的阶级性。军事思想来源于社会实践。在阶级社会中,人们为了各自阶级的利益所奉行和推崇的军事思想,反映了各个阶级对战争和军队建设的认识和立场。因此,不同阶级、国家或政治集团必然有着不同的军事思想。

二是具有强烈的时代性。军事思想来源于战争实践,不同历史时期的战争有着不同的形态和战略战术,有着不同的军队组织原则和编制。不同时代战争的特征最能反映当时的物质生产水平,军事思想所反映的这些特征代表了这一时代的生产力发展水平。

三是具有明显的继承性。战争的特征之一,就是强制人们的主观认识同客观实际相统一。因此,在战争中,人们必须按事物的客观规律办事。古代大军事家孙武说:"先知者,不可取于鬼神,不可象于事,不可验于度,必取于人,知敌之情者也。"只有这样,才能做到"知彼知己,百战不殆,知天知地,胜乃无穷"。所以,历史形成的具有规律性的军事原则、概念和范畴被传承下来为后人所用,并不断地加以丰富和发展。

四是具有广泛的通用性。军事思想和军事领域所揭示的一些事物的普遍规律,所形成的原则、概念和范畴,常常被用于政治、经济、外交及商业竞争和体育比赛等方面。

军事思想可按历史阶段、阶级、国家和不同历史时期主导性兵器等进行分类。按阶级来划分,军事思想可分为奴隶主阶级军事思想、封建地主阶级军事思想、资产阶级军事思想和无产阶级军事思想;按国家来划分,军事思想可分为外国军事思想和我国军事思想;按历史阶段来划分,军事思想可分为古代军事思想、近代军事思想和现当代军事思想等。

二、军事思想的发展历程

随着社会生产力的发展、社会关系的变革、战争规模的扩大、战争激烈程度的加剧,以及科学文化技术水平的不断提高,人类对军事问题的认识经历了由浅入深的演进过程,军事思想也正是在这个演进过程中得以产生、形成、提高、丰富与发展。

军事思想按历史阶段分为古代军事思想、近代军事思想和现当代军事思想。

1. 古代军事思想

古代军事思想的产生、发展主要集中在两个相对独立的区域,即中国和地中海沿海国家,内容包括奴隶社会和封建社会两个时期的军事思想。

(1)中国古代军事思想。中国是具有悠久文明历史的国家,中国古代军事思想是中国传统文化的珍贵遗产。在数千年的历史长河中,中国军事思想不断发展完善,形成了独具特色的东方兵学体系。它不但培养了众多驰骋疆场的将领,指导了无数次战争,而且成为世界军事思想体系的重要组成部分,对世界军事科学的发展产生了积极的影响。概括来说,中国古代军事思想萌芽于殷商时期,形成于西周,成熟于春秋战国,发展于秦朝至清朝前期。鸦片战争之后,中国军事思想以御辱图强为主线,吸收西方军事文化,开始向近代转化。

(2)西方古代军事思想。西方古代军事思想以古代希腊和古代罗马军事思想为代表。

2. 近代军事思想

近代军事思想发展的总体特征有两点:一是资产阶级军事思想体系得到确立;二是以马克思主义军事理论为代表的无产阶级军事思想诞生。

(1)近代资产阶级军事思想。从1640年英国资产阶级革命至1917年俄国十月革命是世界近代史时期。此时西方走向资本主义,并向帝国主义发展。近代资产阶级军事思想产生于欧洲,经历3个世纪,随着资产阶级革命战争实践而逐步形成,并随着战争的发展而发展。

(2)无产阶级军事思想。无产阶级军事思想作为一种崭新的军事思想体系,也在近代确立,主要代表人物是马克思、恩格斯和列宁。

(3)近代中国军事思想。1840年鸦片战争后,中国逐渐沦为半殖民地半封建社会,民族矛盾成为中国社会的主要矛盾。这时,西方已经以使用热兵器为主,而中国还处于冷、热兵器并用的时代。从鸦片战争开始,中国的军事活动就带有明显的反侵略和御辱图强的色彩,中国的军事思想开始抛弃传统糟粕,并吸取西方文化的精华。当时有识之士看到了武器装备对于战争胜负的重要性,从西方引进先进技术,开办工厂,制作枪械。这一时期,军事学术主要是介绍武器性能、操作使用等。甲午战争后,清政府意识到仅靠"坚船利炮"作战并不能赢得战争,于是又师承西方,开始学习军事理论,翻译西方重要军事论著。曾国藩、左宗棠、李鸿章、袁世凯和孙中山等代表,从主张学习西方技艺上升到主张学习西方军事制度和练兵方法,开始引进西方的军事理论和军事学术。

3.现当代军事思想

1917年,十月革命的胜利标志着人类文明跨入现代历史时期。这一时期,科学技术突飞猛进,新式武器层出不穷,战争形态和作战样式发生了重大变化,军事理论研究空前活跃,军事思想更加丰富。一方面,19世纪中叶以后,世界列强竞相利用产业革命的新技术,在全球加剧争夺势力范围,开始产生相应的军事理论。另一方面,1917年,俄国无产阶级取得自身解放斗争的胜利,随着社会主义国家的出现和对现代战争认识的不断深化,以马克思主义军事理论为代表的无产阶级军事思想得到了丰富和发展。

三、军事思想的地位和作用

1.军事思想是军事实践的行动指南

军事思想是军事实践的能动反映和理论概括,它揭示了军事领域的一般规律,对军事实践起指导作用。军事思想对军事领域的规律反映愈深刻、愈正确,对军事实践的指导作用也愈强。人们可以依据军事思想在战争中掌握主动,少犯错误,多打胜仗。古今中外战争史表明:每一次取得伟大胜利的战争,都有正确的军事思想作指导。毛泽东军事思想在中国半殖民地半封建社会下,指导中国人民以弱胜强,逐步壮大,取得了革命战争的伟大胜利。没有正确的军事思想作指导,即使具备取得战争胜利的物质条件,也难以赢得战争的胜利。而战争实践证明,在客观物质条件许可的范围内,军事思想正确与否决定着战争的胜败。

2.军事思想是研究各门具体军事学科的理论基础和根本方法

军事思想研究的是战争和军事领域的一般规律,而各门具体军事学科研究的是各自领域的特殊规律。如果只研究各自领域的特殊规律,而不懂战争和军事领域的一般规律,脱离一般规律的指导,就不能从总体上把握战争,也就不能真正认识和把握各门具体军事学科所研究的各自领域的特殊规律。军事思想为各门具体军事学科的研究提供方法论。军事思想普及于战争的全体,贯穿于战争的始终,对军队和国防建设、战争指导及其战略战术,都具有普遍的指导作用,因而无疑对军事科学的各门具体学科的研究也具有普遍的指导作用。

3.军事思想对其他社会实践有着重要的借鉴意义

先进的科学的军事思想贯穿着唯物论和辩证法。学习和研究军事思想,不仅可以学到正确的观察和解决问题的方法,而且可以学到如何把军事基本原理同实际情况相结合,从而正确地运用这些原理来解决实际问题,增强在工作中的原则性、系统性、预见性和创造性。例如,军事斗争最注重效益,要以最小的代价获取最大的胜利;经济工作也讲效益。孙武提出的"知彼知己,百战不殆"战争指导规律,已成为政治、外交斗争和进行经济建设的座右铭。这些都说明军事思想对其他领域具有广泛的借鉴意义。

第二节 外国军事思想

一、外国军事思想发展概况

1.外国古代军事思想

公元前8世纪至公元5世纪是西方奴隶社会时期。这个时期的古希腊、古罗马等奴隶制国家,为了扩张领土、建立霸权、掠夺奴隶和财物,频繁发动战争。在长期的战争实践中,涌现出许多著名的将领和统帅,产生了丰富的古希腊和古罗马军事思想。

古希腊的军事思想主要散见于希罗多德的《希腊波斯战争史》、修昔底德的《伯罗奔尼撒战争史》、色诺芬的《远征记》、艾涅的《战术》及普鲁塔克、伯里克利、亚历山大等人的历史著作中。他们的主要军事思想概括起来是:战争是由根本利害矛盾引起的,战争的目的是为了征服,以谋求城邦、国家利益和霸主地位;战争的胜败取决于政治、军事、经济、精神等条件;作战前必须对双方的军力、财力、人力等方面的长处和短处进行认真的分析对比;注意激励军队的士气;立足于以优势力量建立己方胜利的信心;采取出乎敌人意料的行动使之惊慌失措等。

古罗马的军事思想主要体现在恺撒的《高卢战记》、阿里安的《亚历山大远征记》、弗龙蒂努斯的《谋略》、奥尼山得的《军事长官指南》、韦格蒂乌斯的《论军事》及历史学家波里比阿、阿里安、塔西佗、普鲁塔克等有关罗马历史的著作中。许多军事家如迦太基统帅汉尼拔、古罗马统帅费边、恺撒和古罗马帝国的第一个皇帝屋大维等,也在军事实践中提出过重要的军事理论。

从公元476年(西罗马帝国灭亡)到1640年(英国资产阶级革命)称为欧洲的"中世纪"。在这长达1100多年的"黑暗"时代,由于封建割据的庄园经济、宗教思想和经院哲学的禁锢,军事思想的发展受到了极大的限制。"整个中世纪在战术发展方面,也像其他科学方面一样,是一个毫无收获的时代"(恩格斯语)。直到封建社会后期,随着中国火药、火器的传入及意大利文艺复兴的影响,外国古代军事思想才有了缓慢发展。主要军事代表人物有查理大帝、瑞典国王和统帅古斯塔夫二世等,代表作有东罗马皇帝莫里斯的《战略学》、利奥六世皇帝的《战术学》、意大利马基雅维利的《战争艺术》、普鲁士弗里德里希二世的《战争原理》和《军事典范》等。此时的军事思想可概括为以下几点:战争被披上宗教外衣,掩盖统治集团间的利益争夺;宣扬战争是人类天性的一部分,是原始罪恶之果,也是教会权力的支柱;在战争中丧失生命的人,赎免一切罪恶,可以进入天国;重视军队建设,把军队看成国家的重要工具;对雇佣兵制的弊端有了初步认识,主张实行义务兵制;初步涉及战略学、战术学概念;认识到制海权的重要性,认为控制了海洋,可以赢得和守住巨大的海外领土。

2. 外国近代军事思想

资产阶级军事思想形成于17世纪中叶至19世纪中叶,代表人物及其著作众多,主要有俄国苏沃洛夫的《制胜的科学》、瑞士若米尼的《战争艺术概论》和《战略学原理》、普鲁士克劳塞维茨的《战争论》、普鲁士比洛的《新战术》和《最新战法要旨》、法国吉贝特的《战术通论》、美国马汉的《海权对历史的影响》和《海军战略》等。其中,克劳塞维茨的《战争论》是外国近代军事思想著作的杰出代表。著名军事家如拿破仑、库图佐夫等虽然没有给后人留下军事思想著作,但其丰富的军事实践也蕴藏着军事思想。

这一时期的军事思想主要表现为:反对战争认识问题上的不可知论,提出军事科学包括战略与战术两个重要组成部分;主张探讨战争的本质、规律,研究军队、装备、地理、政治和士气等因素在战争中的作用;重视对战史的研究;认为战争无非是政治通过另一手段的继续(是政治的工具),是迫使敌人服从己方意志的一种暴力行为,具有概然性和偶然性;认识到民众武装在战争中的重要作用,但民众武装不是万能的,使用时要有条件;重视建立一支反映资产阶级利益的部队;重视和平时期军队建设和战争准备,以随时应对战争;认识到新发明对于军队的组织、武器装备和战术的影响,装备的变化必然引起战术的变化;认识到作战中士气的作用,注重把思想教育训练放在重要位置;认为海权是推动国家历史发展的重要因素,控制了海洋就等于控制了整个世界;树立歼灭战思想,军事行动的目的是在不设防的野战中消灭敌人的军队,而不是占领敌人的领土和要塞;与歼灭战相适应,大多数军事家都强调进攻,认为只有进攻,才能消灭敌人;防御不能是单纯的防御,而是由巧妙的打击组成的盾牌;要在主要方向和重要时刻集中兵力,快速机动是集中兵力的重要途径;认为作战应确立打击重心、保持预备队等。

3. 外国现当代军事思想

现代历史时期,科学技术突飞猛进,武器装备发生了巨大变化,巨炮、雷达、坦克、飞机、航空母舰、远程导弹、精确制导武器等层出不穷,热兵器能量的运用从火药转为炸药,然后是原子能释放,武器破坏力大大增加,作战效能成倍增长,对战争的进程乃至结局影响越来越大。此时的军事理论主要侧重于对先进主战武器的探讨。

二、外国军事思想的主要内容

1."空中战争"理论

"空中战争"理论又称空军制胜论,意大利的杜黑、美国的米切尔、英国的特伦查德被认为是这一理论的先驱。特别是杜黑在其著作《制空权》中,对这一理论作了细致的描述,主要观点有:由于飞机的广泛应用,将出现空中战争,空中战争的胜负决定战争结局,为此要建立与海军、陆军并列的独立空军;夺得制空权是赢得战争的必要条件,空军的首要任务是夺取制空权;空中战争具有进攻性,空军的核心是轰炸机部队,要对敌国纵深政治、经济、军事目标实施战略轰炸,迫其屈服。

2."机械化战争"理论

"机械化战争"理论又称坦克制胜论,英国的富勒、奥地利的艾曼斯贝格尔、法国的戴高乐、德国的古德里安、英国的利德尔·哈特是这一理论的倡导者。该理论的主要观点是:装甲坦克是战争的决定性力量,是陆军的主体;大量集中使用坦克和航空兵,实施突然有力的突击,可以迅速突破对方主要集团的防线,深入敌纵深,摧毁一个战备不足的国家;主张军队改革,建立少而精的机械化部队;机械化包括补给机械化和战斗机械化。

3."总体战"理论

"总体战"理论是德国的鲁登道夫在其著作《总体战》中提出的理论,其主要观点是:现代战争是总体战,它既针对军队,也针对平民,即战争具有全民性,强调民族的团结在战争中的重要性;主张实行国民经济军事化;要建设一支平时就准备好的军队;重视统帅在总体战中的作用;战争的突然性意义重大,力求闪击对方。

4."核武器制胜"理论

第二次世界大战至1991年苏联解体,霸权主义成为局部战争的根源,高技术在作战中得到逐步运用,世界处在核阴影之中,美苏两霸动辄进行核恫吓。此时军事理论研究往往围绕核武器及高技术展开,通过美苏两国军事思想可以清楚地看到这一点。例如,美国就以核实力确定军事战略。在杜鲁门时期,美国核力量处于绝对优势,提出遏制战略,对苏联及其他社会主义国家实施核讹诈;朝鲜战争后,为以最小的军事代价取得最大的威慑力量,美国采取大规模的报复战略;在苏联打破核垄断及越南战争后,又分别推行灵活反应、现实威慑、新灵活反应等战略。在处于核优势时期,美国认为自己能打赢全面核战争,主张削减常规力量,重点发展核武器和战略空军;而在苏联打破其核优势、局部战争不断发生时,美国在确保核威慑的前提下,不断发展常规力量,认为核战争会造成灾难性后果,核时代的战争必然是有限战争。

第三节　中国古代军事思想

一、中国古代军事思想发展概况

中国古代军事思想是指夏王朝至清朝前期(公元前 21 世纪至公元 1840 年)几千年间产生和发展起来的军事理论。它对中国奴隶社会和封建社会历代王朝战争,都起到了重要的指导作用。直到今天,它的许多原理和思想仍具有重要的价值。中国古代军事思想的发展大体可分为形成时期、趋向成熟时期和丰富发展时期。

1. 形成时期

大约从公元前 21 世纪至公元前 8 世纪,中国先后建立了夏、商、西周三个王朝。西周时,军队已经有了军、旅、卒、伍的编制,产生了两部较系统的记述作战经验和军事原则的兵书,即《军志》和《军政》,这是中国古代军事思想产生的重要标志。

2. 趋向成熟时期

大约从公元前 8 世纪初到公元前 3 世纪,即春秋战国时期,这一时期军队的组织制度初步完善,改变了以车兵为主的体制,相继出现了步兵、舟兵和骑兵等兵种。军队数量也增加了几倍甚至十几倍。在兵器方面,由于冶铁技术的发展,出现了更加坚韧、锋利的兵器;在战略战术上也有重大的改变。这一时期,学术思想异常活跃,出现了百家争鸣的局面,各个学派从各自的立场出发,研究军事问题,相互切磋,相互补充,促进了军事思想的空前发展,涌现出了一批杰出的军事思想家,产生了许多著名的兵书。中国历史上最为著名的兵书——《武经七书》中,有 5 部兵书,即《孙子兵法》《吴子兵法》《尉缭子》《司马法》《六韬》产生于这个时期。这一时期,人们对战争有了深刻的认识,形成了系统的建军治军理论,提出了一系列战争指导原则和充满朴素辩证法的军事哲学思想,标志着中国古代军事思想体系基本形成。春秋战国时期的军事思想是我国军事思想史上的第一个高峰,它确定了中国封建社会军事思想的基础,成为后世军事家们遵循、效法和研究的对象。

3. 丰富发展时期

约从公元前 3 世纪末至公元 19 世纪,即我国历史上的秦、汉、晋、隋、唐、宋、元、明、清前期等朝代,是我国古代军事思想的丰富发展时期。这一时期,王朝统一战争、民族战争和农民起义战争、争夺中央统治权的战争频繁发生。随着政治、经济、战争的发展,军队组织和兵器装备有了较大变化,战略战术和指挥艺术得到高度发展。

秦汉时期军事思想的发展主要体现在四个方面:大一统的战争观;集中统一的建军观;长治久安的国防观;度德、量力、较智、竞技的制胜观。这些思想是秦汉时期政治、经济、军事、文化不断发展,实现空前大统一的时代产物,是军事思想在新的历史条件下的总结、继承和发展,是中国古代军事思想的重要组成部分,对后世具有深远影响。

三国魏晋时期处在秦汉和隋唐两大统一的历史时期间,这一时期的政治、经济、文化、民族关系等方面的变化和出现的新特点,使军事实践具有以下特点:一是战争频繁、南北对峙;二是军事大权往往掌握在权臣手中;三是水兵和骑兵进入大发展时期。这些军事实践特点反映在军事思想上,使其具有民族、实用和综合的特色。

隋唐五代时期是中国历史上由统一到分裂的时期,在军事上是一个战争较多、变革深刻、理论多有创新的时期。这一时期的军事思想上承先秦、秦汉、南北朝冷兵器时代军事思想的传统,下开宋、元、明、清冷热兵器并用时代之先河,是我国军事发展史链条上的一个重要环节,以唐代最为辉煌。唐初,兵学兴盛,出现了一批兵书,且唐代兵学思想与其他思想进一步融合,使兵学理论更具有总结性和实用性的特点。

宋辽金元时期是中国又一次由分裂逐步走向统一的时期,是南北长期对峙、社会发展极不平衡并且充满着战争的时期,同时还是民族问题相当突出而中华民族又获得空前发展的时期。由于战争频繁发生,军事思想紧密联系当时的战争实践,并注重军事思想在实践中的广泛运用。北宋初期,开始了中国战争史上火器与冷兵器并用的时期。宋仁宗时编撰的官修兵书《武经总要》中,记载了火药配方和如何制作"指南鱼",这是我国文献史上的第一次。宋神宗时,将《孙子兵法》《吴子兵法》《尉缭子》《司马法》《六韬》《三略》《李卫公问对》等7本兵书合称为《武经七书》,官定为武学教材,其目的是兴武备、建武学、选武举。

明朝和清朝前期(鸦片战争之前)是军事思想在革新与守旧中继续发展的时期。这一时期,出现了十分保守的只求守城保寨的单纯防守作战思想和带有强烈革新内容的军事思想。尽管这一时期从哲理方面探讨战争和军事规律的兵书相对减少,但是实用性明显加强,讲具体军事问题的兵书大量增加,非常便于实际操作。明朝最为杰出的兵书有戚继光的《纪效新书》和《练兵实纪》,以及茅元仪编撰的我国古代部头最大的兵学巨著——《武备志》。《武备志》全书共240卷,约200万字,被称为"军事学的百科全书"。这些兵书进一步充实了我国古代军事思想体系,指导了当时的军队建设和军事斗争。

二、中国古代军事思想的主要内容

中国古代军事思想内容极为丰富。从炎黄部落联合与蚩尤部落之战,到清末的鸦片战争,各种战争的经验教训或详或略地反映在历代的军事著作中。

1. 战争论

(1)战争的起源。古代对于战争的起源认识经历了不同的阶段。奴隶社会居主导地位的是宗教战争起因论,认为战争是由一种超自然的力量决定的,是"皇天降灾",是对违犯天命的惩罚。随着政治变革认识深化,又产生了自然主义战争起因论,认为战争起源于人的生物本性。吕不韦所著的《吕氏春秋》一书认为战争与人类社会同时产生,是从人类争斗本性发展起来的,有人类就有战争。荀子认为战争与国家政治制度是同步产生的,是社会发展到一定阶段的产物。韩非子认为人口相对增加,社会财富相对减少,人们为了争夺生存条件而发生争斗。

(2)战争的性质。奴隶社会并没有从理论上阐述战争的正义与非正义,称正义战争为"恭行天罚"。随着社会变革,在探讨战争本身的是非问题上,春秋时期开始使用"有道"与"无道"、"曲"与"直"等概念,把战争分为不同类型。战国时期,"义兵""义战""不义之战"等概念已经在诸多兵书中得到广泛使用。如战国时吴起提出了义兵、强兵、刚兵、暴兵、逆兵五种性质的战争,只有除暴救乱才属于义兵义战,其他均是不义。

(3)战争胜负与政治。早在奴隶社会就有了"有德不可敌"的思想,春秋时期孙武认为"道"是取胜的首要条件,"道者,令民与上同意也"。而《淮南子·兵略训》则认为:"兵之胜败,本在于政。"提出只有施行合理的政治,才能取胜。

(4)战争与经济。古代军事家提出了战争依赖于经济、富国是强兵的基础、指导战争要着眼于经济的原则。

2. 治军论

早期没有专门的军队。随着生产力的发展,战争实践的丰富,逐渐形成了一些有关军队建设的经验。

(1)将帅是组织和领导军队的骨干。孙子认为:"知兵之将,民之司命,国家安危之主也。"对将帅总的要求是能文能武、有勇有谋。孙子则具体地提出了"将者,智、信、仁、勇、严也"的要求。正确选拔和任用德才兼备的将帅备受军事家和政治家的重视。奴隶社会时期,采取贵族世袭军职,而到了春秋战国时期,已经打破地域、门第观念和世袭制度,选用有真才实学的人担任将帅。

(2)重视军队的编制体制。"凡兵,制必先定",即军队的编制、管理、储备、征募等方面的法规及具体制度要首先确定下来。许多军事书籍中多有论述,内容涉及军制的性质、部队的编组方法、行动部署原则、营区的划分和通行规定、着装和徽章佩戴的具体规定以及马匹使用的制度和方法等,内容相当广泛。

(3)强调提高军队战斗力。一是主张教戒为先。"教"就是军事训练,"戒"就是思想教育,要通过军事训练提高军队的杀敌技能,通过思想教育统一思想,使军队成为一支能够体现统治阶级政治意图的军队。孙子把"士卒孰练""法令孰行"看成战争胜负的重要条件。二是主张恩威并重。孙子针对奴隶制军队中存在的用刑过重、用赏过厚等弊端,明确提出了"令之以文,齐之以武"的治军原则,认为治军如果没有恩德的手段相配合,就会出现"怨法而不畏法"的状况;如果没有威严的手段作保证,就会出现"恃恩而不感恩"的状况。因此,只有文武相兼,恩威并施,才能保证军队战斗力的提高。

3. 用兵论

(1)重视谋略取胜。要在"知彼知己"基础上料敌定谋。孙子强调"知彼知己,胜乃不殆;知天知地,胜乃可全",即在充分做好各种准备的情况下去制定谋略,才能取得战争胜利。谋略重在对战争全局进行谋划,"自古不谋万世者,不足谋一时;不谋全局者,不足谋一域",要求从战略高度、长远利益考虑问题。外交手段是谋略的重要体现,孙子倡导"上兵伐谋,其次伐交",即通过外交活动,结成自己的同盟,破坏敌人的同盟,达到取胜于敌的目的。在多个政治军事势力并存的条件下,外交就显得尤为重要。"不战而屈人之兵"是谋略取胜的最高境界,主张在一定政治、经济、军事等物质基础上,不通过战争而使敌人屈服、不受挫折而使敌折服,以获得"全胜"。

(2)重视作战准备。《管子》对战争准备提出了"八个无敌",即要注重财力、手工业生产、武器装备、军队的政治素质、将士选用、军事训练、各国情况的研究、谋略的运筹,只有这些准备十分完备,才能做到没有出境作战就能取得胜利。备战要贯穿于战争始终,不但在平时、在战前做好准备,而且在战时、战中、战后都要做好准备,立足于最坏的情况做好充分准备,为争取最好结局创造条件。要做好战争预测,制定周密计划。

(3)速决与持久。进攻速胜是古代军事家们的传统思想。进攻作战要速决,否则军队疲乏,国家财政耗损;由于战场情况变化迅速,速决能达成进攻的突然性。要实现速决,应乘敌人措手不及时,走敌人意想不到的道路,攻击敌人没有戒备的地方。古代军事家认为,在敌强我弱的情况下,持久是转化敌我强弱态势的有效措施,久拖必使敌人疲惫,使敌人不断消耗;在与敌对者持久的过程中,逐步发展壮大己方势力,待机进行反击。

(4)争取主动。主动权就是指战场行动的自由权,即"致人而不致于人"。争取战场主动权的措施和原则主要有:一是占领有利的地势;二是处理好先发制人与后发制人的关系;三是以迂为直;四是扬长避短;五是以利诱敌;六是攻其必救。

(5)因机制胜。我国古代军事家非常重视随机应变,各种兵书中都有大量论述,总结起来主要有以下几点:一是善于抓住战机,把力量投向敌人的弱点和空隙;二是活用奇正,避实击虚;三是既要遵守一般的作战原则,又不能拘泥于一般的作战方法。要从战争的客观规律出发,不同情况不同对待,灵活地变换战略战术。

(6)攻守关系。作战只有进攻和防守两种类型。进攻与防守是对立统一的,进攻是主要的,防守是为了进攻,是辅助进攻的手段。进攻与防守要结合使用,是攻是守要视情况决定。孙子提出一种观点:若要不被敌人战胜,就要采取防御,要想战胜敌人,就要采取进攻。防守是因为敌人兵力强大,进攻是因为敌人兵力不足。所以,当攻则攻,当守则守,要懂得攻与守的恰当运用。

三、中国古代军事思想的特征

中国古代军事思想是人类军事思想的组成部分,具有军事思想所共有的阶级性、时代性、对抗性和实践性。然而,中国古代军事思想反映了颇具中国特色的军事实践,对于世界上其他军事思想而言,总体上又有自己的显著特征。

(1) 历史悠久，著作丰富。从《汉书·艺文志》记载的《黄帝》和《神农兵法》可以推断，中国的兵法始于黄帝时期，即中国古代军事思想发端于约 5000 年前的远古时代。我国有史可查的最早兵书《军志》大约出现于西周，距今已有 3000 多年，而古代兵法名著《孙子兵法》，距今也有 2500 多年。中国古代军事思想不仅历史悠久，而且有关著述浩如烟海。史籍注录的兵书有 2000 多种，为世界之最，中国也因此享有"兵法之国"的美称。

(2) 哲理深刻，影响深远。中国古代军事思想对战争与军事问题的观察分析，在宏观上具有一览群山的博大气概、纵横联络的系统思想，言兵而不限于兵；在微观上往往入木三分、深刻独到、发人深省。其中战争观、安全观、建军思想、作战准则、方法与谋略等方面都有充满哲理与智慧的真知灼见。例如，《孙子兵法》归纳的"道、天、地、将、法"五个战争取胜因素，"智、信、仁、勇、严"五项将帅素质指标，"不战而屈人之兵"的"全胜"目标，"先胜后战"的战争原则，"知彼知己，百战不殆"的著名论断，"水无常形，兵无常势"的精妙见解，"出其不意，攻其无备"的谋略思想，以及对计与战、力与智、利与害、全与破、数与胜、奇与正、形与隐、虚与实、动与静、迂与直、势与能等范畴的深刻分析，至今仍对军事领域具有深刻影响。

(3) 崇尚道义，追求和平。日本历史学家浅野胜人认为："中国古代军事思想的第一个特点是以非战主义为原则，尽量通过外交和谋略活动，求得政治解决；第二个特点是在军事上力争把战争控制在局部并在短时间内结束。""他们主要是以用兵的方略和讲究道义而闻名于世的"。孙子把"道"也就是道义作为战争取胜的首要因素，并告诫人们一定要慎重对待战争，战争关系到国家的"生死""存亡"，"亡国不可以复存，死者不可以复生。故明君慎之，良将警之，此乃安国全军之道也"。

(4) 注重谋略，力求智取。列宁指出："没有不用计谋的战争。"而谋略思想在中国出现之早，受到重视的程度之高，施计用谋的著名战例之多，辩谋论略的不朽著作之丰，足智多谋的古今将帅之众，是其他国家难以比拟的。中国军事谋略思想的产生与运用，可以追溯到远古的战争，如黄帝、炎帝联盟与蚩尤的逐鹿之战和炎帝与黄帝的阪泉之战。周朝著名的牧野之战，是"兵家之祖""军事谋略的奠基人"吕望奇计良谋的杰作。《孙子兵法》中的"兵者，诡道也"，"上兵伐谋"，"不战而屈人之兵"等名句至今仍被反复引用。

(5) 强调思危，未雨绸缪。古代中国的战争相当频繁，因此，做好战争准备是维护国家安全的关键。几乎所有的军事家、军事思想家和政治家都有极强的思危意识，都反复强调要居安思危、未雨绸缪。战国吴起提出："夫安国之道，先戒为宝"；《左传》中"居安思危，思则有备，有备无患"，至今仍被人们反复引用。《司马法》中提出"天下虽安，忘战必危"，《易经》中也有这样的论断："君子安而不忘危，存而不忘亡，治而不忘乱，是以身安而国家可保也。"

(6) 百家争鸣，千川汇聚。早在春秋战国时期，中国的军事思想就呈现出一派百家争鸣的景象。不但诸多兵家如孙武、吴起、尉缭、孙膑等各抒己见，自立门派，而且像孔子、孟子、老子、墨子、管子、晏子等政治家、思想家,也踊跃参与言兵议兵。正所谓"无子不言兵",均有独到见解,所以说中国军事思想具有海纳百川的博大气度。

第四节 当代中国军事思想

一、毛泽东军事思想

(一)毛泽东军事思想的科学含义

毛泽东军事思想是毛泽东关于中国革命战争、人民军队和国防建设以及军事领域一般规律的理论体系。毛泽东军事思想作为毛泽东思想的重要组成部分,是马列主义普遍原理与中国革命战争和国防建设实践相结合的产物,是中国共产党领导中国人民及其军队对长期军事实践经验的科学总结,是以毛泽东为首的中国共产党人集体智慧的结晶,是中国共产党领导中国革命战争、军队建设、国防建设和反侵略战争的指导思想。

1. 毛泽东军事思想是马列主义普遍原理与中国革命战争具体实践相结合的产物

马克思认为,无产阶级要取得革命的胜利,可以走武装斗争的道路。中国革命的实际情况与俄国不一样,近代中国是一个以农民为主体的半殖民地半封建国家,中国无产阶级如何组织军队、如何进行革命战争、如何按照中国革命战争的客观规律将革命引向胜利,是摆在中国共产党人面前的一个特殊而又艰难的任务。要完成这个任务,需要解决许多特殊而又复杂的问题。这些问题在马列主义的经典著作中找不到现成答案,照抄照搬别国的经验也无济于事。以毛泽东为主要代表的中国共产党人,继承和发展了马列主义军事思想,创造性地将马列主义原理与中国半殖民地半封建社会状况相结合,提出并实践了以农民为主体的新型人民军队和以农村为根据地、农村包围城市的战争理论,形成了具有鲜明中国特色的马列主义军事理论,即毛泽东军事思想。

2. 毛泽东军事思想是中国革命战争和国防建设实践经验的总结

军事理论产生于战争实践。中国长期革命战争的实践是毛泽东军事思想赖以产生和发展的源泉和基础。1962年1月30日,在《在扩大的中央工作会议上的讲话》中,毛泽东指出:"在抗日战争前夜和抗日战争时期,我写了一些论文,例如《中国革命战争的战略问题》《论持久战》《新民主主义论》《〈共产党人〉发刊词》,替中央起草过一些关于政策、策略的文件,都是革命经验的总结。那些论文和文件,只有在那个时候才能产生,在以前不可能,因为没有经过大风大浪,没有两次胜利和两次失败的比较,还没有充分的经验,还不能充分认识中国革命的规律。"中国共产党领导中国各族人民在完成新民主主义革命的过程中,经历了国共合作的北伐战争,领导了土地革命战争、抗日战争、解放战争。

新中国成立后,又进行了抗美援朝战争,中印、中苏、中越边界自卫反击战。毛泽东军事思想就是中国革命战争和国防建设实践经验的科学总结。

3. 毛泽东军事思想是中国共产党集体智慧的结晶

毛泽东军事思想是中国共产党领导下的亿万军民集体智慧的结晶,是毛泽东和他的战友们的共同创造。在中共七大时,毛泽东指出:"毛泽东思想是中国共产党集体智慧的结晶,我只不过是一个代表。"1964年3月,毛泽东又说:"《毛泽东选集》哪是我一个人的著作啊,《毛泽东选集》里的这些东西,是群众教给我的,是付出了流血牺牲的代价的。"中国革命战争是亿万人民群众参加的共同事业,毛泽东军事思想的形成和发展,包含着亿万人民群众和全体指挥员的斗争经验和创造精神,凝聚着老一辈无产阶级革命家和军事家的集体智慧。中国革命战争从土地革命时期的"红色割据"区域,发展到抗日战争的各抗日根据地,再发展到解放战争时期的各解放区,在很长时间都被分割成各自独立状态。遵义会议后,确定了以毛泽东为核心的党中央领导集体。毛泽东提出的有关党的路线、方针、政策和其他重大决策,都经过党中央的集体讨论,凝聚了党中央的集体智慧。在革命斗争和社会主义建设中,毛泽东遵循"从群众中来,到群众中去"的原则,及时总结群众中产生的经验,上升为理论,并指导实践。我们强调毛泽东军事思想是集体智慧的结晶,并不否认毛泽东个人的独特贡献。毛泽东是伟大的马克思主义者,无产阶级革命家、战略家和理论家,中国共产党、中国人民解放军和中华人民共和国的主要缔造者和领导人,是中国革命军事理论的奠基人和集大成者。毛泽东具有惊人的才能、非凡的智慧和坚韧的毅力,具有丰富的经历、渊博的知识、深邃的思维能力和正确的思想方法以及勤奋刻苦的钻研精神。在长达半个世纪的革命活动中,毛泽东总结并撰写了大批的军事著作,对我党军事理论作了深刻的概括。以毛泽东的名字命名我党的军事理论,称为"毛泽东军事思想",是符合历史实际的,也是当之无愧的。

4. 毛泽东军事思想是毛泽东思想的重要组成部分

毛泽东思想是以毛泽东为主要代表的中国共产党人,根据马克思列宁主义基本原理,对中国长期革命实践中的一系列独创性经验作了理论概括,形成了适合中国国情的科学的指导思想。毛泽东军事思想是毛泽东思想整个科学体系中重要的组成部分。《关于建国以来党的若干历史问题的决议》将毛泽东思想概括为六方面:一是关于新民主主义革命的理论;二是关于社会主义革命和社会主义建设的理论;三是关于革命军队的建设和军事战略的理论;四是关于政策和策略的理论;五是关于思想政治工作和文化工作的理论;六是关于党的建设的理论。其中的军事思想极大地丰富和发展了马列主义的军事理论。研究毛泽东思想,必须理解和掌握毛泽东军事思想。

十大军事原则

毛泽东在解放战争中总结提出的中国人民解放军作战指导的十项原则：

(1) 先打分散和孤立之敌，后打集中和强大之敌。

(2) 先取小城市、中等城市和广大农村，后取大城市。

(3) 以歼灭敌人有生力量为主要目标，不以保守或夺取城市和地方为主要目标。保守或夺取城市和地方，是歼灭敌人有生力量的结果，往往需要反复多次才能最后地保守或夺取之。

(4) 每战集中绝对优势兵力（两倍、三倍、四倍，有时甚至是五倍或六倍于敌之兵力），四面包围敌人，力求全歼，不得漏网。在特殊情况下，则采用给敌以歼灭性打击的方法，即集中全力打敌正面及其一翼或两翼，力求歼灭其一部，击溃其另一部的目的，以便我军能够迅速转移兵力歼击他部敌军。力求避免打那种得不偿失的、或得失相当的消耗战。

(5) 不打无准备之仗，不打无把握之仗，每战都应力求有准备，力求在敌我条件对比下有胜利的把握。

(6) 发扬勇敢战斗、不怕牺牲、不怕疲劳和连续作战（即在短期内不休息地接连打几仗）的作风。

(7) 力求在运动中歼灭敌人。同时，注重阵地攻击战术，夺取敌人的据点和城市。

(8) 在攻城问题上，一切敌人守备薄弱的据点和城市，坚决夺取之。一切敌人有中等程度的守备、而环境又许可加以夺取的据点和城市，相机夺取之。一切敌人守备强固的据点和城市，则等候条件成熟时然后夺取之。

(9) 以俘获敌人的全部武器和大部分人员，补充自己。我军人力物力的来源，主要在前线。

(10) 善于利用两个战役之间的间隙，休息和整训部队。休整的时间一般不要过长，尽可能不使敌人获得喘息的时间。

(二) 毛泽东军事思想的主要内容

毛泽东军事思想是一个完整的科学体系，主要内容包括无产阶级的战争观和方法论、人民军队建设理论、人民战争思想、人民战争的战略战术和国防建设理论五个部分。

1. 无产阶级的战争观和方法论

战争观是人们对战争本质的根本看法和态度，是研究和指导战争的基本立场和观点。方法论是人们在认识战争规律的基础上，依据战争规律确定自己指导战争的根本方法。

毛泽东军事思想的主要内容

(1)无产阶级战争观。毛泽东在指导中国革命战争的实践中,始终坚持无产阶级战争观。无产阶级战争观包含战争的起源和根源、战争的本质和目的、战争的性质、对待战争的态度、战争的最终目的和消灭战争的道路等内容。

①战争的起源和根源。"战争的起源"和"战争的根源"不是一个概念,但两者有密切的联系。只有弄清战争的起源,才能理解战争的根源。毛泽东对战争的起源和根源作了精辟的概括,并给"战争"下了定义,即"从私有财产和有阶级就开始了的,用以解决阶级和阶级、民族和民族、国家和国家、政治集团和政治集团之间、在一定发展阶段上的矛盾的一种最高的斗争形式"。同时,指出了战争的范围和战争的必然性与间断性关系。压迫与被压迫的矛盾必然导致战争,但这种矛盾的对抗并不是时时都以战争的形态表现,它有一定的潜伏期。潜伏期内表现为其他的斗争形态,只有其他斗争形态无法解决时,才激化上升到战争这种矛盾的最高斗争形式,从而揭示了战争时起时伏的特性。

②战争的本质和目的。要认识战争的本质和目的,首先要弄清战争与政治、战争与经济的关系。毛泽东指出:"'战争是政治的继续',在这点上说,战争就是政治,战争本身就是政治性质的行动,从古以来没有不带政治性的战争。"同时指出:"战争有其特殊性,在这点上说,战争不等于一般的政治。政治发展到一定阶段,再也不能照旧前进,于是爆发了战争,用于扫除政治道路上的障碍。""政治是不流血的战争,战争是流血的政治。"毛泽东关于战争与政治的关系的论述,阐明了两层意思。一是战争从属于政治,服务于政治。政治处于主导和支配的地位,战争居于从属和被支配的地位。战争是达到政治目的的一种特殊手段。政治贯穿于战争的全过程。二是战争不仅是实现政治目的的手段和工具,而且反作用于政治,推动政治发展。

毛泽东认为,革命战争的出发点和目的,都是为了解放生产力、发展生产力和改变社会关系。毛泽东结合战争的起源,说明战争与经济的关系:其一,战争起源于一定的生产方式(私有制);其二,战争依赖于社会的经济力量;其三,战争的最终目的是为了一定的经济利益。在井冈山斗争时期,毛泽东就把"有足够给养的经济力"作为工农割据存在和发展的最主要的条件之一,并将筹款作为红军的三大任务之一。由此可见,战争的本质和目的,无非是为了取得或维护政治地位和经济利益。

③拥护正义战争,反对非正义战争。毛泽东对战争的性质进行了科学的划分。他说:"历史上的战争分为两类,一类是正义的,一类是非正义的。一切进步的战争都是正义的,一切阻碍进步的战争都是非正义的。"毛泽东对战争性质的划分,决定着无产阶级对待战争的根本态度,即反对非正义战争,拥护正义战争。

④战争的最终目的和消灭战争的道路。毛泽东明确指出:"战争——这个人类互相残杀的怪物,人类社会的发展终究要把它消灭的……但是消灭它的方法只有一个,就是用战争反对战争,用革命战争反对反革命战争,用民族革命战争反对民族反革命战争,用阶级革命战争反对阶级反革命战争。"毛泽东在这里非常鲜明地提出了反对战争的唯

一选择,就是用革命战争去消灭反革命战争,从而将无产阶级对战争的态度与战争的最终目的科学地统一起来,不仅为无产阶级和革命人民指明了消灭战争的目标,而且指明了实现这个目标的根本道路和方法。

(2)战争方法论。战争方法论,就是怎样认识和运用战争规律,正确指导战争,使主观指导符合客观实际的要求。毛泽东创造性地运用马克思主义辩证唯物论和历史唯物论的立场、观点和方法,对战争问题的方法论进行了系统的阐述。

①研究和指导战争必须认识和把握战争规律。毛泽东在总结土地革命战争的经验时指出:"战争的规律——这是任何指导战争的人不能不研究和不能不解决的问题。"同样,"不懂得这些特殊的情形和性质,不懂得它的特殊的规律,就不能指导革命战争,就不能在革命战争中打胜仗"。

②认识和掌握战争规律的基本方法。第一,认识和掌握战争规律应着眼于特点和发展。毛泽东指出:"战争情况的不同,决定着不同的战争指导规律有时间、地域和性质的差别……我们研究在各个不同历史阶段、各个不同性质、不同地域和民族的战争的指导规律,应该着眼其特点和着眼其发展,反对战争问题上的机械论。"第二,认识和掌握战争规律要立足全局,掌握重要关节。全局统率局部,局部从属全局,构成全局与局部之间的正确关系。第三,认识和掌握战争规律要做到"知己知彼"。第四,认识和掌握战争规律要善于学习,勇于实践。第五,认识和掌握战争规律要尊重战争客观规律,充分发挥主观能动性。

③立足全局,把握关节。毛泽东指出:"战争胜败的主要和首先的问题,是对于全局和各阶段关照得好或关照得不好。如果全局和各阶段的关照有了重大缺点或错误,那战争是一定要失败的。"由此可见,着眼战争全局对战争胜败具有决定性的意义。全局是指事物的整体和发展的全过程,而局部是组成整体的各个部分和发展全过程的各个阶段。关节是对全局有重大影响的关键性环节。战争指挥者必须有战略头脑,通观战争全局,能对全局的发展趋势有正确的判断,这样才能制定出贯穿战争全过程的好的战略方针和计划。但是,全局是由局部构成的,全局固然制约着局部,但局部的成败对全局也有重要影响,尤其是关键性的局部,更决定着战争的胜负。因而,在全局与局部的关系上,全局由局部构成,全局统率局部,局部隶属于全局又影响全局,这构成全局与局部的正确关系。战争中有些局部的成败会引起全局的变化,甚至对全局的胜败都有至关重要的作用,这些局部就是足以影响全局的重要关节。如果这些关键性的局部搞错了,就可能出现"一着不慎,满盘皆输"的情况。因此,战争指导者必须协调好各个局部,特别要注意掌握好影响战争全局的重要关节,把自己的注意力放在对全局最有决定意义的关键局部上。在不断变化的战争中,全面考察形势,客观分析敌我,处理好各种关系,把战争全局中的各个局部和阶段周密地组织和衔接起来,使之相互配合,协调一致,以达成总的战略目的。

2. 人民军队建设理论

毛泽东把创建人民军队作为进行武装斗争的首要问题和实现革命理想最主要的手段,强调"没有一个人民的军队,便没有人民的一切"。

(1)坚持党对军队的绝对领导,确保人民军队的性质不变。毛泽东提出了"枪杆子里面出政权"和"党指挥枪"的思想,指明我军是党领导下的执行无产阶级革命政治任务的武装集团。1927年9月底,毛泽东在"三湾改编"中,根据斗争的实际情况设立了党代表制度,规定班有党员、排有党小组、连有党支部、营团有党委,使起义军从一开始就置于中国共产党的绝对领导之下。1928年12月,毛泽东在古田会议上再次强调,一定要加强党对军队的绝对领导。1938年11月6日,毛泽东在延安指出:"我们的原则是党指挥枪,而决不容许枪指挥党。"党对军队的绝对领导是政治上、思想上、组织上的领导。只有坚持和实施党对军队的绝对领导,才能保证人民军队的无产阶级性质,才能担负人民军队的使命。

(2)坚持全心全意为人民服务的宗旨。毛泽东指出:"紧紧地和中国人民站在一起,全心全意地为中国人民服务,就是这个军队的唯一宗旨。"我军在革命战争和保卫祖国的长期斗争中,始终遵循这一宗旨,从而赢得了人民群众的拥护和爱戴。我军之所以能够紧紧地团结在一起,不怕困难,不畏艰险,前赴后继,压倒一切敌人,就是因为心中时刻装着人民群众,从而赢得了群众的拥护和爱戴。战争时期是这样,和平时期更是如此,哪里有困难,哪里有危险,我们的军队就会出现在哪里。从20世纪70年代的唐山大地震、20世纪80年代的大兴安岭火灾、20世纪90年代的抗洪抢险到2008年的汶川地震等,每一次都验证了全心全意为人民服务的宗旨,这是我军建军原则的核心,是我军区别于其他任何军队的本质特征。

(3)坚持人民军队的政治工作。政治工作是人民军队的生命线,是军队战斗力的源泉,是团结自己、战胜敌人的法宝。我军的政治工作随着革命战争的发展而逐步完善,形成了"官兵一致、军民一致和瓦解敌军"的三大原则。官兵一致原则体现了我军内部上下之间政治上平等的关系,这是与旧式军队的根本区别之一;军民一致原则是人民军队本色的体现;瓦解敌军原则是促进敌人从内部瓦解的有效武器,是加速敌人崩溃的战略性原则。

另外,还制定了服从人民根本利益的铁的纪律——"三大纪律八项注意";规定了军队必须实行政治、经济、军事"三大民主";确定了军队体现其宗旨的战斗队、工作队、生产队"三大任务";明确了人民军队要不断提高正规化和现代化水平的建设方向,以及军队必须发扬勇敢战斗、不怕牺牲和艰苦奋斗的优良传统和优良作风等。

3. 人民战争思想

人民战争思想是毛泽东军事思想的核心。

(1)人民战争思想含义。从一般意义上说,人民战争就是广大人民群众为了反抗阶级压迫或民族压迫而组织和进行的战争。人民战争具有三个基本特征,即正义性、群众性和组织性。在毛泽东看来,凡是符合广大人民群众的根本利益、推动历史发展和社会进步、有广大人民群众参加的正义战争,均为人民战争。

一般意义上的人民战争,古已有之。恩格斯指出:"历史上许多农民起义和新起的剥削阶级在革命时期领导的革命战争都属于人民战争范畴。"毛泽东曾称"武王伐纣"为"当时的人民解放战争"。此外,明末李自成领导的农民起义、太平天国运动也属于人民战争。但是,这些战争往往缺乏正确的领导和严密的组织,多带有群众自发的性质,不能最充分地发挥人民群众的力量,具有很大的不彻底性和阶级局限性。

(2)人民战争思想理论基础。毛泽东创造性地发展了马列主义关于人民战争的思想,对实行人民战争的必要性和可能性以及如何实行人民战争进行了系统的论述,阐明了人民战争的理论基础和政治基础。

人民群众是战争胜负的决定力量。战争是力量的抗争,人民战争的主体是人民群众,人民群众是社会发展变革的决定力量,也是战争胜负的决定力量。要准确地理解和把握人民战争思想,就必须首先认识人民群众在战争中的作用。毛泽东曾说:"人民,只有人民,才是创造世界历史的动力。"这就是毛泽东人民战争思想的出发点和理论基础。在土地革命战争时期,毛泽东就指出革命战争是群众的战争,只有动员群众才能进行战争,只有依靠群众才能进行战争。中国革命战争的历史和实践证明,人民群众是人民军队赖以生存和发展的条件,是战争中一切力量的源泉,是战争胜负的决定力量。

战争的正义性是实行人民战争的政治基础。正义战争是进步的,符合人民的根本利益,人民群众不但真心拥护,积极支持,而且踊跃参加。战争的正义性是实行人民战争的政治基础,只有正义的革命战争,才能实行最广泛的人民战争。相反,非正义战争是退步的,违背民众的根本利益,必然遭到人民群众的坚决抵制和反对。所以,非正义战争是不可能实行人民战争的。

战争胜负的决定因素是人不是物。战争是人和武器的综合竞赛。毛泽东批判了"唯武器论",阐明了人在战争中的地位和作用。他指出:"武器是战争的重要因素,但不是决定的因素,决定的因素是人不是物。力量对比不但是军力和经济力的对比,而且是人力和人心的对比。"战争中的人,包括人力、人心、人的能动性三个方面。人心是人的能动性的动力,人力是物质力量,人心、人的能动性是精神力量。因此,人是物质力量和精神力量的统一体,是具有精神活动的物质力量。任何武器和物质都要靠人去掌握,从而构成了人和武器之间的主导与非主导的关系。

武器是战争胜败的重要因素。毛泽东历来反对忽视武器装备、片面夸大精神作用的"唯意志论",同时又反对片面夸大武器作用的"唯武器论"。

马克思主义政党的正确领导是实行人民战争的必要条件。人民战争作为战争的指导思想,不是群众起来就可以自发形成的,它必须要有战争的领导条件。人民战争领导者必须具备两个条件：一是真正代表人民群众的利益，反映人民群众的根本愿望，全心全意为人民群众谋取利益；二是懂得和掌握群众路线的指导方法，善于制定有利于调动群众积极性的方针和政策。这两个条件，唯有马克思主义的政党才能具备。我国革命战争，从星星之火开始，逐步形成燎原之势，最后战胜国内外强敌，取得中国革命战争的彻底胜利，从根本上说，就在于有以毛泽东为代表的中国共产党的正确领导，这是实行人民战争的必要条件。

(3) 人民战争思想主要内容。进行广泛深入的政治动员，组织最广泛的革命战争的统一战线。

开辟农村包围城市的武装革命道路，创建农村革命根据地，把武装斗争、土地革命和党的建设有机地结合进来，发动和依靠以农民为主体的广大人民群众，把落后的农村改造成为军事上、政治上、文化上的先进的革命阵地，作为实行人民战争的依托。

实行野战军、地方军和民兵三结合的武装力量体制。野战军、地方军是我军的两个组成部分，是进行人民战争的骨干力量。民兵人数多、分布广，是军队的有力助手和强大的后备军，是进行人民战争的重要力量。另外，还必须实行武装群众和非武装群众相结合，即把动员起来的群众，分别组织在工会、农会、青年、妇女、儿童等各种群众团体之中，平时从事各种生产和建设工作，帮助政府动员群众参军、拥军优属、清查奸细等；战时进行坚壁清野、侦察敌情、担负运输、直接帮助军队作战等工作。

以武装斗争为主，各条战线、各种斗争形式相配合，形成全面的人民战争，最大限度地发挥人民战争的威力。

实行党的一元化领导，发挥党政军民的整体力量。革命战争具备实行人民战争的可能性，但能否成为彻底的人民战争，则要看领导战争的阶级或集团是否相信和依靠人民群众，有没有一个进行人民战争的指导路线、方针和政策等。

4. 人民战争的战略战术

人民战争的战略战术体现了毛泽东人民战争思想的战略指导原则和作战方法，是毛泽东高超的战争指导艺术的总结，是毛泽东军事思想最精彩的部分。毛泽东用通俗易懂、简明扼要的语言给予了概括，其基本精神是：一切从敌我双方的实际出发，你打你的，我打我的，有什么枪打什么仗，对什么敌人打什么仗，在什么时间地点打什么时间地点的仗；灵活机动，不拘一格，扬长避短，力争主动，利用矛盾，各个击破；进攻时反对冒险主义，防御时反对保守主义，退却时反对逃跑主义，有效地达到保存自己、消灭敌人的目的。

(1) 战略上藐视敌人，战术上重视敌人。毛泽东指出："从战略上看，必须如实地把帝国主义和一切反动派，都看成纸老虎。从这点上，建立我们的战略思想。另一方面，它们又是活的铁的真的老虎，它们会吃人的。从这点上，建立我们的策略思想和战术思想。"毛泽东关于帝国主义和一切反动派既是"纸老虎"又是"真老虎"的论断，奠定了人民战争战略战术的基本原则。在战略上,敌人是纸老虎,我们要藐视它,树立敢打必胜的信心;在战术上,敌人又是真老虎,我们要重视它,讲究斗争的策略和艺术。

(2)保存自己,消灭敌人。毛泽东指出:"保存自己消灭敌人这个战争的目的,就是战争的本质,就是一切战争行动的根据。"进攻是直接为了消灭敌人,同时也是为了保存自己。防御是直接为了保存自己,同时也是辅助进攻或准备转入反攻的一种手段。保存自己、消灭敌人是兵家公认的原则,然而真正运用起来却并不容易。毛泽东用辩证唯物主义的方法,指明两者之间的关系是相辅相成的,是对立统一的。

(3)实行积极防御,反对消极防御。毛泽东在讲到攻防辩证统一这一积极防御战略思想的基本精神时说:"积极防御,又叫攻势防御,又叫决战防御。消极防御,又叫专守防御,又叫单纯防御。消极防御实际上是假防御,只有积极防御才是真防御,才是为了反攻和进攻的防御。"这一论述深刻揭示了积极防御的实质和消极防御的要害,指明了积极防御的目的和必然进程。

(4)歼灭战的作战方针。毛泽东对为什么要实行歼灭战做了形象的比喻:"对于人,伤其十指不如断其一指;对于敌,击溃其十个师,不如歼灭其一个师。"歼灭战是指消灭敌人全部或大部的作战,消耗战是逐渐消耗敌人力量的作战,击溃战是打跑敌人迫使敌人溃退的作战。毛泽东指出:"击溃战,对于雄厚之敌,不是基本上决定胜负的东西。歼灭战,则对任何敌人都立即起了重大的影响。"

除以上四项内容外,人民战争战略战术还包括游击战、运动战、阵地战三种作战形式;集中优势兵力、各个歼灭敌人的作战原则;做好战争准备,不打无准备、无把握之仗;战略上持久,战术上速决等内容。

5. 国防建设理论

新中国成立前,在毛泽东军事思想形成过程中就有关于国防建设的论述。新中国成立后,毛泽东从实际情况出发,为适应新形势和新任务的需要,在总结国防建设和国防斗争的实践经验基础上,创立了国防建设理论。

(1)建设现代化、正规化的国防军队。毛泽东指出:"我们将不但有一个强大的陆军,而且有一个强大的空军和一个强大的海军。"毛泽东亲自指导我军现代化、正规化建设,颁布了各种条令、条例;开办了各类正规的军事院校;加强了部队训练,颁布了新中国第一部兵役法,使我军实现了由步兵为主的单一陆军向诸军兵种合成军队的转变。

(2)向国防科技尖端发展的新战略。毛泽东指出:"我们不但要有更多的飞机大炮,而且还要有原子弹。在今天这个世界上,我们要不受人家欺负,就不能没有这个东西。"在这个战略思想的指导下,在自力更生的基础上,我国实行了常规武器与尖端武器相结合并优先发展尖端战略武器的方针,在很短时间内,研制、生产出了原子弹、氢弹、卫星和导弹等一系列战略核武器和装备。

(3)积极防御战略思想的新发展。新中国成立后,毛泽东根据国家安全利益的需要,从国际形势和我国具体情况出发,制定了我国的国防战略、国防建设目标和方针。1956年,毛泽东批准了中央军委提出的阵地战结合运动战为未来反侵略战争的主要作战形式,并反复强调这一思想。20世纪50年代以后,毛泽东又相继提出"大办民兵师""全民皆兵"和"深挖洞、广积粮、不称霸"的战略思想。

(三)毛泽东军事思想的历史地位

1.毛泽东军事思想是马列主义军事理论的丰富和发展

从19世纪欧洲资本主义发达国家的政治经济情况出发,马克思、恩格斯提出无产阶级暴力革命应以城市工人起义为中心进行。列宁运用这一理论,成功地组织和领导了城市工人武装起义,建立了世界上第一个社会主义国家。因此,城市工人武装起义的道路,当时被人们视为无产阶级革命的唯一道路。然而,如何在以农民为主体的半殖民地半封建国家进行反对帝国主义和封建主义的革命,如何把一支以农民为主要成分的军队建设成为一支无产阶级性质的人民军队,在马列军事著作中没有现成的答案,在国际共产主义运动中也没有先例。毛泽东从半殖民地半封建的中国国情出发,开创了一条农村包围城市、武装夺取政权的革命道路,对马列主义军事理论作出了重大而独特的贡献,是马列主义军事理论的丰富和发展。

2.毛泽东军事思想标志着中国无产阶级军事理论的确立

我党自1927年独立领导革命战争以来,在长达半个多世纪的时间里,进行了两次国内革命战争、一次民族解放战争、一次抗美援朝战争、数次为保卫国家主权和人民安全的自卫反击战,都取得了伟大胜利。我军之所以能从小到大、由弱到强,以劣势装备战胜国内外强大的敌人,靠的就是中国共产党领导和先进的军事理论——毛泽东军事思想。毛泽东军事思想的理论价值和历史地位,已被中国革命战争的伟大胜利所肯定。

3.毛泽东军事思想在世界上有着广泛的影响

中国革命战争取得胜利后,毛泽东军事思想受到世界各国的普遍重视,特别是20世纪50年代后期,世界上逐渐形成了一股学习和研究毛泽东军事思想的热潮,许多国家还成立了毛泽东军事思想的学习会和研究会。美国、英国、法国、德国和日本等国家出版了不少毛泽东军事著作,毛泽东军事著作已成为各国军事家必读的经典之作,甚至成为一些国家首脑人物的案头书。在越南、莫桑比克、津巴布韦、安哥拉等第三世界国家的民族解放斗争中,毛泽东军事思想发挥了重要作用,受到普遍欢迎。毛泽东军事思想的理论价值和实践价值举世公认,成为人类优秀文化的灿烂结晶,在世界军事理论殿堂中享有显赫地位。

二、邓小平新时期军队建设思想

邓小平的军事生涯在他一生中占有重要位置。邓小平开创了新时期有时代精神和中国特色的军队和国防建设道路,总结和提出了新时期军队和国防建设的理论、方针和原则,即邓小平军队建设思想。

(一)邓小平军队建设思想的主要内容

邓小平军队建设思想是以邓小平为代表的中国共产党人关于当代中国军事斗争及军队、国防现代化建设的科学理论体系。他系统地回答了新的历史条件下军队建设的一系列重大理论和实践问题,反映了新时期军队建设和军事斗争的基本规律,内容极为丰富。

邓小平新时期军队建设思想的主要内容

1. 当代战争与和平理论

(1)和平与发展是当代世界的主题。20世纪80年代后,邓小平作出了"和平与发展"是当代世界两大问题的科学论断。邓小平指出:"现在世界上真正大的问题,带全球性的战略问题,一个是和平问题,一个是经济问题或者说发展问题。和平问题是东西问题,发展问题是南北问题。概括起来,就是东西南北四个字。南北问题是核心问题。"这一科学论断包含如下基本观点。一是维护世界和平,这是全世界人民的共同愿望,是各国谋求发展、友好合作、促进共同繁荣必不可少的条件,是当今世界不可逆转的历史潮流。二是促进发展成为当今世界各国面临的共同课题和紧迫任务。广大发展中国家在取得政治独立之后,面临的主要任务是发展民族经济和科学技术,提高人民的物质文化生活水平,以经济上的发展来巩固政治上的独立。即使发达的资本主义国家在科学技术高速发展的新形势下,也面临着再发展的问题。所以,促进发展既是发展中国家的迫切要求,也是发达国家面临的重要课题。三是在和平与发展中,发展是核心问题,如果没有发展,和平就没有基础。因此,发展更带有根本性和长远性。四是争取世界经济的发展,必须反对霸权主义,维护世界和平,建立合理的国际政治、经济新秩序,以促进世界经济的繁荣,促进世界的和平与稳定。

(2)世界大战可以避免,战争危险依然存在。关于世界大战可以避免的论断,是邓小平长期研究世界形势和战略格局的发展变化,全面分析当今世界经济、政治、军事的新特点和战争与和平因素的消长趋势后得出的科学结论。他说:"世界战争的危险还是存在的。但是,世界和平力量的增长超过战争力量的增长。这个和平力量,首先是第三世界,我们中国也属于第三世界。第三世界的人口占世界人口的四分之三,他们是不希望战争的……世界很大,复杂得很,真正支持战争的没有多少,人民是要求和平、反对战争的……由此得出结论,在较长时间内不发生大规模世界战争是有可能的,维护世界和平是有希望的。"邓小平关于世界大战可以避免、但战争危险依然存在的论断,包含了如下几个相互联系的基本观点。一是由于世界上一切爱好和平的国家和人民的共同努力,和平力量的发展超过了战争力量的发展,在各种制约战争因素的共同作用下,推迟乃至避免世界大战成为可能。二是美苏两个具有发动世界战争能力的超级大国,呈相对均势,双方的战略扩张又屡屡受挫,在没有完成全球战略部署的情况下,谁也不敢轻易发动战争,因而在较长时间内不发生大规模世界战争是有可能的。三是世界大战可以避免,但战争危险依然存在,和平只是相对的。对此,我们必须要充分认识和高度警惕,绝不能视而不见,认为"天下太平"了。四是世界战争可以避免并不是指一切战争都可以避免,在大战打不起来的情况下,局部战争和地区性冲突将成为战争的主要形式。五是缓和也并不是没有斗争,在缓和的背后,掩盖着世界一些国家从过去以军备竞赛、争夺军事优势为主,转向以争夺包括经济、科技、军事等在内的综合国力优势为主。发达资本主义国家对社会主义国家更多地采用"和平演变"的战略,以达到"不战而胜"的目的,我国安全仍然面临着现实的威胁。

(3)霸权主义是当代战争的主要根源。邓小平指出:"当今世界不安宁来源于霸权主义的争夺""战争是同霸权主义联系在一起的"。霸权主义和强权政治的存在,始终是解决世界和平与发展问题的主要障碍,霸权主义是现代战争的根源。这一思想具有丰富的内涵。一是任何社会制度的国家,只要推行霸权主义,都可以成为战争的根源。社会主义国家搞霸权主义,同样可以成为战争的策源地。二是霸权主义既有世界性的,也有区域性的,两者侵略扩张的本质相同,地区霸权主义也是引发现代战争的重要根源。三是在新的历史条件下,霸权主义表现为国际事务中的"强权政治"。由于霸权主义是现代战争的主要根源,邓小平强调指出:"谁搞霸权就反对谁,谁搞战争就反对谁。"为了增强第三世界国家的团结,促进和平力量的发展,制止战争的爆发,邓小平提出了解决国际争端、维护世界和平的新思路,并在实践中创造性地加以运用。他从维护国家的根本利益这个大局出发,兼顾国家的发展需要和维护国家主权需要,在坚持和平共处五项原则基础上,提出了"一国两制"的崭新构想和解决国际争端的新办法,既为我们党和国家的重大决策提供了指导思想和理论依据,又在实践中推动了世界人民反对霸权主义,维护世界和平。

2.新时期军事战略理论

(1)积极防御战略思想。邓小平积极防御战略思想的基本精神有四点。一是强调寓攻于防、攻防结合的积极防御战略思想。"积极防御本身就不只是一个防御,防御中有进攻"。二是要充分重视战争准备。"仗总可能有一天要打起来。我们绝不能浪费时间,要加紧备战工作,特别是要训练干部学会指挥现代战争"。三是坚持后发制人。在指导新时期军事斗争时,坚持后发制人,既要慎重,又要坚决,实施有理、有利、有节的斗争,始终掌握战略上的主动权。四是持久作战。对我军来说,持久作战是战胜强敌所必需的,我军也具备这方面的许多有利条件。

邓小平坚持积极防御战略方针。一是必须坚持积极防御的战略方针。这既是由社会主义国家性质和人民军队本质决定的,也是保卫国家安全、维护国家利益、夺取战争胜利所必须坚持的。只有坚持积极防御的战略方针,做好必要的战争准备,才能为搞好国内的现代化建设提供一个稳定的国际环境。二是必须立足于以劣势装备战胜优势装备之敌。以劣势装备战胜优势装备之敌是我军的传统,是积极防御战略方针的应有之义。三是必须适应实际的发展变化,既要坚持积极防御的战略方针,又要保持战略指导上的灵活性,以适应不同对象、不同方向、不同样式。

(2)人民战争思想。邓小平指出:"只要我们坚持人民战争,敌人就是现在来,我们以现有武器也可以打,最后也可以打胜,我们有这样多人口,军民团结一致,敌人要消灭我们的人民是不可能的。"邓小平关于现代条件下的人民战争理论的基本观点包括以下几点。一是强调人民战争要与时代发展相适应。邓小平非常注重高科技在军事领域的应用给人民战争带来的与以往不相同的地方。他多次指出,霸权主义是现代战争的根源,今后我们进行的人民战争,将是反对大、小霸权主义的侵犯;在战争规模上,不排除大规模的反侵略战争,但可能性更大的是边境局部战争和武装冲突;在战争样式上,将是高技术、高性能兵器的对抗。二是强调人民战争的内容要与现代军事斗争和国防建设的任务相一致。当今世界上,爆发战争的可能性依然存在,尤其在我国周边地区还存在一触即发的战争热点。做好直接的战争准备,保卫祖国,反抗一切侵犯我国主权的斗争是我们的首要任务。现代条件下的人民战争,不仅仅是武装力量的对抗,战争中人民作用的发挥,更重要地体现在平时的、持久的、全面的国防建设上,是国家与国家综合国力的对抗。三是强调人民战争的形式要与现代战争的特点相吻合。邓小平指出,在现代条件下,如果敌人打来,我们仍然要发挥野战军、地方军和民兵三结合的威力,陷敌人于人民战争的汪洋大海之中。同时又指出,未来战争将是建立在高技术基础上的现代化战争,人民战争只有同现代军事技术紧密结合起来,同先进的武器装备结合起来,才能形成足以使敌人畏惧的战斗力,达到克敌制胜的目的。四是强调从事现代战争条件下人民战争的人必须具有很高的素质。未来战争将是现代科学技术的激烈竞争,人把高技术战争推上历史舞台,反过来,高技术战争又要求与之相适应的人来驾驭。在勇敢精神、牺牲精神和严格纪律等政治思想因素不失其意义的同时,知识、智能及现代科学技术和现代军事技能武装起来的现代军事人才,将比以往发挥更大的威力。

3.新时期军队建设理论

(1)建设一支现代化、正规化革命军队。建设中国特色的强大的现代化、正规化革命军队,是新时期我军建设的总目标。1981年9月,邓小平提出"必须把我军建设成为一支强大的现代化、正规化的革命军队"的伟大目标。现代化、正规化、革命化是互相联系、互相促进、缺一不可的。"革命化"体现人民军队的本质、军队的政治素质和传统作风;"正规化"体现军队组织、管理和军制水平;"现代化"体现军队的武器装备、指挥、作战和协同等方面适应现代高技术战争的能力。"三化"不是并列的,而是以现代化为中心。以现代化为中心是现代战争提出的必然要求,也是人民解放军向高级阶段发展的必由之路。邓小平认为:"要承认我们军队打现代化战争的能力不够。要承认我们军队的人数虽然多,但是素质比较差。"以现代化为中心是解决我军建设主要矛盾的根本途径,是时代对军队建设的必然要求。

(2)注重质量建设,走精兵之路。注重质量建设,走精兵之路,是邓小平军队建设思想的出发点和落脚点,是他的基本思想。邓小平强调:"质量问题是影响战争胜败的问题。只讲数量,不讲质量,会耽误大事,要正确处理数量和质量的关系,要把质量建设作为军队建设的根本方针,长期坚持下去。"即:第一,注重质量建设、精简整编、优化组织结构是实现精兵的前提;第二,坚持科技强军、独立自主、自力更生、加速发展和改善我军武器装备是实现精兵的重要措施;第三,把教育训练提高到战略地位;第四,坚持依法治军、从严治军,加强部队管理。

(3)加强和改进新时期政治工作。邓小平指出:"对军队来说,由长期的战争环境转入和平环境,这是个最大的不同。我们政治工作的根本的任务、根本的内容没有变,我们的优良传统也还是那一些,但是,时间不同了,条件不同了,对象不同了,因此解决问题的方法也不同。"加强和改进我军政治工作的理论主要表现在:一是为适应军队建设的新形势、新情况,必须保证人民军队的性质,忠于党、忠于国家、忠于人民,保证我军政治上永远合格,这是军队政治工作的根本任务;二是坚持用马列主义、毛泽东思想和"一个中心和两个基本点"教育和统一全军思想,把忠实维护国家建设和改革开放、反对资产阶级自由化和"和平演变"作为政治工作的重点;三是把培养有理想、有道德、有文化、有纪律的"四有"军人作为政治工作的目标;四是将坚持党对军队的绝对领导,发挥军队内党组织的战斗堡垒作用和党员的先锋模范作用,作为政治工作的核心内容;五是树立永远是战斗队的观念,加强精神文明建设,把发扬"五种革命精神"作为政治工作的着眼点;六是在实践中继承和创新,把充分发挥政治工作的优势作为政治工作的动力。我军政治合格,还必须贯彻全心全意为人民服务的宗旨。

4. 新时期国防建设理论

(1)国防和军队建设指导思想实行战略性转变。对国际形势和我国安全环境进行科学分析并作出正确判断后,邓小平告诫全党、全军,要抓住机遇,以经济建设为中心进行"四化"建设。国防和军队建设指导思想实行战略性转变的实质是:军队和国防建设从过去立足于早打、大打、打核战争的临战总任务状态,转向和平时期加强军队质量建设的正确轨道上来,充分利用今后一段较长时间里大仗打不起来的和平环境,在服从国家经济建设大局的前提下,有计划、有步骤地加强军队与国防现代化建设。他提出"冷静观察、稳住阵脚、沉着应付、韬光养晦、善于藏拙、决不当头、有所为有所不为的战略方针"。力求站在时代发展前沿,密切关注国际战略形势发展变化的各种动向,预测战争可能的发生和发展,正确处理国际间的各种关系,及时对国际上各种关系到我国安全的事件作出必要的有力反应。

(2)国防建设必须服从国家经济建设大局。邓小平指出:"我们要充分利用大仗一时打不起来的这段和平时期,放心大胆地一心一意搞现代化建设。"邓小平多次号召全军要服从国家经济建设这个大局。要求全军和从事国防事业的各个部门正确认识和处理国家经济建设与国防建设的关系,指出国防建设的规模、质量和速度总要受国家经济实力的制约和影响。军队和国防只有服从国家经济建设的大局,才能增强国力、军力。在现代条件下,国家的防御能力、军队的发展,比以往任何时候都更加依赖和取决于经济、科学技术和现代工业的发展水平。振兴国防首先要振兴国家经济。国家建设搞好了,经济实力增强了,军队和国防现代化才有坚实的基础。

(3)军民兼容、平战结合,发展国防工业。邓小平指出:"国防工业设备好,技术力量雄厚,要充分利用起来,加入到整个国家建设中去,大力发展民用生产。"1979年,中央军委、国务院制定了"军民结合、平战结合、以军为主、以民养军"的发展国防科技和国防工业的方针。1982年,邓小平将其中的"以军为主"改为"军品优先",使这一方针更加具体化。在这一方针的指引下,国防科技和国防工业改革产品结构,发挥军事工业设备和技术上的优势,积极为民用工业的技术改革做贡献,挖掘军事工业的生产潜力,生产民用工业品,为城乡人民服务,成为促进经济建设和科学技术发展的一支重要力量。目前,我国国防建设得到了全面加强,支持和参与国防建设正成为亿万人民的自觉行动,国防建设纳入了国家总体建设的轨道,在国家经济不断发展的同时求得国防事业的协调发展。

(4)引进技术与自力更生相结合,发展国防科技。邓小平强调:"过去也好,今天也好,将来也好,中国都必须发展自己的高科技,在世界高科技领域占有一席之地。""在国民经济不断发展的基础上,改善武器装备,加速国防现代化",并提出一系列新时期发展国防科学技术的方针原则。邓小平指出:"关起门来搞建设是不能成功的,中国的发展离不开世界。当然,像中国这样大的国家搞建设,不靠自己不行,主要靠自己,这叫作自力更生。但是,在坚持自力更生的基础上,还需要对外开放,吸收外国的资金和技术来帮助我们发展。"独立自主、自力更生是从中国实际出发,依靠群众进行革命和建设的必然结论。1982年6月,邓小平说:"从50年代中期到70年代,即在建国30多年的时间里大体有二十几年,我们完全或基本上处于没有外援的状况,主要靠自力更生。没有外援也有好处,迫使我们奋发努力。在这种精神的激励下,我们在此期间搞出了原子弹、氢弹、导弹,发射了人造卫星,等等。""独立自主不是闭关自守,自力更生不是盲目排外。"我国的革命和建设,包括国防现代化建设在内,不是也不可能独立于世界之外,我们在任何时候都需要争取外援,特别需要学习外国一切对我们有益的先进事物。但是,同样重要的是,在任何时候,我们都要保持清醒的头脑,不能抱不切实际的幻想。因为,国防科学技术牵涉到战争胜负、国家安危,是国家最高利益之所在。当前国际形势虽然趋于缓和,但并没有改变西方国家企图垄断和把持高技术和敏感技术的实质,这已成为他们推行强权政治乃至对社会主义国家实行"和平演变"的重要战略手段。

(二)邓小平军队建设思想的地位和作用

邓小平军队建设思想在无产阶级军事理论中占有十分重要的地位,对指导我军建设和军事斗争具有重大的现实意义。

1. 邓小平军队建设思想是当代马克思主义军事理论

邓小平军队建设思想作为邓小平理论的重要组成部分,产生和形成于我国社会主义现代化建设和改革开放的伟大实践之中。它的形成和发展,既是邓小平对当今国际形势冷静观察和正确判断的结果,又是对新时期我国国情、军情进行实事求是的科学分析的产物,具有鲜明的时代特征。这一思想,着眼于马克思主义军事理论在新的历史条件下的运用,着眼于对国际战略形势和我国国情的深刻分析,着眼于新时期我军建设的实际,是具有中国特色的当代马克思主义军事理论。

2. 邓小平军队建设思想是军队和国防建设实践的科学指南

邓小平军队建设思想揭示了和平时期军队和国防建设的基本规律,把当今世界各国国防和军队建设的一般规律和原则,同我国、我军实际情况有机结合,把我军传统的经验原则同新时期、新情况有机结合;抓住我军建设的主要矛盾,创造性地回答和解决了在经济基础不发达国家建设现代化军队所亟待解决的一系列重大理论和实际问题。邓小平新时期军队建设思想作为邓小平理论的重要组成部分,是一个完整的科学体系,是新时期我军和国防建设的科学指南。

3. 邓小平军队建设思想是我军做好军事斗争准备的指导原则

邓小平军队建设思想揭示了现代战争的特点和规律,为现代高技术条件下局部战争的作战指导提供了理论武器。邓小平提出的和平与发展的新理论,极大地丰富了马克思主义的战争观;他提出的现代条件下的人民战争理论,强调把建设强大的常备军与建设强大的后备力量相结合;他为我军制定了新时期积极防御战略方针,赋予其具有时代特点的新内涵;他为我军建设确定的总目标,强调以现代化建设为中心,按照现代战争的客观要求,全面加强军队质量建设,做好军事斗争准备,等等。这些不仅是新时期军队和国防建设的依据,同时也是赢得高技术条件下局部战争胜利的锐利思想武器。

中国人民解放军军衔等级

解放军军官衔分为3等10级:将官3级(上将、中将、少将);校官4级(大校、上校、中校、少校);尉官3级(上尉、中尉、少尉)。

少尉:一杠一星,排职

中尉:一杠两星,排职、正/副连职

上尉:一杠三星,正/副连职、副营职

少校:两杠一星,正/副营职、副团职

中校:两杠两星,正营职、正/副团职

上校:两杠三星,正团职、副师职

大校:两杠四星,正/副师职、副军职

少将:橄榄枝加一星,正师职、正/副军职、副大军区职

中将:橄榄枝加两星,正军职、正/副大军区职

上将:橄榄枝加三星,正大军区职到中央军事委员会副主席(上将为我国目前最高军衔,中央军事委员会主席不授衔)

三、江泽民国防和军队建设思想

江泽民国防和军队建设思想是以江泽民为核心的党的第三代领导集体,继承和发展毛泽东军事思想、邓小平军队建设思想,根据时代发展的新要求、新任务,创立的新时期我军建军学说;是我军新时期革命化、现代化、正规化建设的纲领。

(一)江泽民国防和军队建设思想的主要内容

1997年,江泽民指出:"对于新时期军队建设,有两个重要的问题是我始终加以关注的:一个是在复杂的国际环境中,我军能不能跟上世界军事发展的趋势,打赢未来可能发生的高技术局部战争;一个是在社会主义市场经济和对外开放条件下,我军能不能保持人民军队的性质、本色和作风,始终成为党绝对领导下的革命军队。"也就是

江泽民国防和军队建设思想的主要内容

说,"打得赢""不变质"是贯穿江泽民国防和军队建设思想的两条主线。以江泽民为核心的党中央、中央军委关于军队和国防建设的一系列重大决策,都是围绕这两条主线制定的。

1. 从国际关系全局和国家发展大局思考国防和军队建设

(1)科学分析国际战略形势,正确把握战争与和平的关系。20世纪80年代末至90年代初,东欧剧变,苏联解体,国际战略格局发生了重大变化。唯一超级大国美国加紧对我国实行西化、分化。在这种形势下,以江泽民为核心的第三代领导集体,经过冷静观察和科学分析,对国际战略形势的发展以及战争与和平问题作出了基本判断:"国际形势缓和的大趋势不会逆转,争取一个良好的国际环境和周边环境仍然是可以实现的,必须坚定不移地进行改革开放,继续加快现代化建设的步伐,集中力量发展自己。"同时,党中央也明确意识到,霸权主义和强权政治仍然存在,世界上一些地区的局部战争和武装冲突不可避免。

(2)新时期军队作用更加重要,军队的地位只能加强不能削弱。1990年,江泽民指出:"我们不仅在战争环境下要重视和加强军队建设,在相对和平时期,同样要重视和加强军队建设。有了一支与我们国家地位相称的强大军队,无论出现什么突发事件,都能从容应付,立于不败之地。"这表明新时期加强国防和军队建设的重要性。

(3)国防建设必须服从和服务于国家经济建设大局,两者要相互促进,协调发展。以江泽民为核心的第三代领导集体,一直坚持和贯彻"军队要服从整个国家建设大局"这个重要思想。同时,江泽民又从国际战略全局出发,根据国家经济不断发展的实际,高度重视国防和军队建设,在两者关系的把握上又有创新,提出既要服从大局,两者又要相

互促进,协调发展。所以,近年来,国家在财政收入大幅增长的基础上,加大对国防和军队建设的投入,有重点地发展武器装备,便是这一思想的体现。

2. 以"三个代表"重要思想指导军队建设,坚持党对军队的绝对领导

党对军队绝对领导的原则,是中国共产党把马克思列宁主义关于阶级、政党、国家、军队相互关系的学说和无产阶级军队建设理论同中国革命的具体实践相结合的产物。中国共产党的性质和领导地位、中国人民解放军的职能和任务,都决定了军队必须置于党的绝对领导之下。坚持党对军队的绝对领导,是江泽民始终强调的一个重大政治原则问题,是我军永远不变的军魂,是我军特有的政治优势。江泽民在"七一"重要讲话中集中阐述了"三个代表"重要思想,同时强调在新的形势下要坚持党对军队的绝对领导的根本原则,努力把我军建设成为一支强大的现代化、正规化革命军队。坚持党对军队的绝对领导的根本目的,在于永葆人民军队的性质、本色和作风,使军队永远忠于人民、忠于社会主义国家。

3. 按照"五句话"总要求,加强军队全面建设

邓小平关于新时期军队建设的总目标——"必须把我军建设成为一支强大的现代化、正规化的革命军队",就是要使军队强大。如何把这个总目标贯彻到军队全面建设中去,落实到各项工作中去,是全军广大指战员非常关注的问题。在党的十四大报告中,江泽民指出:"使全军部队做到政治合格、军事过硬、作风优良、纪律严明、保障有力。"这"五句话"已成为新时期军队建设的总要求,同时也成为检验总目标实现程度的重要尺度;这"五句话"涵盖了新时期我军建设的各个方面,是邓小平新时期军队建设思想的实际运用,具有很强的实践性和操作性。

"五句话"总要求,从认识论和方法论上解决了军队建设全面推进的指导思想,理顺了军队各个方面协同一致的关系,明确了军队建设的基本标准,成为实现新时期军队建设总目标必须遵循的行动准绳。贯彻"五句话"的总要求,必须抓好基层建设。军队的基础在基层,基础不牢,地动山摇。基层工作搞不好,抓什么都会落空。贯彻"五句话"的总要求,关键要改进领导作风,狠抓工作落实。领导者首先要正确决策,在作出决策以后,就要狠抓落实,干实事,求实效,不空谈。

4. 把军事斗争准备的基点放在打赢高技术条件下的局部战争上

新中国成立以后,我军实行积极防御的战略方针,维护国家主权和安全。在新的历史条件下,江泽民指出:"一个国家、一个民族,要生存和发展,要在竞争激烈的国际环境中站稳脚跟,就不能没有正确的军事战略方针。国防建设要贯彻积极防御的战略方针。在当前复杂多变的国际新形势下,为了掌握战略主动,我们必须确立正确的军事战略方针。"

江泽民要求全军要站在时代发展前沿,密切关注国际战略形势发展变化的各种动向,预测战争发生与发展的可能。正确处理国际间的各种关系,对国际上的各种关系到我国安全的事件及时作出必要的有力反应。积极贯彻"冷静观察、稳住阵脚、沉着应付、韬光养晦、善于藏拙、决不当头、有所为有所不为的战略方针"。研究现代技术特别是高技术条件下局部战争的特点和规律,把思想认识进一步统一到中央的战略决策上来。努力发展具有我军特色的作战思想,努力解决好诸军兵种的联合作战问题,立足于最困难、最复杂情况,充分做好战争准备。在战争指导上坚持你打你的、我打我的,依据战争的矛盾法则周密进行战略筹划,把战略指导和作战思想建立在客观实际的基础上。

5. 坚持和发展人民战争的战略思想,充分发挥人民战争的整体威力

人民战争是我们以弱胜强、克敌制胜的法宝,是我们的传统优势。江泽民认为,应付现代技术特别是高技术条件下的局部战争,现阶段我们确有困难,但我们也有自己的优势,我们真正的优势还是人民战争。我们要结合新的历史条件和新的实践,坚持和创造性地发展人民战争思想。在高技术条件下,人民战争的地位不是降低了,而是更高了,人民群众参战、支前的内容和方式更多了,人民战争的历史舞台更加广阔了。

加强军队建设的同时要重视国防后备力量建设。对预备役部队和民兵要保持其适度规模,优化其结构,提高其快速动员能力和训练水平,使其真正做到招之即来、来之能战。按照"平战结合、军民结合、寓兵于民"的方针,进一步调整和完善国防动员体制,提高国防动员能力,使我们雄厚的综合国力能够在战时迅速转化成战争实力。要深入持久地开展国防教育,增强全民国防观念;要深入持久地开展拥政爱民、拥军优属工作,进一步巩固军政、军民团结。

6. 认真贯彻"三个代表"重要思想,把思想政治建设摆在全军各项建设的首位

江泽民军队建设"五句话"的总要求把政治合格放在首位,说明思想政治工作在我军的重要地位。新的历史时期,军队的战斗力、凝聚力靠什么保障? 一是靠强有力的思想政治工作;二是靠军事训练。江泽民指出:"搞好军队的思想政治建设,是搞好军事训练、后勤保障以及整个军队现代化建设的重要基础。思想政治建设是革命化建设的核心,是引导全军干部战士抵制腐蚀、永葆人民军队本色的可靠保证。我们必须高度重视部队的思想政治建设,把它摆在全军各项建设的首位。"新时期军队思想政治建设的使命和根本任务,就是为"打得赢""不变质"提供强大的精神动力和可靠的政治保证。

7. 实施科技强军,走有中国特色的精兵之路

以江泽民为核心的党的第三代领导集体,把"加强军队质量建设,依靠科技强军,走有中国特色的精兵之路,加快我军的现代化建设,提高我军的现代技术特别是高技术条件下的作战能力"作为今后军队建设的重要指导思想,为我军的建设和改革指明了方向。

走科技强军和精兵之路是迎接世界军事变革严峻挑战的迫切需要,势在必行。当前高新技术正在世界范围内迅猛发展,高新技术的广泛应用,正在引发军事领域里一系列革命性的变化。20世纪90年代以来,美国、法国、英国、德国等大都朝着减少军费开支、裁减现役员额、缩减部队编制、提高人员素质、改善武器装备等方向发展。世界军事发展的强劲势头对我军质量建军和武器装备现代化提出了严峻挑战。

8. 把培养和造就大批高素质新型军事人才作为一项刻不容缓的战略任务

新时期,江泽民把培养高素质的军事人才摆在十分突出的位置。他指出,"军队的现代化,人员素质是个至关重要的因素"。"人才是兴军之本,必须把培养和造就大批高素质人才作为军队现代化建设的根本大计来抓"。在世界新军事变革的挑战面前,我军要加速实施人才战略工程,争取经过一二十年的努力,培养和造就满足未来高技术战争需要的"五支队伍":具有战略眼光、能够把握世界军事发展趋势、懂得信息化战争指挥和信息化建设的指挥军官队伍;具有较高科学文化素养和全面军事素养、善于对军队建设和作战问题出谋划策的参谋队伍;能够站在科学前沿组织谋划武器装备创新发展和关键技术攻关的科学家队伍;精通新式武器装备性能、能够迅速排除故障、解决难题的技术专家队伍;具备专业技术基础、能够熟练掌握和使用手中武器的士官队伍。

9. 完成机械化和信息化建设的双重历史任务,实现我军现代化跨越式发展

高技术战争中,军队的作战方式和作战手段呈现出崭新的面貌,战争形态也从机械化向信息化转变。新军事革命,实质上是一场军事信息化革命。当前,我军处在机械化建设任务尚未完成、同时又要向信息化建设过渡的特殊阶段。江泽民指出:"西方资本主义国家称霸世界几百年,一个重要原因就是它们首先掌握和运用了先进的科学技术,在经济上、军事上对其他国家形成了压倒性的优势。"我们必须乘国家加快经济和社会信息化发展之势,在加强军队机械化建设的同时,加快军队信息化建设,以信息化带动机械化,最大限度地发挥后发优势,努力争取我军建设的跨越式发展。

(二)江泽民国防和军队建设思想的地位和作用

江泽民国防和军队建设思想总结了党的十三届四中全会以来我国国防和军队建设的基本经验,揭示了新的历史条件下国防和军队建设的客观规律,是"三个代表"重要思想在军事领域的展开和延伸,是人民军队现代化建设理论的重大创新。

1. 江泽民国防和军队建设思想是"三个代表"重要思想在军事领域的集中体现

江泽民指出:"全面推进有中国特色的社会主义事业,全面推进党的建设新的伟大工程,最根本的是要在各项工作中全面贯彻'三个代表'思想。"把"三个代表"重要思想贯彻和应用到当代中国的军事领域,其理论表现就是江泽民国防和军队建设思想。学习和实践江泽民国防和军队建设思想,就是学习和实践"三个代表"重要思想。

2. 江泽民国防和军队建设思想丰富和深化了马克思主义军事理论

在马克思主义军事理论的发展史上,邓小平同志提出了社会主义国家和平时期的国防和军队建设问题,江泽民同志则在理论上比较全面系统而又深刻具体地回答了这一问题,并在实践中成效显著地推进了这一建设。

江泽民通过自己创造性的实践,坚持、继承和发展了毛泽东军事思想和邓小平军事理论,丰富了无产阶级军事思想宝库。他在军事领域提出了与国家现代化建设进程相适应的发展目标和步骤;作出了新时期军队建设以政治为主要内容的具有崭新时代特征的重要论述。江泽民国防与军队建设思想是我军新时期军队建设的指导思想和行动指南,是我军走有中国特色的精兵之路的强大理论武器。

3. 江泽民国防和军队建设思想是新世纪国防和军队建设的理论指南

江泽民国防和军队建设思想是以江泽民同志为核心的第三代领导集体,将马克思主义军事理论的基本原理同新形势下国防和军队建设的具体实践相结合所得到的经验结晶和理论升华,对新形势下的中国军事有重要的指导意义。实践证明,我国的国防和军队建设与时俱进,不断研究新情况、解决新问题、开拓新境界、实现新飞跃,经受住了严峻考验,取得了长足进步。

四、胡锦涛国防和军队建设思想

胡锦涛从治党、治国、治军的战略高度,在科学把握当前世界军事发展的总体趋势和客观规律的基础上,注重国防与军队建设,提出了一系列加强国防与军队建设的新思想、新观点。

(一)胡锦涛国防和军队建设思想的主要内容

1. 用科学发展观指导国防和军队建设

胡锦涛国防和军队建设贯彻落实"科学发展观"的一系列重要论述,是新世纪、新阶段国防和军队建设又好又快发展的科学指南。

胡锦涛国防和军队建设思想的主要内容

当今世界和当代中国正在发生广泛而深刻的变化,所面临的机遇和挑战前所未有。因此,国防和军队建设贯彻落实"科学发展观",是适应国家安全形势发展变化的迫切要求,是实现国防建设与经济建设协调发展的必然要求,是新世纪、新阶段军队建设发展的内在要求。

胡锦涛指出:"新世纪、新阶段国防和军队现代化建设的发展,是融入国家现代化战略全局、与国家安全和发展利益相适应的发展,是注重全面建设,革命化、现代化、正规化相统一的发展,是坚持以人为本、推动军队建设与促进官兵素质全面发展相一致的发展,是走中国特色精兵之路,速度、质量、效益相协调的发展。"这一重要论述表明,国防和军队现代化建设,关键是做到好中求快。又好又快发展是全面落实"科学发展观"的本质要求,是军队贯彻落实"科学发展观"的根本着眼点。

国防和军队建设贯彻落实"科学发展观",必须坚持党对军队的绝对领导和我军的性质、宗旨,着眼于履行使命,提高打胜仗的能力,加强全面建设,统筹国防建设与经济建设、中国特色军事变革与军事斗争准备、机械化建设与信息化建设、诸军兵种作战力量建设、当前建设与长远发展、主要战略方向建设与其他战略方向建设,推动军事理论、军事技术、军事组织、军事管理创新,加快转变战斗力生成模式,坚持军民结合、寓军于民,实现国防和军队建设全面协调可持续发展。

2. 忠实履行新世纪新阶段历史使命

进入21世纪,中国发展跨入一个重要的战略机遇期,中国国防和军队建设也是如此。胡锦涛站在时代的前沿,着眼于国家利益和军队建设与发展的战略全局,根据军队所处的国际、国内环境发生的重大变化,确立新世纪、新阶段军队新的历史使命。他指出:"军队要为党巩固执政地位提供重要的力量保证,为维护国家发展的重要战略机遇期提供坚强的安全保障,为维护国家利益提供有力的战略支撑,为维护世界和平和促进共同发展发挥重要作用。""三个提供、一个发挥"的历史使命,是胡锦涛科学分析国际战略形势、我国安全环境以及我军建设状况,着眼我国综合国力增强、国际地位提升、国家发展战略变化的新需要,对新世纪、新阶段我军地位作用和职能任务作出的新概括,体现了党对军队的新要求,为我军建设发展指明了方向。

3. 积极推进中国特色军事变革

胡锦涛明确提出"加快中国特色军事变革",强调"改革创新是推进国防和军队建设、加快中国特色军事变革的强大动力",为在新的、更高的起点上加快中国特色军事变革提供了科学指南。

胡锦涛强调,要密切关注、主动适应世界军事变革发展趋势,坚定不移、奋发有为地推进中国特色军事变革;要审时度势、锐意进取,采取措施、积极应对,加速推进、不断深化中国特色军事变革;要只争朝夕、埋头苦干,以强烈的事业心和责任感推动中国特色军事变革。这些重要论述表明了中国共产党人对世界军事变革发展规律的深刻认识,对国家安全形势的忧患意识和对加快中国特色军事变革的重大责任意识,对不断提高我国的战略能力特别是军事能力,努力夺取国际军事竞争的战略主动、进而夺取政治主动和外交主动,具有重大的理论和实践意义。

4. 继续加强军队思想政治建设

在新世纪、新阶段,胡锦涛深刻洞察和把握国内外思想政治动态和世界军事发展趋势,着眼于有效履行我军历史使命,对我军思想政治建设提出了许多新思想、新观点、新论断,为全面推进我军思想政治建设指明了方向。胡锦涛关于我军思想政治建设的重要论述坚持解放思想、实事求是、与时俱进的思想路线,体现面向世界、面向未来的战略视野,体现紧跟时代精神的创新意识,体现求真务实的科学精神,集中反映了新形势下我军思想政治建设的成功经验和特点规律,是对毛泽东、邓小平、江泽民关于军队思想政治建设重要思想的继承、丰富和发展,是新形势下我军思想政治建设的科学指南。

5. 富国和强军是加强国防和军队建设的必由之路

在十七大报告中,胡锦涛提出"在全面建设小康社会进程中实现富国和强军的统一"。这一重要战略思想对于发展中国特色社会主义、实现中华民族伟大复兴,具有重大而深远的意义。富国和强军都是我国现代化建设的战略任务,是发展中国特色社会主义、实现中华民族伟大复兴的重要基石。实现富国和强军的统一,关键是统筹好经济建设和国防建设。经济实力的增强是国防和军队建设发展的前提基础,国防和军队建设的发展又为国家发展提供可靠的安全保障。既充分利用经济社会发展成果推进国防和军队现代化建设,又积极发挥国防和军队现代化建设对经济社会发展的重要拉动作用,使富国和强军统一于全面建设小康社会的伟大实践。

(二)胡锦涛国防和军队建设思想的地位和作用

1. 胡锦涛国防和军队建设思想是当代中国马克思主义军事理论的创新

在革命、建设和改革的不同历史时期,先后形成了毛泽东军事思想、邓小平新时期军队建设思想和江泽民国防与军队建设思想三大军事理论成果。军队的历史使命是马克思主义军事理论的重要内容,是实施军事战略指导必须首先回答和解决的重大课题。胡锦涛坚持以马克思主义军事理论为指导,创造性地运用党的三代中央领导集体在国防和军队建设上的成功经验,揭示新世纪、新阶段我军的历史使命,为我们在实践中坚持和发展马克思主义军事理论开辟了新的视野。"三个提供、一个发挥"的历史使命,是科学发展观在国防和军队建设中的运用和展开,科学地回答了新世纪、新阶段国防和军队建设朝什么方向发展、如何科学发展,未来战争需要什么样的军事力量、如何科学运用军事力量等时代课题。胡锦涛国防和军队建设思想反映了我军建设的客观要求,指明了新世纪、新阶段我军的奋斗目标和前进方向,丰富和发展了我们党军队现代化建设总目标的思想。

2. 胡锦涛国防和军队建设思想是新世纪、新阶段国防和军队建设实践经验的科学总结

新世纪、新阶段,世界军事变革加速发展,各主要国家纷纷制定新的军事战略,加快军队建设整体转型,抢占世界军事竞争的战略制高点。随着世界政治、经济、军事形势的发展和我国改革开放的深入,国家利益日益发展,影响国家安全的不稳定、不确定因素不断增多,国家安全问题的综合性、复杂性、多变性进一步增强,维护国家安全面临许多新的挑战。一个政党、一支军队,要想立于不败之地,始终走在时代前列,离不开科学理论的指导。胡锦涛注重根据实践的发展而创新军事理论,与时俱进。基于我国综合国力增强、国际地位提升、国家利益发展的需要,提出要努力建设一支与我国地位相称、与维护国家安全和发展利益相适应的现代化军事部队。在军事战略指导上,胡锦涛提出,要拓展安全和军事战略视野,提高维护海洋安全、太空安全和电磁安全的战略能力,有效提高应对危机、维护和平、遏制战争、打赢战争的能力等,为马克思主义军事理论注入新的时代内容。这是与时俱进的我们党军事指导理论所创造的新的理论成果。

3. 胡锦涛国防和军队建设思想是新世纪、新阶段国防和军队建设发展的科学指南

胡锦涛国防和军队建设思想,从贯彻落实科学发展观的高度,着眼国防和军队建设全局,回答了新形势下军队建设与改革的一系列重大问题,为加强军队革命化、现代化、正规化建设提供了科学指南。它提出了新世纪、新阶段我军的历史使命,为军队全面建设提出了更高的要求。履行好军队的历史使命,是军队各项建设和各项工作的出发点和落脚点。胡锦涛国防和军队建设思想,不仅为军队建设和改革提出了基本要求,它所蕴含的科学世界观和方法论,也为我们观察和思考军事问题提供了科学指南。我们要有科学的世界观和战略眼光,自觉把军队建设与改革放到国际战略格局深刻变化的大背景下去思考,放到当代科学技术飞速发展和世界军事变革不断推进的大趋势下去思考,放到党带领人民实现民族伟大复兴的历史进程中去思考。它是坚持从不断发展变化的实际出发,研究解决军队建设重大现实问题的集中体现,是与时俱进、求真务实时代精神的集中体现,是我们研究新情况、解决新问题的重要依据,是新世纪、新阶段军队建设发展的强大思想武器和科学指南。

五、习近平强军思想

党的十八大以来,习近平着眼坚持和发展中国特色社会主义、实现中华民族伟大复兴,立足国家安全和发展战略全局,围绕强军兴军作出一系列重要论述,提出一系列重大战略思想、重大理论观点、重大决策部署,形成了习近平强军思想。

(一)习近平强军思想的形成和意义

1. 习近平强军思想的时代背景

党的十八大以来,面对国际战略格局和国家安全形势的深刻变化,如何建设一支与我国国际地位相称、与国家安全、发展利益相适应的国防和军队,是党中央、中央军委和习近平主席始终高度关注的重大战略问题。

纵观国际、国内形势,我国仍处在可以大有作为的重要战略机遇期,但所面临的重要战略机遇期的内涵和条件都发生了新的变化。"新的历史起点""新的历史特点",就在于我们开启了实现中国梦、强军梦的新征程;就在于一个古老民族由大到强的进程中,机遇与挑战前所未有,风险与考验世间罕见。一些西方国家不愿意看到中国发展壮大,千方百计进行战略遏制和围堵。我国周边领土主权争端、大国地缘竞争、军事安全较量、民族宗教矛盾等问题更加凸显,特别是海上安全云谲波诡,生乱的可能性极大。

从国内看,改革开放和现代化建设进入发展的关键阶段、改革攻坚期、矛盾凸显期。我国具备非常有利的发展条件,同时发展不全面、不协调、不充分问题比较突出,长期积累的深层次矛盾日益显露,各种可以预料、难以预料的风险和问题将会增多,维护国家安全稳定、实现祖国和平统一的任务艰巨。

世界新军事革命的加速发展,也对国防和军队建设提出了严峻挑战。随着以信息技术为核心的高新技术的迅猛发展,军事技术和战争形态正在发生革命性的变化,世界主要国家都在加紧军事转型,意图抢占未来军事竞争的制高点。鉴于此,我们要认识到我军现代化水平与国家安全需要还有很大差距,与世界先进军事水平仍存在差距,我军现代化水平与打赢信息化条件下局部战争的要求不相适应,军事能力与履行现阶段军队使命的要求不相适应的矛盾依然十分突出。

我军30年没有打过仗,未经历过信息化条件下的实战锻炼。在长期和平环境下,如何保持军队常备不懈,克服松弛思想、麻痹情绪,防止"不敢打仗""不能打仗""不会打仗",不断提高信息化条件下的实战能力;面对复杂的社会环境和官兵成分,如何始终保持军队政治坚定和纯洁巩固,如何始终保持人民军队的光荣传统和优良作风,都是需要努力破解的时代课题。

历史和现实昭示人们,没有一个巩固的国防,没有一支强大的军队,就没有一个国家、一个民族的真正崛起。习近平正是着眼于新的历史特点,着眼于时代发展变化对国防和军队建设提出的新要求,着眼于解决军队建设所面临的突出矛盾和问题,阐明了强军的动力在改革、出路在改革,坚定不移深化国防和军队改革。深化国防和军队改革是对我军未来的设计,我们不仅要通过改革赶上潮流、赶上时代,还要力争走在时代前列。

2.习近平强军思想的理论意义

习近平关于国防和军队建设重要论述,内涵丰富、思想深邃,是一个创新型的科学理论体系。在这个科学理论体系中,对当今世界和当代中国时与势的重大判断,是谋划推进国防和军队建设的基点;党在新形势下的强军目标,是加强军队建设、改革和军事斗争准备的根本引领;新形势下军事战略方针,是统揽军事力量建设和运用的总纲;更加注重聚焦实战、更加注重创新驱动、更加注重体系建设、更加注重集约高效、更加注重军民融合,是军队建设发展战略指导;深入推进政治建军、备战打仗、改革强军、依法治军,是强军兴军的战略举措和布局;全面加强军队党的建设,是军队建设发展的组织保证;军事辩证法思想,是推进强军事业的科学世界观和方法论。

习近平关于国防和军队建设重要论述,构成了一个逻辑严密的有机整体,深刻阐明了新的历史条件下国防和军队建设的历史方位、战略目标、使命任务、指导方针、科学方法等,进一步深化了我们党对军事力量建设和运用规律的认识,开拓了马克思主义军事理论和当代中国军事实践发展新境界。

中央军委
2020年1号命令

(二)习近平强军思想的核心要义

2015年3月12日,习近平总书记在中国十二届全国人大三次会议解放军代表团全体会议上,第一次明确提出:"把军民融合发展上升为国家战略。"

1.实现伟大复兴的中国梦离不开强军梦

实现中华民族伟大复兴,是中华民族近代以来最伟大的梦想。这个梦想是强国梦,对军队来说,也是强军梦。我们要实现中华民族伟大复兴,必须坚持富国和强军相统一,努力建设巩固国防和强大的军队。富国和强军,是实现中华民族伟大复兴的两大基石。没有一支强大的军队,没有一个巩固的国防,强国梦就难以真正实现。我们要牢记听党指挥这个强军之魂,能打仗、打胜仗这个强军之要,依法治军、从严治军这个强军之基,走中国特色强军之路,推动国防和军队建设跨越式发展,为实现"中国梦"提供坚强力量保证。

党的十九大提出,在中国共产党成立一百年时全面建成小康社会,在新中国成立一百年时建成富强、民主、文明、和谐、美丽的社会主义现代化国家。这"两个一百年"的奋斗目标,是与实现中华民族伟大复兴的中国梦相辅相成的。现在,我们比历史上任何时期都更接近民族复兴的伟大目标,比历史上任何时期都更有信心、有能力实现这个目标。建设一支强大人民军队是时代的要求,是实现中国梦的基础和前提,党在新形势下的强军目标鼓舞人心、催人奋进。

2. 强军兴军指明国防与军队的发展方向

在国防和军队建设长期实践中,我们不仅取得了举世瞩目的伟大成就,也积累了十分丰富的建军治军经验。比如,坚持党对军队的绝对领导的根本原则和制度,坚持把思想政治建设摆在全军各项建设首位,坚持以军事斗争准备为龙头带动军队现代化建设整体发展,坚持按照革命化、现代化、正规化相统一的原则加强军队全面建设,坚持把军事训练摆在战略位置来抓,坚持依靠科技进步提高军队建设质量,坚持依法治军、从严治军,坚持把改革创新作为军队建设发展的根本动力,坚持以人为本的建军治军理念,坚持走中国特色军民融合式发展道路等。这些经验反映了军队建设基本规律,符合我国国情、军情,是被实践证明有效的、必须长期坚持的指导原则。坚持运用好这些经验,对于推进强军兴军具有重要指导作用。

3. 听党指挥决定国防与军队建设的政治方向

建设一支听党指挥、能打胜仗、作风优良的人民军队,是党在新形势下的强军目标。党在新形势下的强军目标,是依据国家安全形势和国家核心安全需求而确立的,同时又成为强军实践的指引。牢牢把握党在新形势下的强军目标,就是要充分发挥这一目标的实践功能,推动强军目标转化为实践,转化为战斗力。

坚决听党指挥是强军之魂,必须毫不动摇地坚持党对军队的绝对领导,任何时候、任何情况下都坚决听党的话、跟党走。我军作为执行党的政治任务的武装集团,必须把听党指挥作为军队建设的首要。培养有灵魂、有本事、有血性、有品德的新时代革命军人,要确保部队绝对忠诚、绝对纯洁、绝对可靠,永葆人民军队的性质、宗旨、本色。保证党对军队的绝对领导,关系我军性质和宗旨、关系社会主义前途命运、关系党和国家长治久安,是我军的立军之本和建军之魂。切实加强军队中党的组织建设,确保党从思想上、政治上、组织上牢牢掌握部队,要坚持从政治上考察和使用干部,让枪杆子始终掌握在忠于党的可靠的人手中。

要始终把思想政治建设摆在军队各项建设首位,使坚持党对军队的绝对领导在官兵思想中深深扎根,确保全军在任何时候、任何情况下都坚决听从党中央、中央军委指挥。要始终保持部队建设坚定正确的政治方向,坚持不懈用中国特色社会主义理论体系武装官兵,坚持培养当代革命军人核心价值观,大力弘扬我军光荣传统和优良作风,进一步打牢高举旗帜、听党指挥、履行使命的思想政治基础。要严肃政治纪律和组织纪律,坚决维护党中央、中央军委权威,确保政令、军令畅通。

4. 扭住强军之要,牢固树立战斗力标准

能打仗、打胜仗是强军之要,是军队存在的价值所在,是党和人民对我军履行职能使命的根本要求,是部队一切工作的出发点和落脚点。军队是为打仗而存在的。一切工作都必须坚持战斗力标准,向能打仗、打胜仗聚集。我军是在战火中诞生、从战争中走来的英雄军队,虽然不同历史时期担负的具体任务不同,但作为战斗队的根本职能始终没有改变。党在建设人民军队的长期实践中,坚持把提高战斗力作为永恒课题。发展新型作战力量和保障力量,开展实战化军事训练,加快军事智能化发展,提高基于网络信息体系的联合作战能力、全域作战能力,有效塑造态势、管控危机、遏制战争、打赢战争。要深刻认识军队能打仗、打胜仗根本目标的重大政治意义,强化战斗队思想,把英勇善战、敢打必胜的优良传统发扬光大,确保能够决战决胜,不辱使命。

坚持以军事斗争准备为龙头带动现代化建设,全面提高部队以打赢信息化条件下局部战争能力为核心的完成多样化军事任务能力。强化官兵当兵打仗、带兵打仗、练兵打仗思想,牢固树立战斗力这个唯一的根本的标准,按照打仗的要求搞建设、抓准备,确保部队召之即来、来之能战、战之能胜。

5. 夯实强军之基,抓紧抓好作风建设

依法治军、从严治军是强军之基,必须保持鲜明的作风和铁的纪律,确保部队高度统一和安全稳定。从严治军是建设强大军队的铁律。必须夯实依法治军、从严治军这个强军之基,切实加大依法治军、从严治军的力度,坚持政治要求严、管理教育严、军事训练严、执行纪律严、落实制度严,坚决杜绝有法不依、执法不严、违法不究的现象,提高部队正规化建设水平。要强化纪律观念和号令意识,坚持按条令条例和规章制度办事,严格培育过硬战斗作风,培养一不怕苦、二不怕死的战斗精神,把部队建设成为听党指挥、能打胜仗、作风优良的战斗队。必须不折不扣地落实依法治军、从严治军方针,培养部队严守纪律、令行禁止、步调一致的优良作风。要始终把工作重心放在基层,把部队建设和战斗力的基础打得更加牢固。

作风优良,是人民军队的鲜明特征,是部队打得赢、不变质,圆满完成各项任务的重要保证。要继承和发扬毛泽东、邓小平、江泽民、胡锦涛培育的光荣传统和优良作风,奋力推进国防和军队现代化。要引导官兵强化忧患意识、危机意识、使命意识,做到信念不动摇、思想不松懈、斗志不衰退、作风不涣散,始终保持坚定的革命意志和旺盛的战斗精神。要切实加强军队反腐倡廉建设,军队干部要旗帜鲜明反对腐败,带头遵守廉洁自律各项规定。

6. 加强国防和军队建设,深化体制机制改革

建设与我国国际地位相称、与国家安全和发展利益相适应的巩固国防和强大军队,是我国现代化建设的战略任务。当前,我国面临的生存安全问题和发展安全问题、传统安全威胁和非传统安全威胁相互交织,要求国防和军队现代化建设有一个大的发展。按照强军目标建设部队,就抓住了我军全面建设的纲,构成了我军的核心能力,塑造出我军的特有优势。

党的十八大确定了国防和军队现代化建设"三步走"战略构想,到第一个百年即中国共产党成立一百年时(2021年)我军要基本实现机械化,信息化建设取得重大进展,战斗能力有大的提升。完成这一目标,任务十分艰巨。我们要抓住机遇,加快提高国防和军队现代化水平。全面推进军事理论现代化、军队组织现代化、军事人员现代化、武器装备现代化,力争到2035年基本实现国防和军队现代化,到本世纪中叶,把人民军队建成世界一流军队。

(1)深化军队体制编制调整改革。推进领导管理体制改革,优化军委部委机关职能配置和机构设置,完善各军兵种领导管理体制。健全军委联合作战指挥机构和战区联合作战指挥体制,推进联合作战训练和保障体制改革,建设强大的现代化陆军、海军、空军、火箭军和战略支援部队,打造坚强高效的战区联合作战指挥机构。完善新型作战力量领导体制。加强信息化建设集中统管。优化武装警察部队力量结构和指挥管理体制。优化军队规模结构,调整改善军兵种比例、官兵比例、部队与机关比例,减少非战斗机构和人员。依据不同方向安全需求和作战任务改革部队编成。加快新型作战力量建设。深化军队院校改革,健全军队院校教育、部队训练实践、军事职业教育三位一体的新型军事人才培养体系。

(2)推进军队政策制度调整改革。健全完善与军队职能任务需求和国家政策制度创新相适应的军事人力资源政策制度。以建立军官职业化制度为牵引,逐步形成科学规范的军队干部制度体系。健全完善文职人员制度。完善兵役制度、士官制度、退役军人安置制度改革配套政策,维护军人军属合法权益,让军人成为全社会尊崇的职业。健全军费管理制度,建立需求牵引规划、规划主导资源配置机制。健全完善经费物资管理标准制度体系。深化预算管理、集中收付、物资采购和军人医疗、保险、住房保障等制度改革。健全军事法规制度体系,探索改进部队科学管理的方式方法。

(3)形成军民融合深度发展格局。在国家层面建立推动军民融合发展的统一领导、军地协调、需求对接、资源共享机制,构建一体化的国家战略体系和能力。健全国防工业体系,完善国防科技协同创新体制,改革国防科研生产管理和武器装备采购体制机制,引导优势民营企业进入军品科研生产和维修领域。改革完善依托国民教育培养军事人才的政策制度。拓展军队保障社会化领域。深化国防教育改革,完善国防动员体系,健全国防动员体制机制,完善平时征用和战时动员法规制度。深化民兵预备役体制改革。调整理顺边海空防管理体制机制。

7. 坚持走和平发展道路但决不放弃我们的正当利益

中华民族是爱好和平的民族。消除战争,实现和平,是近代以后中国人民最迫切、最深厚的愿望。走和平发展道路,是中华民族优秀文化传统的传承和发展,也是中国人民从苦难遭遇中得出的必然结论。中国人民对战争带来的苦难有着刻骨铭心的记忆,对和平有着孜孜不倦的追求,十分珍惜和平安定的生活。中国人民怕的就是动荡,求的就是稳定,盼的就是天下太平。我们的和平发展道路来之不易,我们党始终高举和平的旗帜,从来没有动摇过。在长期实践中,我们提出和坚持了和平共处五项原则,确立和奉行了独立自主的和平外交政策,向世界作出了永远不称霸、永远不搞扩张的庄严承诺,强调中国始终是维护世界和平的坚定力量。

我们要坚持走和平发展道路,但决不能放弃我们的正当权益,决不能牺牲国家核心利益。绝不容忍国家分裂的历史悲剧重演。绝不允许任何人、任何组织、任何政党,在任何时候、以任何形式、把任何一块中国领土从中国分裂出去。任何国家不要指望我们会拿自己的核心利益做交易,不要指望我们会吞下损害我国主权、安全、发展利益的苦果。中国走和平发展道路,其他国家也都要走和平发展道路,只有各国都走和平发展道路,各国才能共同发展,国与国才能和平相处。我们要广泛深入宣传我国坚持走和平发展道路的战略思想,引导国际社会正确认识和对待我国的发展,中国发展绝不以牺牲别国利益为代价,我们绝不做损人利己、以邻为壑的事情,将坚定不移做和平发展的实践者、共同发展的推动者、多边贸易体制的维护者、全球经济治理的参与者。构建人类命运共同体,建设持久和平、普遍安全、共同繁荣、开放包容、清洁美丽的世界。

总之,国防和军队建设,必须放在中华民族伟大复兴这个大目标下来认识,服从服务于这个国家和民族最高利益。

(三)习近平强军思想的地位与作用

党的十八大以来,习近平站在时代高度,从坚持和发展中国特色社会主义、实现中华民族伟大复兴中国梦的战略全局统筹谋划国防和军队建设,作出一系列重要论述,把我们党对国防和军队建设重要地位作用的认识提升到新的高度。习近平关于国防和军队建设地位作用的重要论述,对于我们进一步增强建设巩固国防和强大军队的自觉性、坚定性,强化使命感、责任感,推动强国强军伟大历史进程,为实现中国梦提供战略支撑和力量保证,具有重要意义。

1.实现中华民族伟大复兴的中国梦的战略谋划

实现中华民族伟大复兴是中华民族近代以来最伟大的梦想,寄托着中国人民振兴中华、强国富民的共同夙愿。实现中国梦是党和国家工作大局;这个梦想是强国梦,对军队来说,也是强军梦。这就指明了中国梦与强军梦的内在统一性,阐明了建设巩固国防和强大军队的时代坐标、历史和现实依据。

军队是国家的重要组成部分,军事是政治的重要方面。从国家利益高度思考谋划国防和军队建设,从政治大局高度思考处理军事问题,是治党治国治军的一条基本规律。习近平强调,国防和军队建设,必须放在实现中华民族伟大复兴这个大目标下来认识,服从服务于这个国家和民族最高利益。这就进一步明确了以国家和民族最高利益为判断国防和军队建设地位作用的最高价值标准,提出了军事战略与国家战略相协调、军事力量发展与国家利益拓展相适应的根本要求。这是十八大报告提出"建设与我国国际地位相称、与国家安全和发展利益相适应的巩固国防和强大军队"之后,习近平对国防和军队建设地位作用作出的一个重大创新论断。

国防和军队建设必须在民族复兴的关键发展阶段发挥重要作用。随着我们前所未有地接近实现中华民族伟大复兴的目标,国家发展对国防和军队建设的要求进一步提高,国防和军队建设在国家发展中的作用日益凸显。虽然我国已成为世界第二大经济体,但强国的其他要素还不完备,国家尚处于"大而不强""将强未强"的关键发展阶段。在向强国跃升的关键阶段,我们面临前所未有的压力,越发展壮大,遇到的阻力和压力就会越大,面临的外部风险就会越多。这是我国由大向强发展进程中无法回避的挑战,是实现中华民族伟大复兴绕不过的门槛。国防和军队建设是国家安全的坚强后盾,军事手段始终是保底的手段。习近平强调,没有一个巩固的国防,没有一支强大的军队,中国梦就难以真正实现。

国防和军队建设必须为实现中华民族伟大复兴的中国梦提供坚强力量保证。实现中华民族伟大复兴的中国梦,离不开巩固的国防和强大的军队。习近平要求,国防和军队建设要为实现中国梦提供坚强力量保证。这就是说,国防和军队建设不仅要为实现中国梦创造良好的外部环境、提供坚强的安全保障,而且要为实现中国梦提供内在力量支撑,为向强国跃升发挥强大牵引作用。从世界强国崛起的规律看,强大的军事实力不仅是综合国力的重要组成部分,而且对经济社会发展有重要拉动作用,对国家的政权稳定和国际话语权有重要影响,对提升综合国力具有杠杆效应乃至系统聚合效应。在历史的新起点上,只有建设巩固国防和强大军队,才能为实现中国梦提供强大力量保证。

2. 全面推进中国特色社会主义伟大事业的大政方针

近年来,西方一些国家虽然遭到国际金融危机的重创,但西强我弱的总体格局并未改变。增强中国特色社会主义的生命力和竞争力,仍是我们面临的重大时代课题。为此,习近平对国防和军队建设的地位作用作出新的论述。深入学习贯彻这些重要论述,是全面推进中国特色社会主义事业的大政方针。

国防和军队建设必须为维护中国特色社会主义政治安全提供战略支撑。主权安全、领土完整、基本制度和核心价值观完好,是国家的核心利益,也是战略底线。只有守住战略底线,才谈得上发展。维护核心利益、坚守战略底线,是中国特色社会主义的独特优势得以发挥的前提所在。习近平站在坚持和发展中国特色社会主义的战略高度,强调决不能放弃我们的正当权益,决不能牺牲国家核心利益。这就明确了我们的核心利益和战略底线。国防和军队作为维护国家核心利益和战略底线的终极力量,是坚持和发展中国特色社会主义的战略基石。

国防和军队建设必须为全面推进中国特色社会主义事业发挥积极作用。中国特色社会主义总体布局越完善,其生命力就越强,优越性就越能充分发挥。新中国成立以来,我们党始终坚持把国防和军队建设作为中国特色社会主义事业的重要组成部分来思考和谋划。

国防和军队建设必须融入中国特色社会主义攻坚克难的历史进程。当前,中国特色社会主义处于全面深化改革的攻坚期和深水区,需要爬坡过坎、闯关夺隘。国防和军队建设必须融入这一历史进程。十九大以来对全面深化改革作出部署,将深化国防和军队改革与深化其他各领域改革进行统筹谋划,就是要通过改革促使我军的军事组织模式、制度安排和运作方式与整个国家的经济社会体制、运行方式相适应。习近平强调,要进一步做好军民融合式发展这篇大文章,坚持需求牵引、国家主导,努力形成基础设施和重要领域军民深度融合的发展格局。只有深入贯彻这一精神,才能使国防实力和军事实力的提升获得取之不尽、用之不竭的力量源泉,从而更好地为坚持和发展中国特色社会主义发挥战略支撑作用。

3. 推进国防和军队现代化的顶层设计

现实需求决定地位作用。新形势下,坚持和发展中国特色社会主义、实现中华民族伟大复兴的中国梦,对国防和军队现代化提出了新需求。习近平的一系列重要论述,正是站在新的历史起点对国防和军队现代化提出的更高要求。

把加强国防和军队建设作为国家的战略任务。建设中国特色社会主义,总任务是实现社会主义现代化和中华民族伟大复兴。这个总任务内在地包含着国防和军队建设的目标任务。国防和军队建设是中国特色社会主义总布局的重要组成部分。习近平强调国防建设是我国现代化建设的战略任务,并围绕实现中华民族伟大复兴的中国梦,提出了建设一支听党指挥、能打胜仗、作风优良的人民军队这一党在新形势下的强军目标。着眼实现强军目标,习近平强调要铸牢听党指挥这一强军之魂,扭住能打仗、打胜仗这一强军之要,夯实依法治军、从严治军这一强军之基,并从国家战略层面作出一系列重要部署。

用党的意志和国家行动破解国防和军队改革难题。当前,国防和军队改革进入攻坚期和深水区,要解决的大都是长期积累的体制性障碍、结构性矛盾,特别是我军现代化水平与国家安全需求相比差距还很大,与世界先进军事水平相比差距还很大。要解决这些制约国防和军队建设的突出矛盾和问题,单靠军队的力量是不够的,必须依靠全党和全国人民的力量,全面深化国防和军队改革。习近平强调,我们要抓住有利条件,加快推进国防和军队现代化,努力推动国防实力与经济实力同步发展。当前,中央把国防和军队改革纳入全面深化改革的顶层设计,明确了国防和军队改革的目标要求、指导原则、重点任务,国防和军队改革已上升为党的意志、国家行动。

当前,世界新军事革命加速发展,主要国家纷纷推进变革强军,以提升核心军事能力,争夺军事竞争的制高点,重塑国际军事竞争优势。面对汹涌的世界新军事革命大潮,我军必须激流勇进。习近平强调,世界新军事革命加速发展对我军提出严峻挑战,维护国家安全和发展利益的任务更加艰巨;要充分认清深化国防和军队改革的重要性和紧迫性,准确把握改革的目标和任务,牢固树立进取意识、机遇意识、责任意识,着力解决制约国防和军队建设发展的突出矛盾和问题,为实现强军目标提供强大动力和体制机制保证。这些重要论述符合变革强军的时代潮流,必将为我军赢得国际军事竞争优势发挥先导作用。我们要抓住机遇,加快推进中国特色军事变革,缩小同世界强国在军事实力上的差距,努力掌握国际军事竞争的战略主动权。

思 考 题

1. 简述军事思想的内涵与发展历程。
2. 简述毛泽东军事思想的主要内容、地位作用和现实意义。
3. 如何正确理解习近平强军思想的科学含义和主要内容?

第四章　现代战争

在人类历史的长河中,战争是一个影响极为深远的因素。在阶级社会中,战争是用以解决阶级和阶级、民族和民族、国家和国家、政治集团和政治集团间矛盾的最高斗争形式,也可以解释为使用暴力手段对秩序进行破坏与维护、击溃与重建。人类社会的发展史也是一部世界战争史,了解战争的历史是把握人类社会发展进步的重要途径。

第一节　战争概述

据统计,在地球上出现文明以来的5000多年中,先后发生了15000多次战争。战争始终对人类社会的发展产生着重大影响。一方面,战争促进了民族的融合和国家的形成,促成民族的独立、新生国家的诞生以及国家内部政权的更迭。另一方面,战争也制约着人类社会的发展和进步。

一、战争的内涵、形态和目的

1. 战争的内涵

按《中国人民解放军军语》解释:战争是敌对双方为了一定的政治、经济目的,有组织、有计划地使用武力进行的激烈的军事对抗活动;是解决阶级、民族、政治集团、国家之间矛盾冲突的最高斗争形式;其本质是政治通过暴力手段的继续。正像普鲁士军事思想家克劳塞维茨所说"战争无非是政治通过另一种手段的继续"。

2. 战争形态的划分

战争形态是指以主战兵器技术属性为主要标志的战争历史阶段的表现形式和状态。对于战争形态的划分,人们探讨和研究得比较多,也一直没有停止过对这一问题的辩论。它主要有"三代说""四代说""六代说""九代说""十代说"和"二十代说"等。当前采用较多的是"三代说""四代说"。

"三代说"是美国的托夫勒提出的。他认为人类社会先后出现过三种战争形态:第一种是农业革命引起的第一次浪潮战争,即冷兵器战争;第二种是工业革命引起的第二次浪潮战争,即机械化战争;第三种是工业社会向信息化社会过渡时期正在发生的第三次浪潮战争,即我们现在所说的信息化战争。这种三次浪潮理论,在我国20世纪80年代非常流行。

"四代说"是我国的军事学者梁必清提出的。他认为人类社会经历了四种战争形态：第一种是金属化战争，即冷兵器战争，也称使用金属兵器的战争；第二种是火器化战争，即热兵器战争，也称火药产生后的战争；第三种是机械化战争，即火力和机械动力结合之后的战争；第四种是信息化战争。

"六代说"是俄罗斯少将斯利普琴科提出的。他认为到目前为止，战争经历了六代：第一代是步兵和骑兵出现后接触式的徒手战争；第二代是火药和滑膛枪出现后的接触性沟壕式战争；第三代是线膛炮和来复枪出现后的战壕和散兵壕式战争；第四代是坦克、飞机出现后的陆地战壕式接触战争；第五代是核武器出现后的非接触式核战争；第六代是信息化武器出现后的、可以在任何距离以非接触方式摧毁任何国家经济潜力的战争。其中，他认为前四代是接触性战争，后两代是非接触性战争。当时，斯利普琴科曾预言，2010年后第六代战争将全面登台亮相。

"九代说"是中国学者董子风提出的。他认为人类典型战争形态有徒手式战争、木制化战争、金属化战争、火药化战争、机械化战争、核战争、信息化战争、智能化战争和结构化战争九种。

3. 战争的目的

战争的目的是通过战争手段想要达到的最终结果，包括战争的政治目的、经济目的和军事目的等。战争的目的直接影响战争的规模、时间和结局。战争的政治目的是进行战争的阶级、民族和国家在政治上所要达到的根本目标。战争的经济目的是为了追求一定的经济利益。战争的军事目的、政治目的、经济目的相互关联，融为一体。战争的目的集中表现为战争的政治目的，但达成战争的军事目的是达成政治目的的前提。

虽然和平与发展是当今世界时代的主流，但是，霸权主义和强权政治依然存在，局部冲突和热点问题此起彼伏，全球经济失衡加剧，南北差距拉大，传统安全威胁和非传统安全威胁相互交织，世界和平与发展面临诸多难题和挑战。继海湾战争、科索沃战争、阿富汗战争、伊拉克战争之后，北非和中东地区持续动荡加剧，由于境外势力的干预，导致埃及和利比亚政权更迭。现在的叙利亚局势正处在持续动荡之中。可见，当今世界并不太平。

"国无防不立"。我们研究战争的目的，就是培养忧患意识和国防意识。探讨战争、研究战争，就是要在和平年代不断用新的战争观念，不断地用新的战争手段，来应对未来可能爆发的战争，建设和巩固我们的国防，保证我们的祖国和人民不受丧权辱国的屈辱，为中华民族的复兴梦保驾护航。

二、战争发展历程

"兵无常势，水无常形。"①战争形态是指在相当长的一个历史时期里，战争所表现出

---

① 《孙子兵法》。

来的形状和稳定的运动状态。恩格斯指出："一旦技术上的进步可以用于军事目的并且已经用于军事目的，它们便立刻几乎强制地，而且往往是违反指挥官意志而引起作战方式上的改变（量变）甚至变革（质变）。"可见科学技术进步是战争形态演变的物质基础和重要动力。战争形态演变是战斗力生成模式和科学技术水平相互促进牵引，由低级到高级、由局部到全局、由量变到质变的渐进发展过程。总体上看，政治的性质、经济的状况和军事技术的发展综合影响着战争形态的发展变化趋势。

战争构成的一般要素是人、武器装备和组织体制等，这些要素共同决定着战争形态。在传统的战争形态中武器至关重要，所以，按照武器装备特征，将战争形态划分为冷兵器战争、热兵器战争、机械化战争和信息化战争四个阶段。本节着重介绍冷兵器战争和热兵器战争。

1. 冷兵器[①]及战争

冷兵器出现于人类社会发展的早期，由耕作、狩猎等劳动工具演变而成，随着战争及生产水平的发展，经历了由低级到高级、由单一到多样、由庞杂到统一的发展完善过程。冷兵器有广义和狭义之分，狭义的冷兵器指不带有火药、炸药或其他燃烧物，在战斗中直接杀伤敌人，保护自己的近战武器装备；广义的冷兵器则指冷兵器时代所有的作战装备。冷兵器的发展经历了石器时代、青铜时代和铁器时代三个阶段。冷兵器按材质分为石、骨、蚌、竹、木、皮革、青铜、钢铁等兵器；按用途分为进攻性兵器和防护装具，其中进攻性兵器又可分为格斗、远射和卫体三类；按作战方式分为步战兵器、车战兵器、骑战兵器、水战兵器和攻守城器械等；按结构形制分为短兵器、长兵器、抛射兵器、系兵器、护体装具、战车、战船等。火器时代开始后，冷兵器已不是主要的作战兵器，但因其具有特殊作用，故一直沿用至今。

古代许多冷兵器是由复合材料制成并兼有两种以上用途、性质，因此，以其主要材料和用途、性质划分类别。世界各国、各地区冷兵器的发展过程各有特点，但基本可归结为石木兵器时代、铜兵器时代、铁兵器时代和冷兵器、火器并用时代。其中，石木兵器时代延续的时间最长。

由于古代武器装备的约束，冷兵器战争从布阵开始，以步兵为主，弓箭为先。布阵是围绕强弓硬弩的远程打击战术展开的，因此，整个军阵的最前面应该是防备对方骑兵冲突的拒马，其后依次是抵御弓箭的刀盾兵、起杀伤作用的长矛兵、中距离密集杀伤对手用的弓箭手以及远距离精确打击的强弩兵。冷兵器战争的主要杀伤发生于方阵形崩溃之后，冷兵器战争是削弱对手，瓦解对方阵形。

---

① 冷兵器：矛是兵器中最长的，属于刺兵，是枪的前身。弓为古兵器之一，汉刘熙《释名·释兵》："弓，穹也，张之穹隆然也。"盾亦为古兵器，其发明在弓箭之后。斧与戈矛同时，亦为古兵器之一。钺是斧的一种，但比斧大。戟为古兵器之一，创于弓箭之后，形与戈略同，皆横刃也。鞭亦为短兵器之一，春秋、战国时期已开始用鞭。锏为短兵器之一，方形，有四棱，连把约长134厘米，因形似简而得名。挝（镐）亦为古兵器之一。殳（棍）由来已久。叉发明较晚，为古时猎兽的武器。

2. 热兵器及战争

热兵器又称火器，与冷兵器相对，是一种利用推进燃料快速燃烧或类似化学反应提供能量，以起到伤害作用的（如火药推动子弹），或者直接利用火、化学、激光等携带的能量伤人的（如火焰喷射器）装备。

1132年，南宋的军事家陈规发明了一种火枪，这是世界军事史上最早的管形火器，可以称为"现代管形火器的鼻祖"。据《宋史·兵志十一》记载："开庆元年又造突火枪，以巨竹为筒，内安子窠，如烧放，焰绝然后子窠发出，如炮声，远闻百五十余步。"

13世纪，中国的火药和金属管形火器传入欧洲，火枪得到了较快的发展。15世纪初，西班牙人研制出了火绳枪。后来，被明朝仿制，称之为鸟铳。1525年，意大利人芬奇发明了燧发枪，即将火绳点火改为燧石点火，逐渐克服了气候的影响，简化了射击程序，提高了射击精度，可随时发射。

19世纪，枪械的一次重大变革是"后装枪"的发明，它结束了步枪出世500年来都是从膛口用探条把弹丸装进枪膛内的历史，称为"开辟了轻武器和步兵战术的新纪元"。

1860年，美国开创了"连珠枪"的先河。依靠弹仓存贮弹药，用手扳动机枪即可重新推弹入膛，能接连射击若干次，射击速度比手动单发步枪快得多。在1877年的俄土大战中，土耳其军队用3万支连珠枪快速射击，使俄军阵亡逾3万人。然而，真正使连珠枪发扬光大，在枪械中独领风骚数十年的是德国人保罗·毛瑟的发明。他发明了第一支直动式步枪，该步枪是现代步枪的基础。

马克沁被称为自动机枪鼻祖，在轻武器领域开辟了一个新时代。在索姆河战役中，德军运用马克沁机枪，火力密集，一天内歼灭英军6万余人。马克沁自动机枪的发明，为其他自动武器的研究扩展了思路。

第一支半自动步枪是蒙德拉贡（墨西哥的一位将军）设计的。俄国的费德洛夫M1916自动步枪是世界上出现最早的自动步枪之一。STG44突击步枪是世界上第一支真正的突击步枪。之后，苏联AK47卡拉什尼科夫突击步枪脱颖而出，远远超过了德国的STG44突击步枪。

自13世纪70年代起，在英法百年战争中，处于反攻阶段的法国将大批新从阿拉伯传来的大炮应用于攻城战。欧洲第一批炮兵的出色表现使得攻城战不再是带有重大伤亡的冲锋肉搏，而是只用炮火就可能使城墙打开无法弥合的缺口，火炮成为战争的新武器。同一时期，法国军队也出现了火枪兵，与炮火轰击对方阵地相呼应，用于野战来射击冲锋的敌人。从此时起，弓箭在各个国家开始被淘汰。1550年左右，西欧已经全部改用火枪。

第二节 新军事革命概述

当前,国际形势正处在新的转折点上,各种战略力量加快分化组合,国际体系进入了加速演变和深刻调整的时期。在这个前所未有的大变局中,军事领域发展变化广泛而深刻,是世界大发展、大变革、大调整的重要内容之一。这场军事领域发展变化以信息化为核心,以军事战略、军事技术、作战思想、作战力量、组织体制和军事管理创新为基本内容,以重塑军事体系为主要目标,正在推动新军事革命深入发展,其速度之快、范围之广、程度之深、影响之大,为第二次世界大战结束以来所罕见。为适应新的国际安全形势,各国正在大力推进新军事革命,以增强自身实力和国际竞争力。

一、新军事革命内涵与特点

1. 新军事革命内涵

新军事革命特指人类社会从工业社会走向信息社会时代的变革过程中,以信息技术为核心并得以广泛应用,从而引起军事领域武器装备、军事理论和组织体制等一系列的根本变革,彻底改变战争形态和军队建设模式的一场革命。它以海湾战争为启动标志,以美国为领先者而掀起的一场世界性的军事大革命。新军事革命的实质是机械化军事形态向信息化军事形态转化,其动力是二战以来迅猛发展的高新技术群,其引导者是国家利益。

新军事革命是全方位、深层次的,覆盖了战争和军队建设全部领域,直接影响着国家的军事实力和综合国力,关乎战略主动权,对新世纪各国综合国力、国际实力和国际地位产生重大而深远的影响。新军事革命包含四个要素:新军事技术、新武器装备、新军事理论和新组织体制,不仅反映在军事科技突飞猛进上,也反映在军事理论不断创新上,还反映在军事制度深刻变革上。

2. 新军事革命深入发展的突出特点

一是深刻性。主要国家军事改革正在从军事技术层面、军事组织层面、作战理论层面,深入军事文化层面,提出了军事转型文化、联合文化和理论创新文化等。

二是全面性。世界主要国家军事改革和军事转型不仅涉及信息化军事技术形态、联合化组织形态和高效化管理形态,还包括军事理论形态、作战形态、保障形态、教育形态等领域。

三是务实性。如美军着力提升指挥控制能力、情报能力、火力打击能力、机动能力、防护能力、保障能力、信息能力和国际交流能力;俄军着眼于提高应对各种安全威胁的能力,尤其是提高应对大规模空天袭击和地区战争的能力。

四是不平衡性。如美国始终处于领先地位；英、法等其他发达国家紧随其后，积极跟进，加快推进军事转型；俄罗斯开展"新面貌"军事改革，现已完成军事组织形态的转型；印度、巴西等新兴国家以改善武器装备为重点，正在进行有选择的军事改革。

世界新军事革命深入发展的主要标志是主要国家纷纷提出军队建设新的发展目标。美军提出了"二次转型"目标，要求建设更精干、更灵敏、更先进、战备程度更高的新型联合部队。俄军"新面貌"改革进入调整完善阶段，力求实现"精干高效、机动灵活、装备精良、训练有素"的建军方针。日本提出了"机动防卫力量"构想，力求建设快反、机动、灵活、持续的多能型自卫队。欧盟主要国家提出了"建立一支规模小、装备精、轻型化、机动灵活、快速反应能力较强的实战型军队"的建军方针。

当前，世界新军事革命加速发展，各主要国家加紧推进军事转型、重塑军事力量体系，这将对国际政治军事格局产生重大影响。

二、新军事革命内容及战争逻辑演进

（一）新军事革命内容

新军事革命是人类文明由工业时代向信息时代转变的产物，是当代国际综合国力竞争在军事领域的反映，是以夺取并保持绝对军事优势为目标，以高技术特别是信息技术的飞速发展为动力，通过"系统集成"和"虚拟实践"，最终实现军事体系由机械化向信息化转变的过程。新军事革命的本质与核心是信息化。其目的是建设信息化军队，打赢信息化战争。

1. 创新军事技术，实现武器装备的信息化

武器装备的断代式发展，是军事领域出现革命性变化的重要标志。现阶段，主要是应用信息技术成果对现有武器装备进行改造，同时研制和发展新型信息化武器系统，从而实现武器装备的信息化、智能化和高效化。目前，发达国家军队已经实现了高度机械化的和部分信息化。同时，在战争中大量使用经过信息化改造的精确制导武器。2003年5月，伊拉克战争结束不久，美国副总统切尼就宣布："从战场投放的精确制导弹药占总投放量的比例看，海湾战争是9%左右，这次伊拉克战争则是68%。"信息装备已成为现代战争的主战装备。

2. 创新体制编制，重组军队组织结构

一场军事革命的完成，是以军队组织结构调整的最终实现为标志。调整改革军队的体制编制，是实现人与武器有机结合，最终完成军事变革的关键。世界各国为适应世界新军事变革的发展，高度重视优化军队的内部结构，使军队的体制编制向着精干、高效、合成的方向发展。总的趋势是：压缩常备军规模，裁减一般部队，增编高技术军兵种部队，使军队向小型化、多能化、一体化方向发展。现阶段，主要是建设便于灵活组合的中小型模块化部队，建设适合信息快速流通的扁平式作战指挥体制。伊拉克战争中，美军在指挥上,改变了以往各军兵种分别指挥的方式,由联合作战中心实行一体化指挥;在保障上,改变了以往逐级实施的方式,由后方基地统供,直接投送到前沿部队和分队,这就是所谓的"聚焦后勤"。

3. 创新军事理论,推动军队建设转型

随着高新技术武器设备的发展,传统的战争理论、作战原则以及战略、战役、战术之间的关系等都随之发生变化,出现了一些建立在新的物质基础上的军事理论,如信息化战争理论、信息战理论、联合作战理论、精确化作战理论、非对称作战理论、空间作战理论、非接触作战理论和网络中心理论等。在伊拉克战争中,美军所使用的"快速决定性作战"理论就是一种全新的作战理论。它强调作战行动必须充分利用信息化装备优势,采取"远程精确打击+小规模快速地面突击"的新战法,尽快由有限规模的战役行动达成战略目的。通过实战检验,这一理论得到了充分验证,说明为适应信息化战争所要求的创新军事理论是完全需要的,并根据新的军事理论实现军队由机械化向信息化转型。

4. 创新作战方式,适应新的战争形态

自20世纪90年代以来,非接触、非线式作战日益成为重要作战方式。网络中心战、太空攻防战等也将登上实战舞台。美军在伊拉克战争中所采用的基本作战方式就是非接触、非线式作战。这种作战方式不再是逐次突破推进,而是一开始就超越防御地带和自然地理屏障,直接对敌战役和战略纵深目标实施中远程精确打击,通过瘫痪对方的整个作战体系、摧毁对方的战争潜力和国家意志来达成战略目的。2003年3月20日凌晨,伊拉克战争一打响,美军第三机步师就从科威特出动,第二天便深入伊拉克腹地160千米,5天内急进400多千米,直插巴格达外围。不少人认为,这种用兵是孤军冒险。其实,这正是为了以最快的速度推翻萨达姆政权。这种"闪电"行动使伊拉克军队来不及纵火烧田、炸毁桥梁、设置交通障碍,更来不及组织坚强有力的巴格达防御战。因此,创新作战方式是适应战争形态发展的需要,必须灵活多变。

(二)战争逻辑演进的必然趋势

战争形态的演进是社会产业革命在军事领域里的体现。"第二次浪潮"即工业革命催生出机械化战争,"第三次浪潮"即信息化革命催生出信息化战争。当今,"第四次浪潮"已经兴起,即以新能源为代表的绿色经济,它成为人类经济社会发展的新趋势。新一轮军事变革将与这个趋势有关。

以信息化为代表的军事变革,主旨是向着作战效能更高、作战成本更低、作战风险更小、战争更加可控的方向前进。然而,在信息化战争迅猛成长的同时,一系列的"成长之困"正逐渐显现出来,并促使信息化战争向更高层次的战争形态迈进。

一是信息化战争加快作战节奏,显著提高作战效率,然而信息化武器装备的生产使用成本不断加大,战争成本反而更高。如第二代战斗机的单价只有几百万美元,第三代战斗机的单价直线上升到几千万美元,第四代又比第三代提高了3~5倍(美军F-22战斗机的单价曾长期维持在2.2亿美元)。在使用维护成本方面,新一代信息化武器装备通常比上一代提高1倍以上,致使信息化精确制导武器在作战持续性方面,难以满足未来战争的需要。如何寻求一种效能更高、成本更低廉的可持续作战武器,将成为新一轮军事变革普遍重视的问题。

二是信息系统的飞速发展,使得战场各要素通过网络连为一体,指挥决策指令的传送速度和目标信息的传送速度达到"秒"级,但是承担攻击任务的火力发射速度仍局限于音速和超音速,二者不匹配问题日益凸显。面对以"光速传播、以秒计时"的大量战场目标信息,以"音速飞行、以分或小时"计时的精确火力的攻击速度显然跟不上信息的变化节奏。"大脑"和"躯干"不合拍、不匹配成了发展的新矛盾。另外,当今信息技术发展日新月异,武器装备本身电子信息系统的升级频率加快,效能越来越高,与此同时,软硬件不匹配问题也越发明显,突出表现为现有机械化武器平台在结构和机动性能上没有大的突破,机械装置无法体现先进信息系统的灵敏度要求。可见,要想让"大脑"和"躯干"更加有效地协调一致,使软硬件相匹配,大力发展新概念武器是必然选择。

三是世纪之交的几场局部战争表明,信息化武器装备的一个重要特征是:进攻性武器比防御性武器的效费比高得多,信息化战争已呈现出攻守失衡的局面。首先,远程精确制导武器和防区外制导武器的广泛应用,往往超出传统防御性武器平台的拦截范围,使防御作战很容易陷入被动挨打的境地。其次,防御性武器拦截概率不高。如对付一枚导弹的攻击,通常需要3~6枚导弹进行集火拦击,加之受战场多种因素的影响,命中概率不稳定。再次,随着冲压发动机技术的发展,高超音速(5~10马赫)进攻性精确制导武器已开始步入战场,使进攻与防御的速度差进一步加大,导致攻守两端更加失衡。由此催生出防御功能更强的新型武器系统。武器装备的系统论告诉我们:有什么样的情报信息系统,就应该有什么样的火力攻击系统,"实时"的信息唯有与"零时"的火力相配合,才能取得"发现即摧毁"的作战效果。

四是随着人类社会的进步发展,尤其是社会文明程度的提高,以往那种大规模毁灭式的战争形式愈来愈受到制约,而信息化战争仍不能解决大国对抗的巨大风险。在信息化战争中,虽然作战效率较以往大幅提高,附带伤亡明显减少,但传统的火力毁伤仍不可避免,在世界经济一体化的格局下,大规模战争对谁都不利。尤其是在信息传媒越来越发达,人们的反战情绪越来越高涨的现代文明社会,大国迫切需要一种兼顾软硬杀伤功能、毁伤效果高度可控的武器系统来执行"亚战争"任务。在传统战争面前多设几道门槛,为毁灭性战争多上几道保险,无疑是新一轮军事革命要解决的问题。

五是成熟的信息化战争是以网络为中心的一体化联合作战,然而信息化程度越发达,系统集成度越高,有时也会变得越脆弱。在一体化联合作战中,利用计算机系统把多维空间的战场感知系统、指挥控制系统、武器系统,以及各作战单元等集成为一个统一高效的作战体系,使各级各类作战人员能够利用该网络平台,共享战场信息,协调一致地打击敌人。然而,作战体系的信息化、网络化在大幅提高作战效率的同时,也给自身带来极大的隐患和风险。随着信息化战争的不断发展,电子信息装备在武器装备体系中的比重越来越大,所面临的电子攻击和干扰也越来越严重。特别是随着微波武器的逐步实战化,信息化武器系统承受巨大压力,严重影响其作战效能的发挥。战争演进的逻辑告诉我们:在武器装备的高度信息化之后,可能会在某些易受攻击环节减少或简化对电子信息设备的使用和依赖,着力提高武器系统的自主作战能力和可靠性。

第三节 机械化战争

机械化战争诞生过程中的重要环节和经典战例,闪烁着富有创造性的思想之光,以及对传统观念的否定,特别是对机械化战争经典战例的分析,使我们看到:一种崭新的军事观念对指导战争实践在某种意义上具有决定性意义。

一、机械化战争概述

在人类战争史上,迄今为止还没有一种兵器像坦克那样给战争格局(主要是陆战)带来如此重大的变化。从1916年9月15日坦克应用于松姆河战场,到1940年5月13日德国的古德里安率庞大的坦克师在色当一举突破缪斯河防线。至此,以坦克为主的崭新的作战方式——机械化战争在理论和实践上宣告成熟。

1. 机械化战争内涵

机械化战争是指一种主张陆军实行机械化和依靠机械化军队取胜的军事理论,同时以飞机轰炸其交通枢纽和补给系统,步兵降为辅助兵种,亦称"坦克制胜论"。

自从坦克在第一次世界大战中使用并显示出很强的突击力,英国坦克军参谋长富勒率先总结了在这次战争中使用坦克的经验。1918年5月,他在拟制的《1919计划》中,提出了建立和使用机械化军队的新观点,在《未来战争》等著作中作了进一步阐述,创立了机械化战争理论。继富勒之后,德国的古德里安、法国的戴高乐、奥地利的艾曼斯贝格尔等人,也从不同角度提倡机械化战争论。这种理论还为德国法西斯头目希特勒及其统帅所接受,并应用于第二次世界大战闪击波兰、法国和进攻苏联的作战行动中。机械化战争与装甲车辆、火炮技术、流水线生产、人员培训等息息相关。机械化战争是工业革命的产物,是用人操纵机器去打仗,重视军队的机动能力,扩展人的四肢,节省人的体力。

2. 机械化战争特征

在机械化战争时代,由于武器精确度等的限制,为了达成作战目标,指挥员往往不惜实施"毁其一点,击其全面"的"地毯式"的狂轰滥炸,造成对方大量的人员伤亡和财产损失,逼其屈服。

(1)作战主导。机械化战争的主导要素是物质力量。机械化战争中,杀伤破坏方式主要是武器的射程、速度和杀伤力等化学能、核能和机械能,决定战争胜负的是军队规模以及坦克、飞机、大炮和军舰等武器装备的品种和数量。20世纪是机械化战争诞生和辉煌的世纪,从两次世界大战到朝鲜战争、越南战争、中东战争等机械化的局部战争,打的是物质和能源。第二次世界大战期间,交战国生产的军用飞机有70余万架,其中,苏联就达8000架,欧洲主要国家和美、日的作战飞机也都达到了几千架;航空母舰有140余艘;潜艇有1500余艘,耗费物资和能源之巨大是空前的。

(2)作战指挥控制不同。机械化战争的指挥控制是横向连接的树状结构。这种指挥控制网络就像大工业生产,按行业、流水线建立控制体系一样,其特征是金字塔状,最高指挥官处于金字塔的顶峰。所有来自前线的敌我双方的情报信息,必须逐级按照官职大小向上汇报,上级的指示精神和命令也要按照这样的树状模式逐级下达到前线或基层。如果处于前线的一辆坦克发现敌情,它必须先向坦克排长报告,排长再一级一级地向上报告,经过七八个层次后才到达集团军军长或战区司令。军长或司令作出决策后,同样也要逐级下达命令,直至最基层的坦克。这样,只要增加坦克装备的数量,就必须扩大指挥机关的规模和层次,使指挥控制层次增多,指挥效能和决策速度变慢,抗毁性差。

二、机械化战争主要作战方式和代表性战例

机械化战争思想是由"战车观念"发展而来的,也可看成"战车观念"发展的最高形式。

根据当代西方著名军事思想家、被称为"20世纪战争领域的哥白尼"的英国的富勒的看法,原始的"战车"概念产生于19世纪中叶稍后,最早出现于英国的上校布拉肯布里发表于1878年7月《十九世纪评论》杂志上题为"装甲的炮兵"的文章里,他提出:"军舰既然是以装甲来对抗重炮的,随着步兵火力的日益强大,炮兵迟早也会使用装甲,这种'装甲炮兵'的出现必然使战场的战术受到严重影响。"他考察了当时战场出现对峙僵局的情况,并基于普里费拉会战的经验,认为无论哪一种部队,只要躲在掩蔽体后面或敌人的位置在它前方,实际上它便立于不败之地,因为炮兵若想准确歼灭躲在掩蔽体后面的步兵集团,必须使炮位前移,但这导致炮兵成了步兵的活靶。为此,布拉肯布里建议用轻薄的甲板保护炮手,并配备轻火力,这样炮位前移时就不用害怕步兵的攻击,伤亡也会减少,这种"装甲的炮兵"在对方的炮弹和枪弹下都能安然无恙。

"装甲的炮兵"思想的产生有着重要意义,因为它包含了战车装甲、火力、运动三大要素中的两个,即装甲与火力,因此,"装甲的炮兵"是原始的、尚未成熟的"战车观念"。

第一次世界大战前夕,英国的斯温顿上校、法国的艾斯丁尼将军明确提出了完整的

"战车"概念。他们认为：虽然个别士兵是无法装甲的，但他们可以像海军水手一样，用装甲车辆来运载，由于这种车辆要做越野行动，因此，应该使用履带，而不是车轮。他们的观点在于：明确地提出了装甲车的概念，对装甲车的描述已非常具体化；已经将战车三大要素——装甲、火力、运动结为一体。其中最为人忽视和最具远见卓识的要算对装甲战车使用履带的强调。斯温顿等人的战车思想比布拉肯布里"装甲的炮兵"前进了一大步，使这种未来的新兵器由朦胧变得清晰。

第一次世界大战验证了布拉肯布里的预言，作战双方在初期进行了短暂的运动战后便迅速转为阵地对峙，双方凭借铁丝网、堑壕、掩体、机枪、火炮在漫长的战线上对抗，战争陷于旷日持久的消耗战、拉锯战的局面。此时，军事家们都为打破战场上的僵持积极寻找各种方式，战车作为一种新的突破性兵器开始发挥作用。

1916 年 9 月 15 日，装甲战车第一次在松姆河战场上出现，在英国远征军第 14 军、第 15 军、第 3 军进攻出发位置上集中了 50 辆战车，夜间开赴前沿阵地时，有 18 辆战车出了故障，到达攻击位置时，又坏了几辆，真正参加战斗的只有 18 辆。这些坦克碾平铁丝网，填平堑壕，压碎掩体为步兵开路，取得重大的战术效果，英军在 5 小时内，在 10 千米宽的正面向前推进 4～5 千米，以往达到这种效果则需耗费几千吨炮弹、牺牲几万人。

坦克作战史上初期阶段的另外两次战役，康布雷战役①和艾斯敏战役②，同松姆河战役一样有十分重要的意义，后来的"传统战车"思想（作战方式）和"机械化战争"思想的产生都直接起源于这三次战役。

第一次世界大战结束后，各国军事界人士纷纷总结经验教训，坦克亦是经常被研讨的对象，当时人们普遍认为：①坦克是一种战术性突破兵器，只能在战术范围使用。②坦克是步兵、骑兵进攻的辅助性工具，而非和步兵、骑兵具有同等地位的独立的兵种。③坦克的使用原则是分散到各个步兵、骑兵单位。这就是被各国军界普遍接受的具有权威性的"传统战车"思想，它是相对于"机械化战争"思想而言的，这一战车思想形成的主要原因是：坦克刚问世，自身在装甲厚度、车温、速度、通讯、机械性能方面存在很多问题，严格地说，在第一次世界大战中，坦克作为一种新的兵器，在战场上还处在试验性作战阶段。这导致人们忽略了战车蕴藏着的巨大潜能，各国军界都接受"传统战车"思想，直到第二次世界大战的爆发。

就在"传统战车"思想形成并获得认可的同时，极少数具有非凡远见的军事家发现

---

① 1917 年 11 月 20 日，康布雷战役揭开帷幕，英军首次使用新成立的坦克军（由埃利斯将军指挥），集中了作战坦克 378 辆、辅助坦克 98 辆，进攻初期取得不小成果。随即德军及时采取野战炮兵摩托化、高射炮平射等反坦克措施，才遏制了英军的进攻。

② 1918 年 8 月 8 日，英法联军在艾斯敏地区又一次集中 511 辆坦克和 16 辆（一说为 12 辆）装甲汽车进行突破，给德军士兵以巨大的打击，并迅速穿透德军的防线，取得战役性成果。

了被大多数人忽略的战车的巨大潜在能力,提出了更为超前的"机械化战争"思想。[①] 经过酝酿终于发展成一种全然不同于"传统战车"思想的观念,它包括三个主要方面:战车是未来最主要和最重要的独立的陆军兵种;战车应作集中使用,以它为核心加上摩托化的其他诸兵种组成机械化部队,可用于战略性质的作战,进行战略性的突破,迂回包抄;机械化部队突击与战术空军的配合是未来作战的主要形式。"战车观念"至此已发展成为一种具有划时代意义的"机械化战争"思想,这是对坦克认识的一次质的飞跃。[②]

富勒、李德哈特等人提出的"机械化战争"思想并没有被西方各国重视,作为坦克和这种思想发源地的英国和得益于很多战车的法国军事当局却乐意接受,并以此为依据为下次战争做战略和战术上的准备。相反,战败的德国军事界中有些高级将领和少壮派对这种"超前"的军事思想产生极大兴趣,其中把"机械化战争"的理论付诸实践,其中贡献最大的是海因茨·威廉·古德里安,他组建现代意义上的装甲兵团和装甲战实践,无论是在坦克兵史上还是在现代战争史上都有着重要的地位,故被西方人奉为"现代装甲战之父"。他认为:①装甲战车应是陆军的主要兵种,它不再是一种战术突破工具,而是具有战略意义,未来战争中,一支强大的装甲集群将决定战争胜负。②装甲车应在观察工具、通讯指挥工具方面装上当时第一流的新技术,如无线联络通讯。这样可以弥补其他的不足,并取得整体优势。③建立以装甲师为核心的机械化、摩托化部队,其他支援兵种、炮兵、工兵、通信兵等也应实行摩托化,以便扩张装甲的最初战果,把攻势深深带入敌后方。古德里安的实践性思想进一步完善了军事理论,他本人也是这种理论的第一个实践者。

1939年9月,德国对波兰的闪击战是机械化战争理论的第一次较为成功的实践。就双方战争指导思想而言,是新的军事思想对旧的军事思想进行彻底征服。波兰参谋总部被传统思想"骑兵决定一切"的观念支配,他们对机械化战争理论的了解几乎为零,对德国新组建的装甲部队的作战能力估计亦不足。战略部署上,波军将主力分散成扇形,沿漫长而成大圆弧的国界线展开;相反,以机械化战争思想为指导的德军装甲集群

---

① 英国人富勒和李德哈特在对松姆河、康布雷、艾斯敏战役作分析时,注意到一般人所忽视的现象,并对其作连续的思考和不断的想象。富勒在研究艾斯敏战役中注意到两个意外的小事件,这对他形成"机械化战争"思想有着重要的启示:一队12辆装甲战车(实际上是装甲的汽车)失去了步兵的联系,单独进入德军纵深后方,奇袭了两个德军司令部,攻击了一支庞大的运输队,还破坏了敌战线内的一段铁路,使一列德军火车被后续的骑兵俘获。最后攻击了一支正在就餐的德军部队。第二个事件亦同样具有戏剧化:一辆与骑兵失去联系的英国战车,独自进入德军防区,先从背后摧毁了一个德军炮兵阵地,继而协同两个骑兵巡逻队消灭了几个德军运输队。富勒认为这12辆装甲汽车和1辆中型战车所造成的混乱是十分惊人的。如果8月8日这天所有的中型战车不为骑兵所牵制,单独集中在巧尔尼斯附近,则从亚尔培特到蒙特狄地尔和从蒙特狄地尔到罗荣之间,共约五十米长的正面上,德军的全部指挥和行政体系都可能会一扫而光。

② 从"装甲的野战炮兵"思想到"机械化战争"思想这一过程中可看出"战车观念"演变的轨迹:第一阶段的重心是围绕一种新的突破性兵器进行酝酿,至斯温顿具体描述出这种兵器,提出了"战车"这个概念;第二阶段的重心移到如何运用这种新兵器的认识范围里;第三阶段已越出单纯的运用问题,形成战争史上具有重大意义的一种军事思想。后两个阶段的联系非常紧密,因为,最后阶段内容也包含对战车价值的认识,而对同样的战争现象、战争经验,居然产生两种截然不同的军事思想,给予后人的启示是意味深长的。

在战术空军配合下,突入波兰防线,穿插迂回,将波兰切割成几大块,其中一支强大的装甲部队远远甩掉溃散的波军,旋风般地进至波军后方,在维斯瓦河一线展开,回头来同步兵集团夹击围歼了残余的波军主力。李德哈特对此总结:"……在东面,一支毫无希望的落伍陆军被一支小型战车部队所迅速打垮……"

1940年5月,德军在西线发动的"闪击战"是对机械化战争理论最出色的应用和实践,把这一新军事思想的价值在战场上发挥得淋漓尽致,被公认为战争史上的奇迹。这一战役不仅标志着机械化战争在理论上和实践上的成熟,而且意味着这一崭新的军事思想最终战胜了"传统战车"思想而取得权威性的地位,同时也宣告一种新的陆战形式登上了历史舞台。因此,"西线闪击战"无论是在战争史上,还是在机械化战争史上,都具有经典性意义。

第四节 信息化战争

在传统战争中,双方注重在物质力量基础上的综合较量,是整个国家机器大工业生产能力的全部竞赛。而在信息化时代,在信息化战争中,除了物质力量之外,更主要的是知识的较量,即创新能力和观察速度的竞赛。

一、信息化战争基本内涵及特征

(一)信息化战争的基本内涵

信息系统支持下的信息化战争是指在物理域、电磁域和信息域谋求"看得远、反应快、打得准",以信息武器打击体系、电磁武器打击体系以及导弹武器打击体系形成的三位一体作战,从而谋求全域优势的战争形态。此阶段的信息系统与单平台机械化战争中的电子设备,以及信息系统支持下的机械化战争中的信息系统有根本不同,将引起作战方式变革(质变),即战争形态转变为信息化战争,服从信息化战争的客观规律。战斗力生成是以导弹武器、电磁武器和信息武器三位一体打击体系为基本形态的战争模式。作为一种全新的战争形态,目前,中外学者对信息化战争的定义还莫衷一是。2011年12月版的《中国人民解放军军语》给出的定义是:依托网络化信息系统,使用信息化武器装备及相应的作战方法,在陆、海、空、天和网络电磁等空间及认知领域进行的以体系对抗为主要形式的战争。军事学术界一般认为,信息化战争是发生在信息化时代,以信息为基础并以信息化武器装备为主要战争工具和作战手段,以系统集成和信息控制为主导,在全维空间内通过精确打击、实时控制和信息攻防等方式进行的威慑作战。

信息化战争的基本概念

北斗卫星导航系统

所谓"信息化作战",是随着信息化战争的出现而派生出来的相应概念,专指信息化战争的战场对抗形式。其含义是高度依赖信息、信息系统、信息化武器装备的敌对双方,围绕信息流程,在陆、海、空、天、电磁、网络认知等权威战场上展开的,以夺取和建立信息优势为核心的一体化军事行动对抗。

(二)信息化战争的基本特征

1. 技术支撑,信息主导

如果形容机械化作战是打"钢铁"的话,那么信息化作战就是打"信息"。这将成为信息化作战的标志性特征。

2. 结构严密,体系对抗

一是综合信息系统将陆地、空中、海上、太空等实体空间,信息、网络、认知等虚拟空间,以及配置于其间的侦查监视、指挥控制、精

信息化战争的基本特征

确打击、支援保障等战役力量连接成为一个统一的有机整体;二是军中界限被打破,诸军兵种作战将实现高度一体化合成;三是人与武器装备的结合将空前紧密;四是作战部队与支援保障部队将密切配合,协调行动,连成一体;五是战役与战略、战术行动高度融合,战略级、战役级、战术级作战的界限趋于模糊;六是整个作战系统的完整性、稳定性、抗毁性将大大提高。

3. 时空扩展,全维作战

首先是作战节奏加快,例如,第一次海湾战争于1991年1月17日开始,38天截断伊军的空中行动,地面行动于1991年2月23日展开并于1991年2月28日零点结束(美国东部时间)。第二次海湾战争(伊拉克战争)于2003年3月20日开始,3周攻克巴格达。其次是作战空间扩展,在伊拉克战争中,陆、海、空、天、电一起,完全压制住了伊拉克军队。再次是时空高度融合,在整个作战过程中,战场是流动的战场,信息是实时的信息,使时间、空间和力量等诸要素高度融合。

4. 全程控制,精确打击

信息化作战是可控性、高效性、节约型的作战。首先,夺取综合控制权及有效控制战局成为作战双方追求的目标。控制的结果有两个:对己方而言,可以使力量增大,作战效能倍增;对敌方而言,可以使之体系瘫痪,部队失去指挥,作战效能难以发挥。其次,实行节点摧毁和精确打击成为作战的突出特色。通过近几场局部战争可以看出,战争中使用的精确制导武器比例在不断攀升,已从越南战争中的0.2%,海湾战争中的8%,提高到伊拉克战争中的68%。

5. 人机融合,高效指挥

首先是人的智能与武器装备的性能全面融合。目前,美军使用的"战斧"巡航导弹、杰达姆卫星制导炸弹等都是初步的智能武器。其次是人的指挥艺术与智慧平台的效能紧密结合。

6. 一体保障,强力支撑

信息化作战的技术性、一体化、全时空等特性,决定了其保障任务的复杂性和艰巨性。首先,建立基于需求的、实时的一体保障。其次,建立基于整体的、快速的多维保障。再次,建立基于规模的、力量的系统保障。

二、信息化战争发展演变

(一)信息化战争初级阶段

信息化战争初级阶段萌芽于20世纪六七十年代,以海湾战争为确立标志,在科索沃战争中趋于成熟,在阿富汗战争、伊拉克战争中得到进一步发展,一定程度上也可视作信息化主导下的新型机械化战争。

信息化战争的演变与发展

这一阶段的战争物质基础是具有一定信息技术含量的机械化平台、相对分立的传感器、以树状拓扑为主的C^3I系统、精确制导弹药、电子战装备以及隐身飞机等少量新概念武器;军队技术变革的主题是"连点成链",即运用信息技术改造传统军事体系,建立"侦—控—打—评"等重点链路,形成简单闭环并快速向网络化方向生长。以2003年伊拉克战争为例,当时美英联军已拥有较强大的战场信息化网络,能够将侦察、监视、指挥、控制、通信等系统连成一个有机整体,确保实时共享各类信息资源。但客观地讲,这一阶段栅格化信息基础设施尚未完全建立,实现网络链接的手段相对有限,信息系统还不能充分支持大量作战信息与指令的实时互联互通,系统间的互操作性不强。这一阶段,作战力量结构开始由机械化战争时期的"金字塔"型迅速向"扁平网状"结构过渡,指挥层级大幅度压缩,建设数字化、模块化部队成为各国适应信息化战争趋势,调整改革军事力量的基本共识。由于美军在其担当"领头羊"的世界新军事革命中占据了先机,迅速拉开了与传统军事强国的距离,致使这一阶段的作战形成了以强凌弱"一边倒"的局面,以远程精确打击为典型战法的"非线式""非对称性""非接触性"的"三非"战争成为对应的阶段性战争形态。受军事信息系统发展水平的制约,这一阶段的基本作战形式以信息化条件下的诸军兵种协同式联合作战为主,各军兵种分队间自主协同的能力还较低下,计划协同在联合作战组织与实施过程中仍居于主导地位。这一阶段的作战支配机理主要是以控制论为主体的"老三论","观察—判断—决定—行动"链式循环理论开始为各国军队所普遍接受。

(二)信息化战争中级阶段

信息化战争中级阶段是初级阶段的自然扩张和平滑过渡,这一阶段起始于21世纪第一个十年前后,预计将延续至未来20年左右。这一阶段的战争物质基础主要是信息化主战装备与弹药、综合化战场传感体系、栅格化信息传输网络、网电一体化的信息战装备和具有辅助决策能力的指挥控制系统等。与初级阶段相比,装备体系的概念与构成发生较大变化,但未发生根本性颠覆,大中型装备在主战装备体系中仍占据绝对的支配地位。这一阶段,军队技术变革的主题是"结链成网",即建立并依托栅格化、一体化的信息网络基础设施和门类繁多的数据链族,将战场上各作战要素连成一个有机整体,进而打破军兵种"烟囱",打通层级阻隔,消除业务壁垒,实现信息实时共享,增强互联互通互操作能力,使体系对抗潜能得到进一步释放。类似美军"全球信息栅格"的网络化基础设施将广泛建立起来,天基互联网将在军事领域发挥重大作用,而各种新原理战术通信手段将得到蓬勃发展。作战力量结构呈现出相对固定的无尺度网络结构,少数的关键节点仍支配着大多数的作战资源,机械化战争时期的层级结构仍得到一定程度的保留,但信息横向流动不断加强,跨军兵种的旅、团部队甚至营、连分队间的自组织、自适应、自协同渐成常态。主要强国先后建立起以网络信息体系为基础的信息化军队,技术差距得以缩小,对应的阶段性战争形态是基于相对固定拓扑的"网络中心战争";相应地,信息主导、精打要害、体系破击的诸军兵种一体化联合作战成为基本作战形式,战场空间由多维走向全维、全域、全谱,作战力量由协作、合作开始走向功能耦合、融合,作战行动体现出整体联动、自主协同、并行作战的特点,作战控制更加集约、精确。这一阶段的作战支配机理是网络科学、复杂系统理论和大数据决策理论等。

(三)信息化战争高级阶段

信息化战争高级阶段是对中级阶段的深度扬弃与颠覆性发展,其大致起点是未来20年左右,终点尚难以预测。这一阶段的战争物质基础是新质机械化与新质信息化深度融合发展造就的"军事物理信息融合系统",包括泛在化、智慧化的战场传感体系,智能化、超能化的主战装备体系及弹药,实时化、分权化的协同任务规划体系和分布式自主化的作战编队与集群等。作为战争形态主要标志的主战装备体系,无论是概念,还是结构,均发生了根本性的变化。新一代核武器、空间攻防作战平台、天基战略打击武器、临近空间高超声速武器、跨界飞行器、洲际战略轰炸机、空天防御系统、网络战武器和战略电子战武器等将构成战略威慑与打击的中坚力量,而各类智能化的无人机、无人车辆、无人舰艇、外层空间机器人、水下自主航行器、纳米仿生机器以及电磁轨道炮、激光武器、高功率微波武器和新一代网络电子战武器等将集中取代传统的战役战术武器,成为战场新宠。这一阶段,军队技术变革的主题是"集网成云":一方面,泛在化、小微化的传感器和战场物联网将实现"万物感知""万物互联",可穿戴设备、移动互联网和脑机耦合等技术,使每个有生力量都能成为战场信息节点,信息触角拓展至微观、延伸至战场各个角落,总体数目和体系能力指标跨数量级甚至量度级增长,自然环境、人化环境和虚拟环境被有机地纳入军事系统;另一方面,分布式的网络信息体系将性质、功用、层级、结构不同的人联网、机联网、物联网、弹联网等子网"集网成云",形成贯通物理域、信息域、认知域和社会域的跨域集成的"超网",以此凝聚全体系作战能力,释放最大作战潜能。作战力量结构也将发生重大变化,战略战役层面将呈现出动态的无尺度网络结构,关键性节点的数量大幅减少且相互支撑、备份、接替,指挥关系动态变化,"死穴"越来越少;战术层面则可能是无中心网络结构,各作战节点"民主协商"作战,作战组织因需即时建构、即时解构,组织形态呈现出高度流动的"云态化"特征。对应的阶段性战争形态是云态化体系与云态化体系之间自主对抗的"云战争",基本作战形式将是基于模块化力量体系和诸多小编队、小集群的跨军兵种的融合作战,其特征是智慧、智能;作战支配机理在中级信息化战争基础上更强调超循环理论、脑与认知科学、新的决策科学甚至仿生学,以及未来数学和科技哲学的最新发展成果。"云战争"预计将于21世纪中叶前后成为主导性战争形态。

思 考 题

1. 简述战争的内涵、特点及发展历程。
2. 简述新军事革命的内涵及发展演变。
3. 简述机械化战争的主要形态、特征和发展趋势。
4. 简述信息化战争的主要形态、特征和发展趋势。

知识拓展

军事高技术的内涵、分类及特点

高技术与新军事变革

第五章 信息化装备

自美国军事理论家汤姆·罗那在1976年首次提出"信息化战争"概念以来，人们就开始对信息化武器装备进行思考，并陆续提出了电子战装备、网络战装备、信息战装备、信息武器、信息作战武器、数字化装备、电子信息装备、信息化时代装备等概念。这些概念反映了人们对信息化战争所需要的武器装备某一阶段和某一侧面的认识，对推进信息化武器装备建设与发展，深化人们对信息化战争及其武器装备的认识发挥了重要作用。

第一节 信息化装备概述

一、信息化武器装备

信息化武器装备是指信息技术在装备技术构成中占主导地位，信息要素在作战行动中支配物质、能量要素的效能发挥，具有较高信息获取、传输、处理、存储、共享、管理、分发、对抗能力及数字化、智能化、网络化和一体化水平的武器、武器系统和军事技术器材的统称。

对信息化武器装备内涵的理解应把握以下两个问题：

（1）信息化武器装备是复杂技术系统，是当前装备发展的最高级装备形态。它着眼于装备系统的整体功能，本身暗含体系之意。体系中的个体是信息化武器装备的子系统，不能称其为信息化武器装备，只有系统整体，才能称为信息化武器装备。

（2）信息化武器装备体系结构的核心是军事信息系统，信息化武器装备的各个子系统在信息网络系统的协调下有效运行。信息化武器装备的主战力量是各种信息化作战平台、精确制导弹药、信息战装备、一部分新概念新机理武器等软硬杀伤力量，用于保障作战行动的各种信息化军事技术器材，也是信息化武器装备的重要组成部分。由此，可将信息化武器装备分为信息化主战装备、军事信息系统和信息化保障装备。

要完整地、系统地认识一个事物，通常从事物的历史源头开始。研究信息化武器装备的发展历程，可以加深对信息化武器装备本质的认识，增进对信息化武器装备发展规律的理解，进而提高指导信息化武器装备发展的科学性和有效性。信息化武器装备的发展与信息技术的发展密切相关,按其功能特点,大致分为四个时期。

1. 萌芽发展时期

这一时期大约从电报发明开始到第一次世界大战(以下简称"一战")结束。信息化武器装备萌芽于电报的产生及其战场运用。从有线电报到无线通信的跨越,人类将作战空间扩展到电磁空间。电子战作为信息化战争的早期作战样式,对敌电子干扰行动最早发生于日俄战争。根据美国老乌鸦协会于1984年出版的《美国电子战史》记载:1904年4月14日凌晨,日本装甲巡洋舰"春日"号和"日进"号炮击了俄国在旅顺港的海军基地。一些小型的日本船只观测弹着点,并用无线电报告射击校准信号。在岸基无线电台上的一名俄国操作员听到了日本信号,并意识到其重要性,立即用火花发射机对它进行干扰。结果,日本炮击只对俄国造成了很小的损害和伤亡。电报的发明成为武器装备利用信息要素的突破,此后直至一战结束,战场通信以有线为主、无线为辅,功能简单且单一。电子对抗形式主要是无线电侦察和干扰两种,限于技术水平,无线电侦察成为当时主要的电子战方式。

2. 单一功能发展时期

这一时期指从一战到二战结束,许多现代意义的信息化武器装备开始出现,并伴随着战争迅速发展,如声呐、雷达、光学成像器材、无线电导航设备等信息感知定位装备。20世纪30年代,英、法、德、美开始研究雷达。德国在1939年已经有了入侵飞机早期报警系统,紧接着出现了船只报警系统。20世纪40年代中期,德国利用600兆赫兹的雷达系统,能精确地指挥高射炮。1937年,英国在其东南沿海建立了20个对空情报雷达站,为对付德军的空袭提供早期预警。由于雷达的贡献,在飞机数量上占劣势的英国挫败了德国空军的进攻,为扭转战局发挥了重要作用。二战时,还出现了野战电话机、交换机、电传打字机、传真机和调幅、调频无线电台等通信设备,虽然信息技术刚刚起步,它们的功能单一、性能落后,但它们在战场上发挥了不可估量的作用,表现出了巨大的应用潜力。

3. 系统发展时期

这一时期指从二战结束到海湾战争,是各种信息化武器装备快速发展的时期。

(1)第一台电子计算机的发明开辟了信息处理的新时代。

(2)各种信息感知装备飞速发展。从20世纪50年代起,红外照相机、红外夜视仪、微光夜视仪和激光测距机先后装备部队,红外制导技术也应用于空空导弹、地空导弹上。声呐技术进入了现代化阶段,在探测距离、多目标搜索与跟踪、测向测距精度等方面有了很大提高,并组成了反潜预警系统。雷达发展成为一个庞大的体系,种类繁多、用途各异。例如,根据任务或用途,雷达可分为警戒和引导雷达、武器控制雷达、侦察雷达、航行保障雷达等。20世纪60年代出现了预警机。

(3)随着航天技术的发展,出现了天基信息平台。1957年,苏联成功发射了世界上第一颗人造卫星,随后人们开始研究天基信息平台。1961 年,美国成功发射了第一代照相侦察卫星"萨莫斯"2 号。1965 年,美国发射了"晨鸟"国际通信卫星 1 号,苏联发射了"闪电"1 号,标志着天基信息传输平台进入实用阶段。

(4)20 世纪 60 年代以后,数据网和计算机网用于军事信息传输,提高了通信的自动化水平与快速反应能力。

(5)信息化弹药开始大量应用于战争。信息化弹药主要是指各种导弹、制导炸弹、制导炮弹、制导鱼雷等精确打击武器。二战时期,导弹开始出现;20 世纪 50 年代以后,导弹开始进入大规模发展时期,各种制导方式开始应用,如洲际导弹多采用惯性制导;地空导弹多采用雷达波束、无线电指令和半主动雷达等制导方式,使用电子管和模拟计算机;空空导弹多采用无线电雷达波束制导,有的采用红外制导;战略空地导弹采用惯性制导和复合制导;战术空地导弹多采用波束和有线制导;反坦克导弹开始采用光学瞄准的有线指令制导等。1960 年以后,激光制导炸弹出现。1972 年,美国在越南战争中大量使用了激光和电视制导炸弹。第一代反辐射导弹也投入战场,第四次中东战争中,各种导弹的作战效果惊人。1974 年,美国政府第一次使用了精确制导武器(Precision Guide Weapons,PGW)概念。20 世纪 70 年代以后,信息技术的发展使小型化、低成本、高精度的制导系统研制成功,巡航导弹重新得到发展。海湾战争中使用的精确制导武器基本上是 20 世纪 70 年代以来更新换代的产品。

(6)C^4ISR 系统建设开始起步。在 C^4ISR 系统起步期内,由于系统建设基本上是由各部门、各军种各自负责,分散进行的,以及采用的计算机技术是基于 20 世纪 70 年代的水平等,系统存在许多缺陷,主要是三军系统不能互联、互通;系统综合能力差,不能提供准确的情报和作战毁伤评估;预警探测、指挥控制、情报处理速度慢;综合识别能力不够;采购、使用、维护和改进费用高,经济上难以承受等。

这个时期是信息化武器装备各系统的形成和完善时期,组成信息化武器装备体系的各个分系统在功能上逐步完善、性能上不断提高,导致作战方式开始由单纯依靠武器装备的火力和机动力向信息化火力和机动力转变。这个时期的一系列战争实践(越南战争、第四次中东战争、马岛战争、以叙贝卡谷地战役、美军空袭利比亚、海湾战争等)使信息化武器装备大显神威并得到检验。各种军事电子信息系统的作用日益增大,电子战成为夺取战场优势的先导,信息战和网络战思想开始萌芽。但也暴露出了一些问题,如信息流通不畅,各个系统之间缺乏互联、互通机制,形成一个个相对闭塞的"信息孤岛"。

4.体系发展时期

这个时期是由分散的武器装备系统向综合一体化武器装备体系迈进的重要阶段,这一阶段的信息化武器装备发展主要体现在以下几个方面。

(1)军事信息系统一体化。一体化的 C^4ISR 系统是实现信息化武器装备系统综合集成的重要前提。从1989年开始,美军对其"烟囱"式的军事信息系统进行改革,重点发展一体化军事信息系统。1992年,美参联会推出了"武士"C^4I计划,该计划分为三个阶段。第一阶段为快速确定阶段(1992—1995年);第二阶段为中期阶段(1995—1997年),主要实施过渡计划;第三阶段为目标阶段(1997年至完成)。在阿富汗战争中,美军开创了利用无人侦察机实施火力打击的先例,使原有的指挥控制系统首次具备了杀伤的功能,因此,理论界部分学者提出应在C^4ISR系统中加上一个K(Kill),才能全面地概括指挥控制系统的基本功能,即C^4KISR系统。美军C^4KISR系统代表了C^4ISR系统发展的新动向。

(2)新型国防信息基础设施网格化。全球信息网格或称全球信息栅格(GIG)是美军研制的新型军事互联网,是美军未来的国防信息基础设施,也是实现网络中心战,夺取信息优势和决策优势,并最终实现全面军事优势的物质基础。2001年7月,美国国防部反复强调了全球信息网格是美军获得信息优势的前提和基础。该报告认为,只有在GIG的支持下,才能遂行网络中心战,从而获得信息优势、决策优势,并最终获得全谱优势。在美军的规划中,GIG的建设分为三个阶段:第一阶段截至2003年,主要是按照已有的GIG初步设想对现有的网络和设施进行集成;第二阶段截至2010年,在各军兵种内部实现GIG的功能;第三阶段截至2020年,实现三军的互联、互通、互操作,完全建成全球性的信息网格。

(3)武器装备作战平台信息化改造。作战平台信息化改造,不仅可以使武器平台具有强防护力、远航(射)程、高机动性和高隐身性能,还具备一种或几种对战场信息的获取、传递、处理、再生和应用等功能的信息能力,其结果是将机械化作战平台改造成为信息化作战平台,使武器平台成为C^4I系统的一个作战节点。信息化改造与新研相比,效费比高、周期短、战斗力升幅大,受到各个国家的普遍重视。如伊拉克战争中,M109A6"帕拉丁"自行榴弹炮、M270多管火箭炮等,都是在原有火炮基础上加装了先进的火控系统和电子设备,从而使反应能力、生存能力、杀伤能力和可靠性有了大幅度提高。经过信息化改造后,M1A1坦克进攻能力提高了54%,抗毁性提高了1倍;AH-64攻击直升机的杀伤力提高了4.2倍,抗毁性提高了7.2倍,总体作战能力增长了16倍。

(4)武器装备体系构成网络化。随着计算机网络技术的发展,信息化武器装备体系呈现出复杂的网络化结构特征,这不仅表现在信息化武器装备体系本身是一个网络化的结构,还表现在其不同层次的分系统也是一个复杂的网络。作战理论创新牵引武器装备发展。美军网络中心战理论的提出,加速了信息化武器装备体系向网络化发展的趋势。自1997年美国海军首次提出"网络中心战"概念以来,网络中心战理论逐步引起美国国防部的高度重视。2001年7月,美国国防部向国会呈交的一份网络中心战的报告,阐述了网络中心战的概念,介绍了美国国防部开展的各项网络中心战工作,对美国国防部发展网络中心战能力过程中的经验、教训进行了总结,并展望了今后网络中心战的发展思路;网络中心战与以往的平台中心战的最大区别是:它的网络化作战结构按功能可把整个作战网络分为三个互联、互通的网格,即传感器网、交战网和信息网格。

二、信息化武器装备对现代作战的影响

大量信息化武器装备登上了现代战争舞台,对作战行动产生了巨大的影响。概括起来主要表现在侦察立体化、打击精确化、反应高速化、防护综合化和控制智能化五个方面。

1. 侦察立体化

在传统战争中,由于受科技与装备发展水平的限制,"眼观六路观不远,耳听八方听不全"。随着信息技术的飞速发展和广泛应用,情况发生了本质的变化。现在,从大洋深处到茫茫太空,布满了天罗地网式的侦察监视系统:水下的声呐能够偷偷地寻觅军舰和潜艇的踪迹;地面的传感器能够警惕地注视人员与车辆的动静,至于空中的侦察飞机、天上的间谍卫星,更是"站得高,看得远",一架 E-3A 预警机能够同时监视高空、低空、地面、海上的各种活动目标。在无明显背景杂波条件下,侦察监视系统可分辨出时速为 1.8 千米的海上目标,甚至可辨认出潜艇的潜望镜和通气孔。它可以同时跟踪 600 个目标,同时处理 300~400 个目标,同时识别 200 个目标。侦察卫星速度高,视野开阔,同样一架视角为 200 度的照相机装在 3 千米高的侦察飞机上,可以拍摄 1 平方千米的地面面积;如果放在 300 千米高的侦察卫星上,一幅照片囊括的范围可达 1 万平方千米,二者相差近 1 万倍!如果把侦察卫星放到地球同步轨道上,一颗卫星就能同时"看到"太平洋两岸,监视地球表面 42% 的面积。

侦察是打击的前提。从一定意义上讲,高水平的侦察监视技术本身就是一种威慑力。侦察能力的差异性决定了交战双方的不平等性,美国参联会原副主席欧文斯说:"如果交战的一方可以一天 24 小时,仅以 30 秒的延迟、在各种气象条件下、透过云层、在 10 厘米的误差以内非常精确地看到另一方,而他的对手则不能,他一定会赢。"

2. 打击精确化

衡量武器装备的优劣,打击力是首先要素。传统的武器装备对能量的释放缺乏有效的控制,准确度不高。信息化武器装备强调在"精"字上做文章。所谓"精",就是要能够"攻其一点,不及其余",尽量不引起不必要的附带毁伤。根据推算,就杀伤破坏效果而言,武器精度每提高 1 倍,相当于增加了 3 颗弹,增加了 7 倍当量;武器精度每提高 2 倍,相当于增加了 8 颗弹,增加了 26 倍当量。提高武器控制精度所产生的效果,与此相仿。

正因为精确制导武器有如此的奇效,所以,世界各国竞相研制和发展。20 世纪 70 年代,时任美军防务计划与工程项目领导的前国防部长佩里,曾经提出过著名的"三能力":看的能力——发现战场上所有高价值目标;打的能力——能直接攻击每个所看到的目标;毁的能力——"打就能中",毁伤所攻击的每个目标。

3. 反应高速化

虽然历来"兵贵神速",但受技术条件的限制,传统武器装备常常做不到"神速"。在现代战争中,由于充分利用了信息技术的成果,因此,真正做到了机动快、反应快、打击快、转移快。美国前国防部长科恩宣称:"以往的哲学是大吃小,今天的哲学是快吃慢。"

在部队机动速度大大加快的同时,现代武器从发现目标到攻击目标的反应时间也大大缩短。当前,计算机控制的火控系统能在1.6分钟内操纵4门火炮、摧毁35个分离的目标,而在15年前,摧毁这些目标需要2小时;1个空中突击旅(由1900名士兵和84架直升机组成)的战斗力相当于拥有1万名士兵和500辆坦克的装甲师。在信息化战争中,"被发现就意味着被命中",有些目标在炮击开始10～15秒后就可能隐蔽起来,因此,要求发射准备时间和反应时间尽量缩短。微电子技术和计算机技术的发展,使从定位定向、跟踪目标、计算射击诸元、气象修正、调整火炮方向和高低直到补偿倾斜等都正在或即将实现自动化,从而使火炮到达阵地后做好射击准备的时间缩短为60秒,同时还提高了精度;而发现目标到发射炮弹的反应时间也相应减少到5～8秒。经过对"铜斑蛇"激光制导炮弹的试验分析表明,对于活动目标,若从召唤火力到第一发炮弹到达目标的时间为100秒,则会大大影响效果;若是200秒,则仅有50%的命中概率;若是300秒,就剩下1/10的命中概率,实际上已不起作用。现代防空系统的反应时间更是以秒计时。例如,美制"罗兰特"地空导弹的反应时间为8秒,英制"长剑"地空导弹的反应时间为6秒,法制"西北风"地空导弹的反应时间为5秒。从一定意义上讲,反应时间的加快等效于距离的缩短、效能的提高。所以,谁的反应速度更快,谁就更易于发挥火力,撤离现场,消灭敌人而不被敌人所消灭。

4. 防护综合化

"保存自己,消灭敌人"是战争的共同原则。由于现代侦察、监视和探测手段具有全方位、全频谱、全天候、全时辰的特点,如果进攻一方不能有效地保护自己,就可能出现"发难者先遭难"的结果。当一架战斗机在重要地区300米以上高度飞行时,可能受到800～900部雷达照射,其中可能有300～400部雷达以600～700个不同频率的波束进行搜索,有30～40部雷达跟踪飞机。如果再加上光电探测设备的威胁,战场电磁环境必将更加复杂。这对飞机、导弹等进攻性武器是一个严峻的挑战。在这种情况下,防护就显得特别重要。海湾战争中,F-117A飞机出动1600多架次,仅占战斗机攻击架次的1.77%,却完成了对40%战略目标的攻击任务,无一损伤,因而被评为这次战争中唯一获得满分的最佳作战飞机。其奥妙之处是借助外形设计和表面涂料,有效地实现了隐身要求,其雷达反射面只有0.1平方米,同一顶钢盔差不多。例如,B-1B轰炸机尺寸与B-52轰炸机尺寸相近,但由于B-1B轰炸机的外形设计有所改进,其雷达截面积只有B-52的1/10;B-2隐形轰炸机原本是一个机身长21米、翼展55米、高5.2米的庞然大物,但由于采用了巧妙的外形设计,显示在雷达荧光屏上只有飞鸟大小。

信息技术的广泛应用使现代战场环境变得更加复杂。为了赢得胜利,交战双方总是力图通过各种手段获取对方的情报。现代先进的探测技术为侦察提供了"科学的千里眼、顺风耳",而隐身与反隐身技术又可使被探测一方采用"障眼法"脱身。

5. 控制智能化

现代高技术的发展使武器装备的射程、威力、精度都几乎达到了各自的极限。交战双方的差别在很大程度上取决于它们对部队指挥和武器控制的水平。而要想驾驭信息化战争,单靠传统的指挥手段已经远远不够,必须借助于信息技术。1998年"网络中心战"的提出,就是考虑到在未来战争中,海军要打击从海上、空中到岸边,直至内陆纵深数千千米范围内的目标,还要为海军陆战队和陆军提供火力支援。传统的平台中心战难以适应,必须利用信息技术,把作战部队及其作战平台、作战支援部队以及轨道上的军用卫星联系起来,实时提供完整的战场空间态势信息,以便先敌采取行动,实施精确打击、联合作战。

三、信息化武器装备发展趋势

在世界新军事变革条件下,各国都在积极开展武器装备信息化建设,以把工业时代的机械化武器装备体系逐渐改造成信息时代的信息化武器装备体系。各类信息化武器装备的发展趋势简述如下。

1. 信息化作战装备发展趋势

信息化作战装备是指装有大量电子信息设备、与C^4I系统联网的坦克等装甲车辆、火炮与导弹发射装置、作战飞机与直升机、水面舰艇与潜艇等各类武器的载体,其主要发展方向是隐形化、多功能化和无人化。

近年来,国外在隐形技术开发方面已取得了突破性进展,美国、俄罗斯、英国、法国、德国、瑞典等相继研制出隐形装甲车、隐形舰艇等隐形装备。为进一步提高装备的隐形性能,它们又在积极探索隐形的新原理、新技术,如主动隐形技术。采用主动隐形技术后,未来的作战飞机将既有更强的隐形能力,又具备高机动性能。自2010年以来,发达国家信息化作战装备的性能将有大幅度提高,隐形、多功能坦克将在陆战中大显身手,隐形、超声速巡航导弹和机动能力极强的第四代作战飞机将投入使用,隐形舰艇和超静音潜艇将成为海战的主战装备。专家预计,到21世纪中叶,大部分主战武器装备将实现隐形化。

信息化作战装备的另一个发展趋势是多功能化。美国研制的"百人队长"级攻击型核潜艇,俄罗斯造出的米格1.42战斗机,英国、德国等设计的智能坦克等,都具有多种功能,能遂行多种作战任务。

军用无人系统又称军用智能机器人,是指能代替士兵遂行各种军事任务的机器,如卫星、导弹、无人机、无人车、无人水下系统、无人值守探测系统等。军用无人系统在战争中的作用越来越大,可遂行的任务越来越多。2010年,美军执行纵深攻击任务的飞机有1/3是无人机;2015年,美军地面战斗车辆中有1/3是无人战车;预计到2050年,美军将不再装备有人驾驶的作战飞机。

2. 信息化弹药发展趋势

信息化弹药也称精确制导弹药,是指依靠自身动力装置推进,能够获取和利用目标所提供的位置信息,并由制导系统控制飞行路线和弹道,以准确攻击目标、直接命中概率通常大于50%的弹药。信息化弹药主要包括制导炸弹、制导炮弹、制导子母弹、制导地雷、巡航导弹和反辐射导弹等。

在西方发达国家军队,信息化弹药的发展已经经历了三代,目前正在向灵巧型、智能型方向发展。智能型信息化弹药将情报、监视、侦察功能与火力打击能力融为一体,既能发现和快速跟踪目标,也能攻击和摧毁目标。目前正在开发的智能型信息化弹药主要有:①联合防区外发射灵巧型导弹。②能主动攻击多个目标的双射程导弹(Dual Range Missile,DRM)。③能撒布很多子弹药的"蜂群压制者"微型弹药。④能待机12小时、分批次攻击目标的"主宰者"攻击弹药。⑤能将照相机、无人值守地面传感器、通信链路和数据链路投送到战场前沿的"隐藏式防区外撒布器"。⑥机动灵活、可对付多个目标的"小口径弹药"。⑦在攻击目标前能向发射设备传回目标图像的"远程穿透弹药"。⑧带有激光寻的器,既能攻击目标,又能自毁的"自主攻击系统子弹药"。

俄罗斯的R-77M中程空空导弹、R-73反向攻击型空空导弹和KS172超远程空空导弹,英国于2005年投入使用的卫星制导炮弹,都能自主寻找和攻击目标,具有多种功能,如反飞机、反导弹和远程拦截等。

3. 防空和反导武器发展趋势

由于在高技术局部战争中导弹与飞机是主角,再加上导弹技术发展很快,各国都十分重视发展防空和反导武器。

1999年3月,美国成功地试射了新型"爱国者"-3防空导弹。该型导弹作战效能高,在伊拉克战争中对伊军导弹的拦截率高达70%。美军的防空导弹正在向两个方向发展:①中高空导弹主要用于反战术弹道导弹和高速固定翼飞机。②低空近程导弹主要用于反直升机、无人机和巡航导弹。最终,美军将建成防空、反导及反巡航导弹的一体化防御体系。美国计划分三阶段部署国家导弹防御系统,要求最终能防御60枚以上同时来袭的弹道导弹,拦截率在95%以上。2010年,美军基本完成战区导弹防御系统的部署,建成由陆基、海基和机载系统组成的低层、高层和助推段导弹防御体系。

俄罗斯正在研制三种防空导弹,即"安泰"-2500全方位防空导弹、"一筒四弹"的S-300PMU3防空导弹和具有防空和反导能力的"凯旋"S-400防空导弹。据评论,这几种防空武器的性能都优于美国的"爱国者"-3导弹。俄军在重点发展中程超高速防空导弹的同时,也在加紧改进现有战略反导系统,计划逐步建设低空、超低空防空与反巡航导弹的一体化防空反导系统。

日本为加快发展并部署防空反导系统，积极引进美国先进的防空反导武器和技术。

印度也正在发展自己的导弹防御系统，为此引进俄罗斯的 S-300P 反导系统和以色列的"箭"式防空导弹。

4. 信息化单兵系统发展趋势

各国军队的单兵装备正在不断向信息化方向发展。信息化单兵系统又称单兵综合作战系统，是士兵在 21 世纪信息化战场上的个人装备，可实时地侦察和传递信息，具有人机一体化和多功能等特点，将大幅度提高士兵的防护、攻击和生存能力。美国、英国、法国、德国、俄罗斯、以色列、澳大利亚等国家都制定了信息化单兵系统开发计划，以使配备这种装备的士兵成为未来信息化战场上"军事大系统"的节点。

信息化单兵系统包括头盔子系统、武器子系统、计算机子系统、防护服子系统、微气候空调子系统等。美军研制的"目标部队勇士系统"于 2008—2012 年开始装备部队，2018—2020 年装备完毕。届时，每个美军士兵的战斗力将增加 20 倍，相当于一架 AH-64"阿帕奇"直升机。英军研制的"未来作战士兵系统"于 2009 年开始生产，首先装备一个旅。法军研制的"先进作战士兵系统"于 2005 年开始装备部队，2010 年装备 1.2 万名士兵。德军研制的"未来步兵系统"于 2005 年开始装备部队，2010 年装备 1.1 万名士兵。

5. 空间战和信息战武器发展趋势

为了准备实施天战，很多国家特别是美国和俄罗斯都在大力发展天战武器系统。目前，美国、俄罗斯等研制或计划研制的天战武器主要有四种。

(1) 反卫星武器。用于干扰、破坏敌方航天器的反卫星武器，包括地基与海基反卫星武器、机载反卫星武器和天基反卫星武器三种。它们既可利用直接碰撞动能实施硬杀伤，又可采用激光、微波、粒子束等定向能进行软杀伤，还可通过使用或喷涂化学物质等进行非致命性杀伤。

(2) 反导武器。它主要有天基反导武器和地基、海基、空基反导武器。后三种反导武器是当前美国发展反导系统的重点。天基反导武器的发展较为迟缓，但优势很大，不仅可在全球范围内拦截导弹，还可在助推段实现高效拦截。

(3) 太空作战飞行器。这种可多次使用的飞行器，由自身的动力系统或航天飞机送入轨道，在轨道上停留数周至一年的时间，能执行多种作战任务，如作为动能或定向能武器平台部署、修理、回收己方卫星，破坏敌方卫星等。

(4) 空天飞机。它快速进入外层空间后，既可充当战时空间指挥所，又能遂行侦察预警及对陆、海、空、天等重要目标进行攻击的任务。

近年几场高技术战争表明，信息战武器已经成为战争中夺取信息优势的主战装备。信息战，如电子战已不再局限于通信和雷达对抗的范围，而已扩展到指挥、控制、引导诸方面，成为系统与系统的对抗。因此，各国军队将更加重视研制新型电子战装备，使这种装备的多功能性、作用距离、软硬毁伤能力显著提高。为了保持电磁优势,美国陆、海、空三军正在联合研制多种通用化、综合化电子战系统。俄军在不断提高远距离电子战干扰功率和光电对抗、无源干扰能力的同时,也在着力发展综合电子战系统。为充分发挥电子战装备的效能,美国、俄罗斯等采用多种方法来增大电子战装备的作用距离,最主要的方法是使电子战设备空中化。为此,各国积极发展各类电子战飞机、电子战直升机和电子战无人驾驶飞机。

在未来的信息化战争中,网络战将成为信息战的重要样式之一。计算机病毒将是网络战的主要进攻手段。目前,美国、俄罗斯、英国等国不仅在开发各种计算机病毒、逻辑程序、隐蔽程序等信息战攻击武器,还在研究远距离注入病毒的方式。

6. 军事信息系统发展趋势

进入 21 世纪后,随着计算机的智能化,通信、传感和其他信息技术的飞速发展,军事信息系统的发展方向可以概括为:①由烟囱状的集中式结构向分布式结构转变,加强系统横向互通,建立智能化横向路由链路,以提高系统的可靠性、抗毁性和生存能力。②向综合化、智能化方向发展,以提高系统的自动化程度和空地一体化程度,更好地发挥系统的整体效能。③向用于外层空间的战略防御系统和适用于信息化战争的移动式系统方向发展,而后者的发展将快于前者。④由单一军用系统向平战、军民两用系统方向发展,以扩展系统的增值服务和满足平时部队管理的需要。⑤与国家信息网络系统建设同步进行,或借用国家干线作为军事信息系统传输平台干线,以提高系统建设与使用效益。⑥向标准化、规范化方向发展,尽可能多地采用民用部件。

各国军事信息系统的发展有四大趋势:

(1)网络化。网络化的军事信息系统可使信息处理速度更快、信息处理容量更大,并将信息及时分发给所需用户,使官兵随时掌握战场态势,以满足作战指挥和各种作战行动对信息的需求。

(2)功能综合化。这不仅体现在指挥、控制、通信、情报向指挥、控制、通信、计算机、情报、侦察、监视、精确火力打击等功能的扩展上,还体现在同种功能系统的数据融合上。系统功能综合化的好处是能提高获取目标信息的实时性和准确性。

(3)三军系统集成化。各军种信息系统实现集成化,不仅可以减少系统的数量,还能从根本上解决三军系统的互联、互通、互操作问题,从而满足联合作战和未来信息化战争的需要。2002 年,美国国防部取消了各军种的 2000 多个信息系统。

(4)侦察、通信、导航卫星化。这些功能实现卫星化后,有利于形成全天候、高分辨力、覆盖面大的侦察能力,远程、高速、大容量、大范围的通信能力以及精确的三维定位和导航能力。

7. 新概念武器发展趋势

信息化武器装备体系的重要组成之一是新概念武器。目前,美国、俄罗斯等正在研制的新概念武器主要有以下几类。

（1）定向能武器。它主要包括激光武器、微波武器和粒子束武器。新世纪以来，美国、俄罗斯等都在积极发展激光武器，并取得了巨大进展，有的已接近战斗部署阶段。微波武器是利用定向发射的高功率微波束，破坏敌方电子设备或攻击敌方作战人员的一种定向能武器。俄罗斯、德国、日本、英国、法国等也在进行微波武器技术研究。粒子束武器靠高能强粒子束流的动能摧毁目标，目前尚处于探索阶段。

（2）动能武器。它依靠高速运动的弹头或弹头碎片摧毁目标。美国、俄罗斯、英国、法国和以色列都在发展动能武器，如动能拦截弹和电磁发射武器。电磁发射武器是动能武器中的新秀，是利用电磁能或电热化学能产生推力，使弹丸或其他有效载荷获得动能的武器，主要包括电热炮和电磁炮。有些国家的电热炮技术现已基本成熟，并开始从演示验证阶段进入武器型号研制阶段。

（3）高超声速武器。它是指以高超音速飞行技术为基础、飞行速度超过 6 倍音速的武器，主要包括高超声速巡航导弹和空间作战飞行器。高超音速武器航程远、速度快、结构简单、性能超卓，能够快速打击远程目标，被军事专家称为继螺旋桨、喷气推进器之后航空史上的第三次革命性成果。

（4）非致命武器。它是指为达到使作战人员和武器装备失能，及使附带破坏最小化而专门设计的武器系统，又称为失能武器或非杀伤性武器，主要包括超级润滑剂、材料脆化剂、超级腐蚀剂、动力系统熄火弹、激光致盲武器、次生武器、化学失能剂等。

第二节　信息化作战平台

信息化作战平台是指采用信息技术研制或改造的、装配有大量 C^4ISR 设备并联网的各类武器系统，主要由"软""硬"两个部分组成。"软"组成部分是信息化武器装备的主要标志，即具有感知、获取并传递各种目标信息的器材和装置，如指挥、控制、通信和情报系统等。"硬"组成部分则是指传统意义上的机械化武器装备，即具有运载功能并能作为火器依托的载体部分，如坦克、步战车、舰艇、飞行器等。

一、信息化陆上作战平台

（一）信息化陆上作战平台主要种类

1. 坦克装甲车辆

装甲车辆是具有装甲防护和机动能力的战斗车辆和保障车辆的统称。战斗车辆主要有主战坦克、步兵战车、装甲侦察车、装甲指挥车、装甲通信车和装甲输送车等。装甲车辆是现代化陆军的重要装备。其中装甲战斗车辆是最主要的装甲车辆，而坦克实际上是装甲车辆的基本车种。具体来说,坦克就是具有强大直射火力、高度越野机动性和坚强装甲防护力的履带式装甲坦克。由于坦克的发展和改进对其装甲战车有决定性影响,为突出坦克在装甲战车中的重要地位,常常把装甲车辆称为坦克装甲车辆。

目前,世界上先进的坦克主要包括美国的 M1A2、俄罗斯的 T-90、英国的"挑战者-2"、法国的"勒克莱尔"、德国的"豹"2、中国的 99A 等。

2. 自行火炮

火炮可以在任何地形全天候地提供猛烈而持久的火力,因此,火炮历来一直备受青睐。陆军炮兵也成为影响战争进程和结局极为重要的技术兵种,在传统的地面战争中被称为"战争之神"。现代火炮已经基本实现自行化,在未来信息化战争中,作为地面进攻和防御火力的基本手段,仍将占有重要的地位。

目前,世界上典型的自行火炮系统主要有美国"帕拉丁"M109A6 型 155 毫米自行火炮、俄罗斯 2S19 152 毫米自行火炮、法国"凯撒"155 毫米轮式自行火炮等。近年来,我国的自行火炮技术发展迅速,研制了出口型的 PLZ45 型 155 毫米自行火炮以及自用型的 05A 式 155 毫米自行火炮,也发展了 SH15 型 155 毫米轮式自行火炮等。

3. 直升机

直升机是指一种依靠发动机带动旋翼产生升力和推进力的航空器,是现代陆战的重要武器装备之一。为适应作战需要,在直升机上安装机载武器系统便形成了武装直升机,它具有机动灵活、反应迅速、适于低空、能在运动和悬停状态下开火等特点。它主要用于攻击地面、水面和水下目标,为运输直升机护航,还可与敌方直升机进行空战。现代武装直升机通常是指用来突袭地面目标的直升机,是陆军航空兵实施直接火力支援的主要航空器。

现役典型直升机有美国的 S-70/UH-60"黑鹰"、AH-64"阿帕奇",俄罗斯的米-28、卡-52,法国的 SA-365"海豚",意大利的 A-129"猫鼬"等。

(二)信息化陆上作战平台发展趋势

21 世纪,陆战武器装备的发展重点是提高信息力、火力、生存能力和战场机动能力,实现标准化、通用化和系列化。近年来,世界各国调整了陆上作战平台的发展进度,加快对现有装备的改进和提高,其主要发展趋势如下。

1. 在研制新一代陆上作战平台时全面应用先进信息技术

近年来,美、英、法等发达国家都在先期概念演示验证的基础上开始研究下一代主战武器系统,将资金从传统平台的研制转移到发展信息化装备平台上。新的主战系统将发展成为以网络为中心的"系统之系统",即由侦察车辆、指挥控制平台、独立的火力压制系统、地面战斗与人员输送车辆以及用于支援作战的无人机等功能平台构成的大系统,集侦察、监视、目标搜索、火力打击、保障等功能于一体,如美陆军为"理想部队"研制的"未来作战系统"。

2. 进一步提高机动性能

提高机动性能的重点是提高陆上作战平台的越野机动性、加速性和转向性。这些性能与平台的动力传动装置、操纵与悬挂系统的性能水平、单位功率、履带接地压力以及负重轮行程和发动机的加速性等有关。其中,动力装置的发展趋向是:除继续改进增压、中冷柴油发动机外,燃气轮机将逐步增多,功率有可能增至1500千瓦。同时,还将进一步研究陶瓷绝热发动机,其与同功率的柴油机相比,体积与重量将减少40%,节约燃料30%。而传动装置的发展重点是:设计先进的综合推进系统,采用电子操纵,增大功率密度(单位体积功率),达到结构紧凑、传递功率大、操纵维修方便等目的。此外,液气悬挂使用增多,并有可能出现主动式悬挂系统。为进一步提高作战平台的战场机动性,还提出在平台上建立战场管理信息系统,安装显示器,供乘员阅读地图信息,配设导航仪,明确敌我配置态势等。

3. 进一步提高生存能力

较强的生存能力是保持战斗力必不可少的条件。由于现代探测技术的长足进步和精确制导技术的飞速发展,来自空中的威胁越来越大,对陆上作战平台的战场生存构成了严重威胁。因此,未来陆上作战平台将通过多种途径,全面系统地提高平台的防护性能。

(1)采用隐身技术来提高防护能力。由于隐身技术、电磁技术、信息技术、主动防护技术将在未来陆上作战平台中得到广泛的应用,除隐身坦克不久将出现在战场上外,隐身侦察车和隐身电动装甲车等都将可能出现。

(2)大量采用复合装甲提高车体的防护能力。重点是研究新型复合装甲、反作用装甲和主动防护系统。主动防护系统的任务是实施光电对抗,用于及时探测、定位和辨别敌核生化武器、导弹、激光、直升机等各种威胁,同时立即作出相应的对抗措施,如发射激光或热假目标、施放烟幕等,用于预警、干扰和破坏来袭的光电武器。

4. 发展系列化、通用化作战平台

系列化是根据某类产品或装备的使用需求和发展规律,按一定序列排列其主要性能参数和结构形式,有计划地指导产品的发展,以满足广泛需求的一种标准化方法。如美陆军的M系列坦克装甲车、俄罗斯的T系列坦克等,都是系列化的地面主战装备。

通用化是一种将现有的或正在研制的具有互换性特征的通用单元用于新研制武器系统的标准化方法。未来将把导弹和火炮综合在同一辆装甲车上,便构成弹炮一体化武器系统,使坦克具有直射、间射和对空作战能力,"新型装甲作战平台(NCP)"装上不同的武器,就可以成为主战坦克、步兵战车或防空系统。为准备21世纪初的战争,美军提出了未来近战车辆(FCCV)规划,提出了三个车族构想:①坦克、步兵战车、骑兵战车(侦察用)三种车型。②坦克与步兵战车合一的双用途车辆,另加一种骑兵战车。③坦克、步兵战车、骑兵战车三者合为一种多用途战斗车辆。

二、信息化海上作战平台

海上作战平台主要指在海洋进行战斗活动的舰艇,主要用于海上机动,进行战略核突袭,保护己方或破坏敌方的海上交通线,进行封锁或反封锁,参加登陆或抗登陆作战和打击攻击作战。信息化海上作战平台的技术复杂、知识密集,集中反映一个国家的工业水平和科技最新成就。信息化海上作战平台是指包括水面舰艇和潜艇在内的各种作战舰艇,是现代海军最主要、最基本的装备。

(一)信息化海上作战平台主要种类

1. 航空母舰

航空母舰是以舰载飞机为主要作战武器的大型水面战斗舰艇,主要用于攻击敌舰艇、袭击敌海岸设施和陆上目标,夺取作战海区的制空权和制海权,支援登陆、抗登陆作战。航空母舰是海军水面作战力量的核心。拥有航空母舰的海军通常围绕航空母舰进行作战编成。航空母舰一般有重型、中型和轻型三类。配备的舰载航空兵联队拥有战斗机、攻击机、预警机、电子战飞机和反潜飞机等。目前,世界上先进的航空母舰是美国的"福特"级超级航母。

2. 驱逐舰

驱逐舰是一种具有多种作战功能的中型水面作战舰艇,是大多数国家海军的主力舰种。驱逐舰的吨位一般为3000～8000吨,也有少数排水量超过1万吨的驱逐舰。按照用途,驱逐舰分为多用途驱逐舰、防空驱逐舰和反潜驱逐舰。目前,世界上较先进的驱逐舰是美国"阿利·伯克"级驱逐舰、英国45型驱逐舰和中国的052D型、055型导弹驱逐舰。

3. 护卫舰

护卫舰是另一类主要的战斗舰艇,又称作巡防舰,较小型的护卫舰也被称为巡逻舰,主要用于大型舰艇护航、近海警戒、巡逻和护渔等。其排水量从500吨至4000吨不等,其中,排水量在500～1500吨的称为轻型护卫舰,排水量在1500～3000吨的称为中型护卫舰,排水量在3000吨以上的称为大型护卫舰。根据装载的武器不同,护卫舰又可分为通用型、反潜型和防空型。

4. 两栖战舰艇

目前,世界上典型的两栖战舰艇有美国的"美国"级两栖攻击舰、法国的"西北风"级两栖攻击舰、中国的071型两栖登陆舰等。其中"美国"号(LHA-6)两栖攻击舰于2014年10月正式服役,满载排水量达4.5万吨,可容纳1204名船员和1871名士兵,主要作战能力均处于世界领先水平。

两栖战舰艇是专门用于登陆作战的舰艇的统称。两栖战舰艇的主要任务是输送登陆兵、登陆工具、战斗车辆、武器装备和物资,指挥登陆作战,并为两栖作战提供火力支援。两栖战舰船包括两栖攻击舰、两栖作战指挥舰、登陆舰和运输舰等。各种登陆舰船都有其专门功能和登陆专用装备,登陆舰船的船型也较特殊。

5.潜艇

攻击型潜艇是在水下进行作战活动的舰艇,有常规动力和核动力之分,主要用于攻击敌大、中型水面舰船和反潜作战,攻击敌陆上重要目标,破坏敌海上运输线,并能执行侦察、布雷、救援和遣送特种人员登陆等任务。配载的武器有巡航导弹、鱼雷和水雷等,有的潜艇还配有防空导弹。

目前,世界上拥有核潜艇的国家有美、俄、英、法、中等,著名的核潜艇有美国的"俄亥俄"级、"弗吉尼亚"级,俄罗斯的"台风"级、"北风之神"级,英国的"前卫"级,法国的"凯旋"级等。

(二)信息化海上作战平台发展趋势

1.水面舰艇的发展趋势

随着高新科技的发展和海上作战的需要,水面舰艇将向着大吨位、远续航力和提高综合作战能力的方向发展,使其在现代海战中充分发挥"基本兵种"的作用。水面舰艇的发展将主要集中于以下几个方面。

(1)研制新型导弹发射装置,提高水面舰艇的作战能力。各种类型的舰载导弹是水面舰艇的主要攻防武器。导弹的携带数量是构成水面舰艇作战能力的主要因素。水面舰艇以往采用臂式发射架、箱式发射架等,较为笨重,需占用较大空间,战斗使用也不够简便,限制了舰艇携带导弹的数量。随着导弹垂直发射技术的研制成功,新型导弹发射装置将采用井式结构,可使每艘舰所携带的各型舰载导弹达近百枚或上百枚,从而极大地提高大中型舰只的海上作战能力。

(2)采用新型动力装置,提高水面舰艇的机动能力。动力装置是水面舰艇的"心脏",其性能决定了水面舰艇的机动能力。与航空兵相比较,水面舰艇的机动能力差是一个十分明显的弱点。采用新型动力装置,提高水面舰艇的机动能力,是水面舰艇发展的一个重要方向。

目前,水面舰艇采用的动力装置有核动力装置、蒸汽轮机动力装置、内燃机(主要是柴油机)动力装置和燃气轮机动力装置。其中,燃气轮机动力装置是一种新型动力装置,越来越多地应用于各型水面舰艇。

(3)采用隐形技术,提高水面舰艇的隐蔽性。机动能力低、隐蔽性差、易被发现和遭到攻击是水面舰艇主要的弱点。因此,提高水面舰艇的隐蔽性,实质上就是提高水面舰艇的生存能力。随着隐形技术的发展及其在水面舰艇上的广泛应用,这个弱点可望得到解决。当前,水面舰艇所采用的隐形技术主要有两个方面:①尽可能地减少雷达波的反射面积。在船体设计上,主甲板以上的各种武器、装备、器材尽可能地隐藏在舷侧舱壁的背后。其中,交通艇等较大型的设备以及反舰导弹也采用半隐蔽方式。所有舷侧舱壁都设计成非直角形,并在主要部位涂有吸收雷达波的材料,尽量减少雷达波的反射。②采用降噪技术。将舰艇的主机与舰壳相隔离,舰壳的振动大为减轻,明显降低了噪声。反潜舰艇降低噪声,不仅减小了对方潜艇以声呐被动方式侦听的可能,还为本舰声呐工作提供良好的工作环境,提高了声呐侦测距离和发现概率。

(4)研制新船型。船型是一种船舶区别于其他不同类型船舶的特征综合。开展对船型的研究,探索适合建造各种水面舰艇的新船型,对水面舰艇的发展具有深远的战略意义。研究适合建造水面舰艇的船型,其目的和要求是:①提高水面舰艇的机动能力。②提高水面舰艇的隐蔽性。③提供更大的空间,以装载更多的武器装备。正在探索、研究的新船型有多种。其中,引起关注的主要有半潜型舰和深V型三体舰。

2. 潜艇的发展趋势

随着高技术的广泛运用,潜艇将向着进一步提高潜艇的水下机动能力、水下搜索目标能力、水下攻击能力、水下隐身能力、对反潜自导鱼雷的防御能力以及实现全面综合自动控制等方向发展。

(1)提高潜艇水下机动能力。提高潜艇水下状态的水平机动能力和垂直机动能力,主要包括:①增大常规动力潜艇的水下航速和水下续航力。②提高核潜艇在浅水海区的机动性能。③增大潜艇的下潜深度。

(2)提高潜艇水下搜索目标能力。提高潜艇在水下状态时隐蔽地搜索目标能力,有效地提高潜艇的作战能力和防御能力,是潜艇发展的重要目标之一。

改进潜望镜的性能,提高潜艇在潜望深度搜索海面目标和空中目标的能力,积极发展多用途潜望镜。

提高潜艇搜索水下目标的能力,其主要途径是增大潜艇声呐的探测距离。为此,除了采用各种先进技术提高声呐性能外,还应从潜艇装备的其他方面加以改进,如降低潜艇本身的噪声,为声呐搜索目标创造一个安静的环境,从而增大声呐搜索目标的距离。

(3)提高潜艇水下攻击能力。提高潜艇水下攻击能力是潜艇装备发展的主要趋势。潜艇水下机动能力、水下搜索目标能力、导航定位精度和武器效能的提高以及降低潜艇噪声等,都能直接或间接地提高潜艇水下攻击能力。其中,提高武器效能可显著地提高潜艇水下攻击能力。

(4)提高潜艇水下隐身能力。提高潜艇水下隐身能力是今后潜艇发展的一个重要趋势。潜艇噪声直接关系潜艇的隐蔽性,并影响声呐对目标的探测效果,对艇员的健康也有不利的影响。因此,降低潜艇噪声成为发展潜艇装备的主要内容之一。

传统的降噪措施取得了很大进步。各国都在想办法努力将潜艇噪声降到背景噪声以下。例如,以潜艇的磁性探测为例,在某些深度范围内,甚至从空中记录的地磁场扰动情况就能测定出潜艇。

(5)提高潜艇对反潜自导鱼雷的防御能力。在各种反潜舰艇和反潜飞机上,普遍装备的反潜自导鱼雷是反潜兵力攻击潜艇的主要武器。因此，必须采取有效措施提高潜艇对反潜自导鱼雷的防御能力：①增大潜艇探测器材发现反潜自导鱼雷的距离，以便潜艇被反潜自导鱼雷攻击时，能及时作出反应。②装备各种干扰、模拟器材，使潜艇能对反潜自导鱼雷实施有效的干扰和欺骗。

（6）实现潜艇全面综合自动控制。随着电子技术和电子计算技术的发展，利用计算机对潜艇各系统进行操纵控制及各种数据的处理与显示将得到进一步的发展。潜艇现有的操纵控制系统、导航控制系统、通信控制系统、战术攻击控制系统、战略武器控制系统以及监视、环境控制系统将逐步实现自动控制。另外，还将实现各系统之间的直接联系，使信息逐步集中起来，最后实现全艇的全面综合自动控制。自动控制程度的提高，将能够增强潜艇的快速反应能力，提高潜艇的机动能力、水下攻击能力和潜艇的生存能力，减轻艇员的劳动强度，减少舰员人数，改善居住条件，从而进一步提高潜艇的战斗力。

三、信息化空中作战平台

信息化空中作战平台作为空空和空地作战的主要技术装备和运载工具，主要有轰炸机、预警机、战斗机和侦察机等。

（一）信息化空中作战平台种类

1. 轰炸机

轰炸机是一种专门用于向地面、水面、地下和水下目标投放大量弹药的飞机，具有突击力强、航程远和载弹量大等特点，是航空兵实施空中突击的主要机种。现代轰炸机装备的武器系统包括各种炸弹、航弹、空地导弹、巡航导弹、鱼雷和航空机关炮等，可在敌防空火力圈外实施轰炸突击。机上装备先进的火力控制系统，以保证轰炸机具有全天候轰炸能力和很高的命中精度。轰炸机按遂行任务范围分为战略轰炸机和战术轰炸机。战略轰炸机一般是指用来执行战略任务的中、远程轰炸机，主要用于攻击敌方城市和工厂等战略目标，以消灭敌方的作战能力。战术轰炸机一般是指用来执行战术任务的体型较小的轰炸机，主要用于攻击武装部队。目前，世界上著名的轰炸机有美国的B1-B、B2-A、B52-H，俄罗斯的图-95MS、图-160、图-22M以及中国的轰-6K等。

2. 预警机

预警机是空中预警飞机或空中预警与指挥飞机的简称，是用于搜索、监视空中或海上目标，指挥引导己方飞机遂行作战任务的飞机。安装在地面或海面的雷达由于受地球曲率的影响，其探测范围极其有限，如果将雷达安装在空中平台上，则能有效地扩大雷达对地面和海面目标，特别是低空与超低空飞行目标的探测范围。目前，世界上的预警机主要有美国的 E-3A、E-2C，俄罗斯的 A50，以色列的"费尔康"，中国的 KJ-2000、KJ-200和KJ-500 等。

3. 歼击机

歼击机主要用于夺取制空权,多用于执行空战任务,兼有一定的对地攻击打击能力。歼击机配备的武器以空空导弹为主,航空机关炮为辅,并装备有先进的综合火力与飞行控制系统。机载火控雷达具有远距离探测目标的能力;在电子干扰条件下,还应配备光电搜索跟踪系统;火力系统同时承担着对空空导弹的制导任务;夜间作战的歼击机还装有红外夜视导航、瞄准设备。歼击机一直是各国空军重点装备的机种,其性能水平和作战方式不断演变。随着航空技术的不断发展,现代歼击机已经发展到第四代,能执行制空作战、防空截击、纵深遮断和近距空中支援等任务。

4. 侦察机

侦察机是专门用于从空中获取情报的军用飞机,是现代战争中主要侦察工具之一。侦察机上装有各种侦察设备,如航空照相机、雷达、摄像机、红外电子侦察设备等。有的还装有实时情报处理设备与传递装置。部分侦察机上还装有武器,用于自卫和进行攻击。侦察机可进行目视侦察、成像侦察和电子侦察。其中,成像侦察是侦察机实施侦察的重要方法,包括可见光照相、红外照相与成像、雷达成像、微波成像和电视成像等。为提高生存能力,侦察机上还装有电子干扰系统。侦察机按遂行任务范围可分为战略侦察机和战术侦察机。战略侦察机是为战略决策而搜集敌方的战略情报的专用飞机,其特点是飞行高度高、航程远,能从高空深入敌方领空对军事目标、核设施、导弹基地等重要目标实施战略侦察。战术侦察机是对战场和战区目标实施侦察的飞机,其主要任务是对敌纵深 300～500 千米的兵力布置、火力配置、地形地貌以及对敌攻击效果等进行侦察,获取战役战术情报,以协助战役指挥员了解敌情和制定作战计划。

(二)信息化空中作战平台发展趋势

随着信息技术推动空中作战平台不断发展,信息化水平进一步提高,其发展趋势有如下几点。

1. 更加注重多用途作战能力

今后战斗机发展都要求多用途化,在设计研制时就提出明确需求。因此,战斗机在无需改型的情况下,自身兼有很强的对地攻击能力;若进行专门的改进,则对地攻击能力更强。这种"一机多用"或"一机多型"将成为战斗机发展的标准模式。同时,战斗机与攻击机的界限也将越来越模糊。

未来运输机通过功能模块的变更与替换,或经过适当改装变成多用途的飞机,如能成为救护伤病员,并可进行手术治疗的空中医院;成为歼击机、强击机、歼击轰炸机补充燃料的空中加油机,以及充当轰炸机的替补;成为隐蔽性较好的侦察机、空中预警机、携载和发射无人机的母机等。如在研的"平台型运输机"具有一般运输机的各大系统,具备基本飞行功能,可按战术—技术要求或使用—技术要求完成特殊运输任务。应用了模块设计,即在该运输机上安装各种功能的方舱,以达到各种布局的变化,实现一机多型、一机多用。

2. 更加强调隐身性能

战斗机 F-22、轰炸机 B-2A、战斗轰炸机 F-117A 等都具备良好的隐身性能。新一代直升机将采用现代化的传感器和先进的复合材料技术以及各种吸波材料涂层，使其雷达反射截面、红外特征值减小，提高其隐身性能。

3. 不断改进现役空中作战平台

为适应未来战争的需要，许多国家（地区）和组织正在着手对它们的预警飞机进行改进。美国空军、北约组织和英国曾实施 E-3 预警飞机雷达系统改进计划，通过提高脉冲多普勒雷达灵敏度，采用高可靠性新型处理机和重新修改软件等，提高探测跟踪小目标和隐身目标的能力。美国、埃及、以色列、日本、新加坡等先后着手进行 E-2C（E-2T）预警飞机的改进计划。

4. 无人作战平台向实用化方向迈进

无人机的造价低、隐蔽性能好、生存能力强，不受人的生理条件限制，在现代战争中有广泛的用途。采用高技术研制新型的无人机将是空中作战平台今后发展的一个重要方向。研制的自主式无人机和遥控机器人无人机除继续执行战场监视、侦察、电子对抗、通信中继、战场运输、气象监测和模拟假目标等任务外，还可执行空战和对地攻击任务，其作用将越来越大。

5. 提高电子对抗能力

除专用的电子对抗飞机外，一般的作战飞机的自卫电子对抗设备将进一步发展。除进一步扩大频宽、增大有效辐射功率外，还将发展以电子计算机为核心的自适应系统。这种系统能在复杂的电磁环境中截获、分析和处理各种电磁信号，并根据这些信号反映出的威胁类型和程度自动选择对抗措施。

第三节　综合电子信息系统

综合电子信息系统是指在高技术局部战争环境中，为诸军兵种提供信息作战能力与优势的系统。一个完整的综合电子信息系统，尽管担负不同的任务、属于不同的级别和军种及具有不同的用途、规模、功能和设备配置，但组成要素大体一致，一般由指挥控制系统、通信系统、情报系统、电子对抗系统、监测控制系统和综合保障系统组成。

一、指挥控制系统

指挥控制系统主要由各级各类指挥中心（所）和执行分系统构成。它是综合电子信息系统的"心脏"和"大脑"，其核心是计算机和有关辅助设备，主要用于将输入的各种情报和信息快速地进行综合处理,为指挥人员进行决策判断提供可靠的信息;辅助指挥人员拟制作方案并通过模拟推演和分析判断,得出结果数据,为指挥人员定下决心、下达命令提供准确依据;根据作战命令提供各种兵力、兵器的指挥控制和引导数据,通过通信系统传递给执行系统(有关部队武器系统)实施指挥和控制。所以,综合电子信息系统的总体结构设计主要是围绕指挥控制系统进行的。

(一)指挥控制系统的组成要素

从作战使用上,指挥控制系统分为作战指挥要素和技术保障要素两部分。作战指挥要素是指挥员和战勤、参谋人员实施作战指挥和组织勤务保障的场所,他们通过设置的指挥控制台、大屏幕显示设备、各种终端设备和指挥通信设备完成指挥活动;技术保障要素是安装各种技术设备的机房和工作间,是技术保障人员维护、管理各种设备的场所。

1. 作战指挥要素

作战指挥要素的设置原则,主要是依据指挥机关的编成及其所担负的作战指挥任务。各级指挥控制中心因任务不同,作战指挥要素也有所不同,通常包括:

(1)指挥基本要素。一般有作战室(如作战会议室、作战值班室、各军种室等)或席位、电子对抗室或席位、指挥员室或席位。

(2)作战保障要素。一般有情报综合室(席位)、通信室(席位)、机要室(席位)、测绘室(席位)、气象室(席位)等。

(3)后勤与装备保障要素。一般有后勤保障室(席位)和装备保障室(席位)。

(4)辅助指挥要素。一般有军务动员室(席位)和勤务保障室(席位)等。

2. 技术保障要素

技术保障要素包括四种:

(1)信息处理要素。它包括计算机房、数据库室、文电收发室、数据录入室、安全管理室和软件管理室等。

(2)内部通信要素。它包括程控交换机房、通信终端室、配线室等。

(3)信息显示要素。它包括显示控制设备室和演播室、大屏幕投影室(设备)等。

(4)辅助设备要素。它包括系统监控室、电源室、空调室和维修室等。

(二)指挥控制系统硬件与软件组成

依据指挥控制系统组成要素和系统战术功能,指挥控制系统由硬件平台和完成系统战术功能的信息处理软件等构成。

1. 硬件平台

硬件平台通常由信息处理设备(计算机系统)、信息显示设备(各种显示控制台、工作站、终端、大屏幕显示设备和闭路电视和投影设备等)、内部通信设备(程控交换机、对讲机、通信终端设备等)、系统监控设备(监控台和其他环境监控设备)和局域网等组成。

2. 信息处理软件

除必需的系统软件、应用开发工具软件外，主要有情报处理、文电处理、辅助决策、武器控制、数据库、资料检索、图形处理、战勤保障等信息处理软件。

二、预警系统

1. 防空情报侦察监视子系统

防空情报侦察监视子系统主要是对来袭的轰炸机、巡航导弹等空中目标尽早预警；搜索、监视、识别空中目标，并连续测报目标位置和飞行参数。由于现代战争中空袭兵器及其突防手段多种多样，必须综合使用多种侦察监视设备和手段。

地面雷达警戒网是将各种警戒雷达按其性能统一布局、合理配置的预警侦察网。预警线主要由远程警戒雷达站组成，并适当配置一定数量的低空目标探测雷达站，使其对高、中、低空目标都具有探测预警能力。根据需要和可能，可设置多道预警线。例如，美国目前的战略预警系统设置了两道预警线：在北美，西起阿拉斯加东至格陵兰一线，设置了一道远程预警线，对时速960千米的飞机可提供3小时的预警时间；在美国和加拿大边境的加方境内，设置了一道近程预警线，能在敌机进入美国本土前20分钟发出警报。

(1)对空侦察雷达网主要由中、近程雷达站组成，各个雷达的探测范围互相衔接、重叠，形成全方位、大纵深、覆盖空袭兵器全部飞行高度的探测空域，为作战指挥中心和各防空部队提供空中目标的情报信息。

(2)空中预警网由空中预警机组成，主要优点是机动性强、情报传递快、侦察范围大，尤其是对低空、超低空目标的探测性能好。例如，美国为防止敌机从海上入侵，沿其东西海岸各设置了一道空中预警线，由E-3A空中预警机担负空中巡逻警戒任务。它在9千米以上的高空，对高度为18千米以下的空中目标的发现和跟踪距离为460千米，并能发现高度在100米以下超低空来袭目标。

(3)无线电技术侦察网由装备专门无线技术设备的侦听站组成，任务是通过侦听、侦收和测向等截获、破译敌指挥通信并进行测位，以获得敌空袭活动的预先征兆和实时情报。

(4)对空观察仍不失为一种有效的侦察手段，作为雷达警戒网的辅助网在一些国家仍被使用。它由众多的地面观察监视哨、站组成，借助光学、电子观察设备或音响监听设备，用目力或听力监视(听)空情并传递情报，能弥补其他侦察网的不足，是获取低空、超低空目标情报的有效手段。例如，德国的鲁斯特驾机进入苏联领空时，就是被苏联边防音响监听设备首先发现，然后地面防空雷达才据此搜索检测到该机，但在纵深地区却没有连续跟踪掌握。又如，在海湾战争中，美军是靠潜入伊拉克境内的特工情报人员，而非皆由间谍卫星侦察才真正摸清了伊军指挥部门和通信中心的准确位置与布局、地下掩体军事伪装设施等情况。这都说明声响观察哨和人工侦察的重要作用。

2. 防天情报侦察预警子系统

防天情报侦察预警子系统主要是对来袭的战略弹道导弹和其他航天兵器提供预警，测定其轨道参数，识别真伪弹头和国籍，并进行分类编目，必要时拟定拦截所需要的目标指示数据。

(1)侦察卫星预警网由部署在对地静止轨道或周期12小时的大椭圆轨道上的预警卫星组成。预警卫星是一种装有红外探测器、X射线探测器和电视摄像机等侦察设备，用于探测弹道导弹发射和飞行方向的先进预警设备。预警卫星数量按其侦察性能、运行轨道高度和侦察范围而定。例如，美国预警卫星网由部署在印度洋、太平洋和大西洋上空的对地静止轨道上的五颗卫星组成，其中三颗工作，两颗备用。该预警网可探测其他国家和地区发射的弹道导弹，可提供10～20分钟的预警时间。在海湾战争中，该预警网在协助"爱国者"地空导弹拦截伊拉克"飞毛腿"导弹中起到了关键作用。

(2)地面雷达预警网由部署在国境线附近的超视距雷达和大型相控阵警戒雷达组成。这些雷达能发现在轨道上飞行的地对地导弹、潜射导弹，并能测定其目标位置和轨道参数，为防御导弹袭击提供预警和拦截所需的目标弹道数据。超视距雷达探测距离可达5000千米。如美国设在北美阿拉斯加、格陵兰和英国西部的一个超视距雷达站，形成了对北美西北、正北、东北部三个方向实施侦察的预警网，预警距离为5000千米。设在美国东西海岸的三个雷达站，组成了对潜射导弹的预警网，预警距离为1000～1500千米。

此外，由美、俄两国部署在弹道导弹轨道上空，装有新型微波雷达、毫米波雷达、激光雷达和米波、红外探测器等各种探测设备的天基探测预警网，将进入初步部署阶段。它不仅能提供天基预警，还能监视弹道导弹及其弹头的全程飞行情况，为天基防天反导武器提供截击数据。

三、电子信息系统发展趋势

(一)在功能上，向综合化、智能化方向发展

近期几场局部战争，使西方国家获得了全面检验其军事信息系统作战效能、价值和存在问题的良好机会。根据对未来作战的预测和实战中暴露出来的问题，在技术上要向综合化、智能化方向发展。综合化是为适应体系对体系、系统对系统的作战需要，根据整体出威力、系统出效能的原理，建构未来军事信息系统的基本方向之一。

多年来，世界多国军队的 C^3I 系统受发展规划、技术和其他条件的限制，走的都是"烟囱式"的发展道路。致使建成的系统功能独立，互联、互通、互操作能力差。海湾战争的实践证明，这种系统难以适应未来高技术条件下联合作战的需要。为克服上述缺陷，各国对军事信息系统的研制建设都强化了综合集成。有些国家开始采用开放式系统工程的方法，从分立的"烟囱式"系统向综合系统转变，首先提出建立 C^4I 系统的新概念。它把 C^4I 的范围扩展到反情报、联合信息管理和信息战领域。这种体制不仅可指挥控制己方的作战部队，还可提供敌方指挥、控制其部队的有关信息，实现了多层次、大范围的

连接和信息共享,增强了信息作战能力。1997年,监视和侦察与C^4I系统被集成为C^4ISR。它是综合集成的指挥、控制、通信、计算机、情报、监视和侦察系统,具备通信对抗、反侦察等功能,基本涵盖了军事信息系统的全部内容。C^4ISR系统将要向综合化方向发展,即向应用范围更广、层次更高、系统更大、内容更新的阶段发展。

大力提高军事信息系统的智能化水平,也是其未来发展的方向之一。提高智能化水平的核心是开发各类智能化软件系统。随着思维科学、决策科学、认识科学以及神经网络新一代计算机的产生,军事信息系统的智能化将进入更高发展阶段。

(二)在规划上,强调系统的一体化,更重视信息安全

实现系统的一体化,也是军事信息系统发展的趋势。根据多年的建设发展经验,我军提出了努力实现指挥控制、情报侦察、探测预警、通信、电子对抗等功能的一体化,战役、战术军事信息系统一体化,诸军种军事信息系统一体化,军事信息系统与主战武器系统一体化等目标。美军则提出了实现国防部C^4I系统与三军C^4I系统以及三军C^4I系统之间一体化的要求。

随着信息技术的发展和信息的到来,信息安全受到了严重威胁,各国视安全为信息的生命。因此,对加强信息和信息系统的安全特别重视。有些国家对信息安全提出了如下要求:①信息系统必须有能力在任何复杂环境中安全处理各种信息。②必须充分保护国防部门的信息系统,以便有能力与有关网络的多个主机间进行分布式信息处理和分布式信息管理。③信息系统必须有能力支持具有不同安全要求的用户,利用不同安全保密级别的资源进行信息处理。

(三)在使用上,提高系统多种能力,向深海和外层空间发展

根据战争的实战经验,提高军事信息系统的各种作战性能和适应能力,是满足未来信息化战争的需求。

1. 提高快速反应能力

军事信息系统的各个环节都要注重提高对付突发事件的反应能力。这就必须建立多层次、多手段的预警和侦察系统,提供准确的情报,保证对作战命令和情报信息的迅速传送,保障各种战勤指挥通畅、供应及时,要利用计算机模拟各种复杂情况,迅速制定决策。要提高机动和适应能力,军事信息系统必须有较强的机动能力以及适应恶劣的自然环境和残酷的战争环境的能力。各级军事信息系统要能车载、舰载或机载,要便于灵活、迅速地开设和重新组合,在机动中保障不间断的指挥。

2. 提高抗毁生存能力

随着军事信息系统技术水平的提高,其脆弱环节也越来越多,抗毁和生存问题将更加突出,必须采取机动隐蔽、防护加固、冗余技术、容错系统、抗干扰和抗病毒等多种手段,以提高抗毁和生存能力。有专家预测,发达国家C^3I系统的核心部分将能在核战争中生存,而容错计算机与自适应结构的通信网路和多级保密系统等将大大提高C^3I系统的可靠性。

3. 向深海和外层空间发展

目前,C^3I系统都是沿地球表面配置的,随着航天技术的不断发展,C^3I系统平面配置的格局将被打破,取而代之的是一种从外层空间到海洋深处的立体配置。永久性的载人空间站、轨道站的建成都可成为C^3I中心和武器平台。据称,空间台将能监视整个陆地、30米深的海水以及直到数万千米高的空间。可以预见,未来C^3I系统将从外层空间一直延伸到海洋深处,形成立体配置、全球联通的网络。

第四节 信息化杀伤武器

一、新概念武器

(一)新概念武器内涵

目前,学术界对什么是新概念武器有三种解释:

(1)新概念武器指在高技术发展不断取得重大成就的基础上,其研制原理和武器概念具有全新意义的高技术武器装备。

(2)新概念武器指以新原理、新概念为基础,正处于研制中的新一代武器。

(3)新概念武器指工作原理与杀伤机制不同于传统武器的一类新型武器。

根据以上解释和国内外有关资料分析,新概念武器的定义大致可作如下描述:新概念武器指工作原理与杀伤机制不同于传统武器,具有独特作战效能,正处于研制中或尚未大规模用于战场的一类新型武器。根据这一描述,对于什么是新概念武器,可简要地归纳为以下四层涵义。

1. 具有与传统武器不同工作原理的武器

枪、炮等传统武器的基本工作原理通常是利用点燃发射药(推进药)将弹丸发射出去,弹丸在空中经过一定时间的飞行,当击中目标时,弹丸起爆,通过释放大量的化学能(核能)摧毁目标,或通过弹丸自身的运动能量击毁目标。虽然高技术武器的出现使当今世界的武器水平向前大大地跨了一步,但也只是通过现代科学技术,提高了武器的射击距离、射击精度和打击效能,武器的基本工作原理没有发生根本性变化。

由于新概念武器的种类较多,每一种武器都有其自身独特的工作方式,要想归纳出统一的工作原理是比较困难的。虽然新概念武器的工作原理千差万别,但有一点是共同的,即它们都有与传统武器不同的工作原理。例如,激光、粒子束、高功率微波等束能武器的工作原理是通过一定的能量转换装置,将某种电磁辐射或高速运动的微粒子束聚焦成强大的射束,以光或接近光的速度沿着一定的方向射向目标,通过冲击、烧蚀等作用将目标摧毁或破坏目标的电子与光学设备。与传统武器相比,它发射的是光、粒子流和电磁射束,而不是弹丸,射速以光的速度直线传播,其飞行时间几乎为"零",不会出现弯曲的弹道,命中精度极高,无须计算弹道,也无须在打击运动目标时计算提前量等。

新概念武器中动能武器的主要工作原理是通过发射超高速运动的、具有极大动能的弹头直接碰撞摧毁目标。它也发射弹丸,但与传统武器的弹丸飞行原理不同,通常采用火箭加速、电磁加速和电能加热加速三种方法,使其高速运动,飞行速度为10～20千米/秒,这是传统武器的弹丸速度所不能比拟的。

此外,新概念武器中基因武器的工作原理是根据生物的遗传特征,使用致病基因以危害敌方;计算机病毒武器是通过一定的技术手段将计算机病毒侵入敌方的军用计算机系统,干扰、破坏敌方计算机的正常工作;气象武器则是运用现代科学技术,通过人为控制风云、雨雪、寒暑等天气变化,制造有利于己、不利于敌的战场环境。

以上列举的新概念武器,其基本工作原理与传统武器相比,发生了根本性的变化。不同于传统武器的工作原理,正是新概念武器的重要标志之一。

2. 具有全新概念杀伤破坏机制的武器

传统武器的杀伤破坏机制主要有两种:①通过化学能、核能的瞬间释放,形成强大的冲击波、光辐射来摧毁和烧毁目标。②弹丸在化学能、核能的作用下快速射向目标,通过聚集在弹丸上的能量击毁(穿透)目标。尽管传统武器的种类繁多,型号各异,但其杀伤破坏机制基本上没有超出以上两种形式。

新概念武器采用了不同于传统武器的、概念全新的杀伤破坏机制,而且形式多样,每一种武器都有不同于其他武器的杀伤破坏机制。例如:

(1)动能武器的杀伤破坏机制是利用超高速(5倍于声速以上)运动的弹丸直接撞毁目标,弹丸主要是通过撞击而不是弹药爆炸去摧毁目标。

(2)基因武器是通过致病微生物及毒素对人体的侵袭,使人员在毫无察觉的情况下生病、致残、瘫痪甚至死亡,还会使作战环境(特别是战场动植物)长期受到严重破坏。

(3)气象武器是用人工影响的方法改变战场气象环境,将恶劣、不利的气象条件强加给敌人,把有利的气象条件"留给"自己,从而将敌人设置在不利的战场环境中,摧毁敌人的作战能力。

同样是定向能(束能)武器,激光、粒子束、微波也有各自的杀伤破坏机制:

(1)激光武器是通过向目标辐射高强度的激光能量,使目标表面汽化、膨胀、穿孔、熔化直至被摧毁。

(2)粒子束武器是通过向目标发射高速粒子流,使目标表面破碎、汽化,并能穿透目标外壳,熔化、烧穿目标内部材料,所产生的激波还将提前引爆目标中的炸药和热核材料。

(3)微波武器通过发射强大的微波波束攻击目标,对人员能产生"非热效应"和"热效应"两种杀伤机制,非热效应能使人产生烦躁、头痛、神经紊乱、记忆力减退等症状。热效应能造成人员皮肤灼伤、皮肤或内部组织烧伤,甚至死亡。对武器装备的攻击主要是通过击毁其内部的光电设备,从而造成整个武器系统丧失战斗力。

这些都说明新概念武器在广泛应用当今世界最新科技成果的基础上,形成了有别于传统武器、概念全新的多元化杀伤破坏机制。

3. 具有独特作战效能的武器

每一种新概念武器都具有各自的工作原理和杀伤破坏机制,因此,每一种新概念武器都有其独特的、其他武器所无法替代的作战效能。激光、粒子束、微波等束能武器不需使用弹药,作战时不产生后坐力和放射性沾染,只要能量充足,一件武器能同时对付多个目标,并能灵活变换射向,快速对多方向的目标实施攻击,既可实施硬杀伤,又可实施软打击。失能武器能使敌方人员致盲或造成精神障碍,使武器失能、电子设备失灵。气象武器可以施展"呼风唤雨"的本领,陷敌于被动的战场环境中。基因武器能迅速使敌人染毒致病,大面积丧失战斗能力,达到"不战而屈人之兵"的效果。计算机病毒武器能够造成敌人大范围的信息污染,使其计算机系统运作困难,信道阻塞,指挥紊乱,战场行动难以维系。

由于新概念武器的效能指标是根据打击对象的具体特性和可能对科学技术手段的利用程度而综合确定的,因此,打击对象的多样性、科学技术手段的先进性使新概念武器作战效能具有独特性,使每一种新概念武器都能在各自的作战领域中充分发挥其独有的作战效能,在所对应的打击目标上有针对性地释放足够的毁伤能量。

4. 具有一定历史阶段性的武器

武器从规模和概念上,可分为常规武器、大规模杀伤武器和新概念武器。常规武器包括从大刀、长矛、弹药到枪炮等门类繁多的杀伤性器械。"常规武器"一词是20世纪50年代随着军队开始装备核武器以后,为了区别核武器、生物武器、化学武器等大规模杀伤武器而出现的,并把大规模杀伤武器以外的武器统称为常规武器。从定义可以看出,新概念武器是正处于研制之中,尚未大规模装备部队或用于战场的一类武器,是相对于常规武器和已经装备部队的大规模杀伤武器而言的。因此,新概念武器只是一个历史范畴,具有一定的历史阶段性或时限性。随着科学技术和武器技术的不断发展,前一时代的新概念武器必然成为下一时代的常规武器,今天的新概念武器也必然成为明天的常规武器。从武器的发展历史来看,火器曾是冷兵器时代后期兴起的新概念武器,但它在今天变成了常规兵器;大规模杀伤武器是20世纪中叶的新概念武器,但又被更新的武器所取代。所以,新旧交替是一切事物的发展规律,也是武器技术发展的基本规律。

(二)新概念武器分类

新概念武器是继高技术武器之后的又一代新型武器。目前,虽然有小部分武器已经初步成型,或者在某些范围内进行过实际运用,但大部分正处于研究论证和原理探索阶段。随着时间的推移和研制工作的不断深入,今后将有更多类型的新概念武器问世,在武器的归类上也会出现新的变化。

目前,正在发展中的典型新概念武器主要有定向能武器、动能武器、高超声速武器、非致命武器等。

(1) 定向能武器主要包括激光武器、高功率微波武器、粒子束武器和声能武器等。
(2) 动能武器主要包括动能拦截武器和电磁发射武器。
(3) 高超声速武器主要包括高超声速巡航导弹和空间作战飞行器。
(4) 非致命武器主要包括空间环境武器、人员非致命武器、反装备器材非致命武器和反基础设施非致命武器等。

二、新概念武器发展现状与趋势

目前,新概念武器的研发工作相对集中在一些军事和经济大国,其主要原因有两个:①这些国家具备良好的技术基础和经济实力,具备研制新概念武器的条件。②体现了这些国家的军事战略和军事需求。所以,新概念武器在一定意义上将成为信息时代军事实力的重要支柱和军事大国地位的象征。

当前,世界上新概念武器发展总体水平最高的国家是美国,其技术先进程度、投资规模和研究范围都明显领先于其他国家。与美国水平最为接近的是俄罗斯,但其研究范围和投资强度与美国相比差距较大。此外,法国、英国、德国、日本、以色列、澳大利亚、瑞典等国也在开展不同规模、不同类型的新概念武器研究工作。

(一) 定向能武器

定向能武器亦称能束武器或射束武器,是利用定向发射的电磁波束或高能粒子束直接攻击目标的武器,主要包括激光武器、高功率微波武器、粒子束武器和声能武器。其中,激光武器和高功率微波武器发展较快;粒子束武器和声能武器发展较缓慢,尚处在研究探索阶段。

1. 激光武器

激光武器是一种利用定向发射的激光束毁伤目标或使之失效的定向能武器,具备反应迅速、不受外界电磁波干扰、转移火力快、作战效费比高等特点(速度达 300000 千米/秒)。根据激光功率的大小和用途的不同,激光武器可分为战术激光武器和战略激光武器。

强激光武器主要由高能激光器和光束定向器两部分组成,高能激光器产生强激光,由光束定向器跟踪瞄准目标并发射激光。

攻击卫星将是激光武器最具威慑力的作战应用。近年来,西方某些国家对反卫星武器的重视程度逐年提高,并以空间控制名义秘密开展激光反卫星武器研制工作。目前,正在开展可跟踪与摧毁在轨卫星、地面到空间的高功率光束传输等问题研究。

在 20 世纪 80 年代,苏联就初步具备了地基激光干扰低轨光学成像卫星的能力,目前在地基大功率激光武器的研制方面仍然具备较强实力。随着俄罗斯"天军"的组建和壮大,俄罗斯将在未来 10 年中逐步恢复其激光干扰低轨卫星的能力,并有可能研制出可摧毁低轨卫星的高能激光武器系统。

战术激光武器将向紧凑化、通用化和普及化的方向发展。未来,采用燃料重复利用技术的化学激光器、高能固体激光器和半导体激光器,将有可能实现武器系统的紧凑化和多种战术平台的通用化,这种趋势将在未来10年中得到充分体现。

2. 高功率微波武器

高功率微波(HPM)武器指工作主频在300兆赫～300吉赫、峰值功率或平均功率远大于常规微波源的输出功率,以各种形式的电磁波能量来降低或破坏敌方武器作战效能的新概念武器。它主要用于攻击各种先进武器的电子系统,很可能成为未来空间攻防对抗、信息对抗和反精确打击的"撒手锏"武器之一。

高功率微波武器具有的特点:①光速攻击,指哪打哪。②全天时、全天候使用。③波束宽,对付多目标能力强。

高功率微波武器的用途主要是空间控制、信息战、压制敌防空、飞机和舰船自卫等。可以按照不同的方式对其进行分类:①按武器特点分为超大功率微波干扰机、电磁脉冲弹和高功率微波炮。②按武器平台分为地基(含舰载)、空基(含弹载和机载)和天基。③作为进攻武器分为打击敌卫星、打击敌飞机、打击敌指控系统和压制敌防空系统。④作为防御武器分为反精确打击武器、反电子侦察、要地电磁防御和自卫武器系统。

高功率微波武器将以精确制导武器或无人作战飞机为优选平台,压制敌防空能力将成为首要作战目标。压制敌防空作战可能成为高功率微波武器最优先的一种战术应用,最为有效的作战平台是精确制导武器和无人作战飞机。精确制导武器可搭载一次性使用的微波弹头,有效作用距离可达数百米,而同等重量炸药的弹头的杀伤半径只有数十米。无人作战飞机可携带重复发射高功率微波武器。2002年,洛克希德·马丁公司和波音公司已提出进行无人作战飞机搭载高功率微波武器的先期概念技术演示验证。据此,可初步判定高功率微波武器已向实战应用转化。

高功率微波关键器件继续向小型化、高效率、高功率方向发展。各国在积极推进高功率微波技术武器化的同时,并没有忽视基础性研究,而是更加突出了关键器件的不断优化。关键器件将继续向小型化、高效率、高功率的方向发展,为高功率微波武器实用化和与运载平台的结合奠定基础。

3. 粒子束武器

粒子束武器利用聚束发射的高速原子、亚原子或离子束流直接攻击并毁坏目标。与激光武器和高功率微波武器相比,这种武器在目标上沉积的能量更为直接和深入,因而毁伤效果更为明显。

根据粒子本身的特性,可将粒子束武器分为中性粒子束武器和带电粒子束武器两类。中性粒子束武器在传输过程中会与大气发生强烈的相互作用,引起束流强度急剧衰减,所以,理论上该武器只适用于大气层外的空间。带电粒子束武器比较适合在低空环境下使用,但射程会受到一定限制。如果采用激光导引技术,即先用激光束在大气中产生等离子体通道来引导粒子束,克服地磁场的影响,则可使带电粒子束武器的有效射程扩展到高层大气,甚至穿越大气层。

粒子束武器的主要潜在用途有两个方面：①作为高速拦截武器，用于对付飞机、导弹和卫星等目标。②能够用于主动识别中段弹道导弹的真假弹头。自美国在星球大战计划中大力发展粒子束武器以来，粒子束武器技术的发展并不顺利。到 20 世纪 90 年代，美国的粒子束武器项目大部分已经停止，仅剩下海军支持的一项舰船防御项目。目前，粒子束武器技术还不成熟，可能还需要相当长的时间来进行技术探索和攻关。

4. 声能武器

声能武器是指利用高强度的声压波来攻击目标的武器，按声频不同可分为次声武器、噪声武器（可听声频段）和超声武器。其中，重点是次声武器。

次声武器是一种利用强次声波（频率为 0.0001~20 赫兹）杀伤有生力量的非致命武器，由动力装置、次声波产生器和发射控制装置组成。次声波是频率低于 20 赫兹的声波，在空气中衰减小，穿透力强，能使人和动物的躯体和器官与其发生共振，产生移位和变形，从而造成损伤。按照杀伤效应分为神经型和器官型两种：神经型次声武器能强烈刺激人的大脑，使人神经错乱；器官型次声武器能使人强烈腹痛或内脏破裂。

次声武器具有隐蔽性强、传播速度快、传播距离远、穿透力强、不污染环境、不破坏设施等特点，是世界各国军方争相研制的非致命武器，并将成为未来战争中非常重要的新概念武器。

（二）动能武器

动能武器是利用具有巨大动能的非爆炸性高速飞行器，直接碰撞摧毁目标的武器，由动能战斗部和推进系统组成。推进系统可采用火箭推进和电磁推进，包括动能拦截器和电磁发射武器。按部署方式可分为地基、海基、空基和天基等类型。

1. 动能拦截器

动能拦截弹（KKV）是通过自主寻的，利用非爆炸性高速飞行产生的巨大动能，以直接碰撞方式摧毁目标的武器。它由动能拦截器和推进系统两大部分组成，主要用于空间对抗领域。

动能拦截器系统主要由可见光导引头、惯性测量与导航装置、弹上计算机、动力系统、弹上电气设备、遥测系统以及舱体与结构件组成。

2. 电磁发射武器

电磁发射武器是利用脉冲能源提供的电能或利用电能与化学能结合，使弹丸等有效载荷达到的速度大大超过传统发射方式的新型动能武器。电磁发射武器总体上分为电磁炮和电热炮两大类。

电磁炮是利用运动电荷或载流导体在磁场中切割磁力线产生的电磁力（洛仑兹力）来加速弹丸，是完全依赖电能和电磁力加速弹丸的高速发射装置。电磁炮主要分为电磁线圈炮和电磁轨道炮两类。目前，国外发展的电磁炮主要是轨道炮。

电热炮是利用放电方法产生等离子体，在封闭的放电管或炮膛内做功来推动弹丸。按照等离子体形成方法的差异，电热炮分为纯电热炮和电热化学炮。目前，电热化学炮技术在电炮中发展最快。

从长远来看,电磁发射武器不仅是未来反装甲、火力支援的重要手段,还在反导弹和反卫星等方面具有重要的应用前景。据有关报道表明,西方某些国家正加紧电磁轨道炮的研究,积极推动小型化大功率脉冲发电机、高储能密度电容器的研究,重点解决轻量化脉冲电源问题,以寻求电磁轨道炮技术新的突破。

(三)高超声速武器

高超声速武器是指飞行马赫数大于5,以超燃冲压发动机及其组合发动机为动力、可在大气层内实现高超声速远程飞行的武器。按其作战应用方式划分,主要有高超声速巡航导弹(一次使用)、空间作战飞行器(可重复使用)等,具有远程、高速、机动等特点。

1. 高超声速巡航导弹

高超声速巡航导弹可快速反应、精确打击和机动作战,突防能力高、穿透力强,是打击敌纵深战略目标和航空母舰、弹道导弹机动发射架等战略目标的有力武器。高超声速飞机能在2小时内飞到全球的任何地区执行军事任务,在实时侦察、远程快速部署和精确打击(轰炸)方面具有明显的军事优势。

目前,国外高超声速武器技术已经从概念和原理性探索阶段进入具有明确应用背景的先期技术开发阶段。

美国先后启动了NASP、HyTech、HyFly和Hyper-X等高超声速技术发展计划,并取得了重大进展。在Hyper-X计划中,采用氢燃料超燃冲压发动机推进的X-43A高超声速试飞器,分别于2004年3月和11月成功地实现了马赫数为7和10的飞行,超燃冲压发动机的可行性得到飞行试验验证。

俄罗斯在20世纪90年代进行了Kholod计划,成功地完成3次轴对称双模态高超声速冲压发动机飞行试验。其后又制定了更高层次的IGLA计划,通过多种途径验证马赫数为6~14的高超声速冲压发动机工作过程的性能,考核发动机和机体结构,考察全动力和无动力高超声速飞行动力学特性。

通用再入飞行器(CAV)是一种能从轨道或亚轨道再入,利用空气动力辅助滑行,远程投放或布撒有效载荷(如弹药、无人机、传感器等),对地面和空中目标实施精确打击或侦察监视的多任务临近空间飞行器。通用再入飞行器具有以下特点:①高性能,快速、远程、精确、强突防。②战略性,核常兼备,具有很强的威慑能力。③通用性,多种发射平台、多种有效载荷。

2. 空间作战飞行器

空间作战飞行器(SOV)亦称空间操作飞行器或跨大气层飞行器,是一种能以大型飞机、运载火箭、可重复使用航天运载器等多种方式发射,可快速机动执行亚轨道和轨道作战任务,并能在空间长时驻留,可重复使用的无人作战平台。在未来军事斗争中,空间作战飞行器可发挥战略威慑和实战应用双重作用:战略威慑;对地攻击;应急侦察;发射、回收、维修军用卫星。

美国在发展空间作战飞行器方面处于世界领先地位。通过第一代可部分重复使用的航天飞机和第二代可重复使用的航天运载器技术的发展,已为研制空间作战飞行器做好了较充分的技术准备。目前,正在通过 X-40A 和 X-37 两个演示验证计划进行系统综合集成和飞行演示试验。

X-40A 计划的任务:研制初级试验样机,用直升机进行低空无动力投放飞行试验,验证跨大气层飞行器低空低速操控品质和自主进场着陆等技术。2001 年已完成此阶段试验。

X-37 计划的任务:研制尺寸为 X-40A 120% 的试验样机,进行跨大气层飞行器发射入轨、空间运行、再入返回、自主进场着陆、可重复使用等技术的演示验证飞行试验。最终将利用航天飞机或运载火箭将 X-37 发射入轨,进行轨道运行与再入返回飞行试验。原计划用 B-52 飞机挂载 X-37 试验样机进行无动力飞行试验,后调整为用"白骑士"飞机挂载 X-37 进行无动力投放试验。同时,进行"白骑士"挂载 X-37 组合体的飞行试验。现已进行了 11 千米高空的无动力投放试验,样机着陆时冲出跑道。

日本通过实施可重复使用航天运载器计划发展空间作战飞行器技术,规模仅次于美国,核心研究计划是 HOPE 计划。该计划包括一系列关键技术先期演示飞行试验、HOPE-X 验证机综合集成与飞行试验,以及跨大气层飞行器 HOPE-XA 样机的研制。HOPE 计划已通过各种试验飞行器完成了轨道再入飞行试验、高超速飞行试验和自动着陆飞行试验。目前,正在利用研制的 HOPE-X 1:4 试验样机进行高速飞行验证试验,演示亚/跨声速(马赫数为 0.8~1.2)飞行和着陆时的气动特性与控制规律等。

欧洲以发展可重复使用航天运输系统技术的名义发展跨大气层飞行器技术。欧洲共同体从 1994 起相继启动了未来欧洲空间运输研究计划、未来运载器技术计划。这两个计划确定采用三类试验飞行器分步进行技术验证的发展路线:①利用现有飞行器进行相关技术搭载试验。②研制欧洲试验飞行器,逐步开展亚/跨声速、超声速(马赫数为 4~8)和高超声速(马赫数为 10 以上)演示验证飞行试验。③研制大尺寸演示样机,在缩比或全尺寸条件下进行综合飞行演示验证。

思 考 题

1. 什么是信息化武器装备?
2. 简述信息化空中作战平台的发展及其对现代作战的影响。
3. 简述信息化陆上作战平台的发展及其对现代作战的影响。
4. 简述信息化海上作战平台的发展及其对现代作战的影响。
5. 简述世界主要国家的信息化装备发展情况。

下篇
军事技能训练

下篇

军事外语教程

第六章　共同条令教育与训练

共同条令是《中国人民解放军内务条令（试行）》（以下简称《内务条令》）、《中国人民解放军纪律条令（试行）》（以下简称《纪律条令》）、《中国人民解放军队列条令（试行）》（以下简称《队列条令》）的统称，是中央军委主席签署颁布全军的命令，是全军必须遵照执行的准则。共同条令是我军建设的基本军事法规，是依法治军、从严治军，进行正规化建设和建立战备、训练、工作、生活秩序的基本依据。

共同条令的发展历程

我军是执行政治任务的武装集团，这就要求军队必须有一个统一的、科学的管理法规，以规范每个人的行动，以保证我军完成党和人民赋予的神圣使命。认真学习和贯彻共同条令，对于我军贯彻执行党中央、中央军委关于新时期军队建设的方针、原则，继承和发扬优良传统，坚持从严治军、依法治军，加强革命化、现代化、正规化建设，提高战斗力，具有极为重要的意义。

普通高等学校在学生军训中进行共同条令教育，对于增强学生的国防观念和国家安全意识，强化爱国主义和集体主义观念，加强组织纪律性，培养学生的综合素质和促进校风、校纪建设，起到积极的作用。

第一节　《内务条令》

一、《内务条令》的概念和作用

《内务条令》是以法规的形式规定军人职责、军队内部关系、日常制度、管理和勤务规则的条令，是军队行政管理和军事生活的基本准则。它为军队建立正规的战备、训练、工作和生活秩序提供了重要依据，是我军正规化建设的一项重要法规，在我军建设中具有极为重要的地位和作用。

《内务条令》（2018年发布）包括总则，军人宣誓，军人职责，内部关系，礼节，军人着装，军容风纪，与军外人员的交往，作息，日常制度，日常战备，军事训练和野营管理，日常管理，国旗、军旗、军徽的使用管理和国歌、军歌的奏唱，附则，共15章325条。其中，附录包括中国人民解放军军旗式样、中国人民解放军军徽式样、中国人民解放军军歌、报告词示例、军服的配套穿着和标志服饰的佩带、标志服饰的缀钉方法、宿舍物品放置方法、基层单位要事日记式样、外出证式样和军人发型示例。

《内务条令》体现了我军新时期建军方针、原则,进一步强调了坚持党对军队的绝对领导,坚持依法治军、从严治军的方针,继承和发扬我军优良传统,是我军多年来部队管理实践的理论概括和内务建设经验的科学总结。在新的历史条件下,认真贯彻《内务条令》,必将有力地推动我军革命化、现代化和正规化建设。

二、《内务条令》的基本内容

1. 总则

总则是条令基本精神和原则的高度概括,是条令的总纲。总则主要规定了四个方面的内容。

(1)规定了我军的性质和任务。条令指出:中国人民解放军是中国共产党缔造和领导的,用马克思列宁主义、毛泽东思想、邓小平理论、"三个代表"重要思想、科学发展观、习近平新时代中国特色社会主义思想武装的人民军队,是中华人民共和国的武装力量,是人民民主专政的坚强柱石,担负着巩固国防,抵抗侵略,保卫祖国,保卫人民的和平劳动,参加国家建设事业的任务。

(2)规定了内务建设的指导思想。中国人民解放军的内务建设必须高举中国特色社会主义伟大旗帜,坚持党的基本理论、基本路线、基本方略,贯彻毛泽东军事思想、邓小平新时期军队建设思想、江泽民国防和军队建设思想、胡锦涛国防和军队建设思想、习近平强军思想,贯彻新形势下军事战略方针,坚持走中国特色强军之路,坚持政治建军、改革强军、科技兴军、依法治军,更加注重聚焦实战,更加注重创新驱动,更加注重体系建设,更加注重集约高效,更加注重军民融合,全面加强军队革命化、现代化、正规化建设,构建中国特色现代作战体系,提高有效履行新时代军队使命任务能力,不忘初心,牢记使命,为实现党在新时代的强军目标、全面建成世界一流军队而奋斗。

(3)规定了内务建设的基本任务。中国人民解放军的内务建设是军队进行各项建设的基础,是巩固和提高战斗力的重要保证。其基本任务是:使每个军人明确和认真履行职责,维护军队良好的内外关系,建立正规的战备、训练、工作、生活秩序,培养优良的作风和严格的纪律,保证军队圆满完成任务。

(4)规定了内务建设的基本原则。

一是必须贯彻政治建军原则。必须毫不动摇坚持党对军队绝对领导的根本原则和制度,确保人民军队永远跟党走。必须强化政治意识、大局意识、核心意识、看齐意识,坚决维护权威、维护核心、维护和贯彻军委主席负责制。发挥党委的领导核心作用、党支部的战斗堡垒作用和党员的先锋模范作用。坚持官兵一致、军民一致、军政一致,坚持政治民主、经济民主、军事民主。培育和践行社会主义核心价值观和当代革命军人核心价值观,确保部队在思想上、政治上、行动上与党中央、中央军委保持高度一致,确保官兵绝对忠诚、绝对纯洁、绝对可靠。发挥政治工作生命线作用,培养有灵魂、有本事、有血性、有品德的新时代革命军人,锻造铁一般信仰、铁一般信念、铁一般纪律、铁一般担当的过硬部队。

二是必须贯彻改革强军战略。深化国防和军队改革,破除体制性障碍、结构性矛盾、政策性问题。坚持把抓改革任务落实作为重大政治责任,读懂改革、吃透改革、投身改革,坚决维护党中央、中央军委改革决策部署的权威性和严肃性。

三是必须贯彻科技兴军战略。树立科技是核心战斗力的思想,坚持向科技创新要战斗力,坚持自主创新的战略基点,瞄准世界军事科技前沿,不断提高科技创新对人民军队建设和战斗力发展的贡献率,加快军队建设向质量效能型和科技密集型转变,建设创新型人民军队。

四是必须贯彻依法治军方略。加快构建中国特色军事法治体系,加快实现治军方式根本性转变,形成党委依法决策、机关依法指导、部队依法行动、官兵依法履职的良好局面,提高国防和军队建设法治化水平。推进军事管理革命,全面从严治军,坚持严字当头、一严到底,保持正规的战备、训练、工作、生活秩序,保持高度集中统一和安全稳定。

五是必须始终聚焦备战打仗。牢固树立战斗队思想,必须发扬"一不怕苦、二不怕死"的战斗精神,培养英勇顽强的战斗作风。坚持战斗力这个唯一的根本标准,把谋打赢作为最大职责,按照能打胜仗的要求搞建设抓准备,锻造召之即来、来之能战、战之必胜的精兵劲旅。

2. 军人宣誓

军人宣誓是军人对自己肩负的神圣职责和光荣使命的承诺和保证。公民入伍后,必须进行军人宣誓。其誓词是:"我是中国人民解放军军人,我宣誓:服从中国共产党的领导,全心全意为人民服务,服从命令,忠于职守,严守纪律,保守秘密,英勇顽强,不怕牺牲,苦练杀敌本领,时刻准备战斗,绝不叛离军队,誓死保卫祖国。"

军人誓词表达了革命军人绝对服从党的领导的坚定立场,坚决履行我军宗旨的政治态度;表达了革命军人严格的组织纪律观念,忠于职守的职业道德和不怕牺牲的献身精神。

3. 军人职责

军人职责是军人在各自岗位上行使的职权和应当承担的责任与义务。条令将军人职责分为三类:一是士兵职责;二是军官职责;三是主管人员职责。军人职责具有法定性、阶级性和强制性。它是军队与军人之间的一种法律关系,是军队对军人在公务活动中的行为规范。

4. 内部关系

内部关系主要规定了军人相互关系、官兵关系、机关相互关系、部(分)队相互关系。强调部属、下级必须服从首长、上级,首长有权对部属下达命令,部属、下级必须坚决执行命令。军队的内部关系大量反映在官兵关系上,官兵关系是军队内部关系的基础。

5. 军人的行为举止和日常管理制度

《内务条令》对军人在日常生活中的言行举止,如礼节、军容风纪、对外交往,作了明确的规定。同时对作战、训练、执勤及日常活动各个方面、各个环节的秩序,都作了严格、明确、具体的规定。《内务条令》还对国旗、军旗、军徽的使用管理和国歌、军歌的奏唱作了明确的规定。

第二节 《纪律条令》

一、《纪律条令》的概念和作用

《纪律条令》是以法规形式规定军队纪律的条令,是军人的行为准则和军队维护纪律、实施奖惩的基本依据。它是维护部队高度稳定和集中统一、巩固和提高战斗力的强有力的武器,是保障我军其他条令、条例、规章制度贯彻落实的一个保障性法规,对于依法治军和军队正规化建设具有十分重要的作用。

《纪律条令》(2018年发布)包括总则、纪律的主要内容、奖励、表彰、纪念章、处分、特殊措施、控告和申诉、首长责任和纪律监察、附则,共10章262条。其中附录包括三大纪律、八项注意,个人奖励登记(报告)表,单位奖励登记(报告)表,处分登记(报告)表,行政看管审批表,行政看管登记表,士官留用察看审批表,控告、申诉登记表。

《纪律条令》继承了我军维护和巩固纪律的优良传统,指出:"中国人民解放军的纪律,要求每个军人必须把革命的坚定性、政治的自觉性、纪律的严肃性结合起来,统一意志、统一指挥、统一行动,有令必行、有禁必止,严格执行党的路线、方针、政策,遵守国家的宪法、法律、法规,执行军队的法规制度,执行上级的命令和指示,执行三大纪律、八项注意,用铁的纪律凝聚铁的意志、锤炼铁的作风、锻造铁的队伍,任何时候、任何情况下都一切行动听指挥、步调一致向前进。"条令贯彻了依法治军、从严治军的思想,规定了中国人民解放军纪律的基本内容和要求,反映了我军新时期的特点和广大指战员的需求。

二、《纪律条令》的基本内容

1. 总则

总则主要规定了六个方面的内容:
(1)制定纪律条令的目的和依据。
(2)纪律条令在我军建设中的法律地位和适用范围。
(3)纪律的基本内容。
(4)我军纪律的性质、作用和维护纪律必须遵循的原则。

(5)奖惩与维护纪律的关系。

(6)全体军人维护纪律的责任和义务。

2. 纪律的主要内容

中国人民解放军军人要"遵守政治纪律,对党忠诚,立场坚定。坚定不移贯彻执行党的路线、方针、政策,坚持党对军队绝对领导的根本原则和制度,牢固树立政治意识、大局意识、核心意识、看齐意识,坚决维护权威、维护核心、维护和贯彻军委主席负责制,自觉在思想上、政治上、行动上同党中央、中央军委保持高度一致,在重大政治斗争中立场坚定,在重大原则问题上旗帜鲜明"。

3. 奖励和处分

奖励的目的在于鼓励先进,维护纪律,调动官兵的积极性、创造性,发扬爱国主义、共产主义和革命英雄主义精神,保证作战、训练和其他各项任务的完成。奖励以精神奖励为主,物质奖励为辅。个人奖励项目由低到高依次为:嘉奖、三等功、二等功、一等功、荣誉称号、八一勋章。

对士兵的处分由低到高依次为:警告、严重警告、记过、记大过、降职或者撤职、降衔、开除军籍。此外,还有对军官和文职干部的处分项目。

4. 纪念章

国防服役纪念章颁发给服现役满 8 年以上的人员,其中,服现役满 8 年以上、不满 16 年的,授予铜质纪念章;服现役满 16 年以上、不满 30 年的,授予银质纪念章;服现役满 30 年以上,授予金质纪念章。

5. 维护纪律的有关措施

根据新形势下军队维护纪律的需要,条令规定了:

(1)特殊措施。

(2)控告和申诉。

(3)首长责任和纪律监察。

第三节 《队列条令》

一、《队列条令》的概念和作用

《队列条令》是规范部队和单个军人队列动作的法规,是全军队列训练与队列生活的准则和依据。

《队列条令》(2018 年发布)包括总则,队列指挥,队列队形,单个军人的队列动作,分队、部队的队列动作,分队乘坐交通工具,国旗的掌持、升降和军旗的掌持、授予与迎送,阅兵,仪式,附则,共 10 章 89 条。其中附录包括队列口令的分类、下达的基本要领和呼号的节奏,队列指挥位置示例,标兵旗的规格,符号。

队列是军人进行集体活动必不可少的组织形式。在军队的训练、工作和生活中,凡是集体活动都离不开队列。认真执行《队列条令》,对于进一步规范全军的队列生活,培养优良的作风和严格的组织纪律,保持军队的高度集中统一,加强我军正规化建设,提高部队的战斗力,具有十分重要的意义。

二、《队列条令》的基本内容

1. 总则

总则的主要内容:一是规定了列队条令的目的和依据;二是明确了首长和机关的责任;三是规定了队列纪律。

2. 队列指挥

规定了队列指挥位置、队列指挥方法和队列指挥要求。

3. 队列队形

规定了队列的基本队形,包括分队的队形、旅的队形、其他分队和部队的队形以及列队的间距。

4. 单个军人的队列动作

规定了单个军人的队列动作和班、排、连、营、团的队列动作。

5. 国旗的掌持、升降和军旗的掌持、授予与迎送

规定了国旗的掌持、升降的人员要求与升降旗的要领,规定了军旗的掌持、授予与迎送的人员要求、掌旗姿势与要领、授旗权限、授旗与迎送军旗的要领、程序等。

6. 阅兵

规定了阅兵的时机和权限、形式、指挥、程序和师以上部队阅兵、军兵种部队和院校阅兵的要求。阅兵是展现威武文明之师的风貌,检验部队训练和正规化建设成果的重要形式,必须按照规定的程序严密组织实施。

第四节 队列动作

队列动作是对单个军人和部(分)队所规定的队列训练、日常队列生活的制式动作,是战术技术动作的基础,是培养战斗力的必要形式。

一、单个军人的队列动作

(一)立正、稍息、跨立

1. 立正

立正是军人的基本姿势,是队列动作的基础。军人在宣誓、接受命令、进见首长和向首长报告、回答首长问话、升降国旗、迎送军旗、奏唱国歌和军歌等严肃庄重的时机和场合,均应当立正。

口令:立正。

要领:两脚跟靠拢并齐,两脚尖向外分开约60度;两腿挺直;小腹微收,自然挺胸;上体正直,微向前倾;两肩要平,稍向后张;两臂下垂并自然伸直,手指并拢并自然微曲,拇指尖贴于食指第二节,中指贴于裤缝;头要正,颈要直,口要闭,下颌微收,两眼向前平视。参加阅兵时,下颌上仰约15度。

2. 稍息

口令:稍息。

要领:左脚顺脚尖方向伸出约全脚的三分之二,两腿自然伸直,上体保持立正姿势,身体重心大部分落于右脚;携枪(筒)时,携带的方法不变,其余动作同徒手;稍息过久,可以自行换脚,动作应当迅速。

3. 跨立(即跨步站立)

跨立即跨步站立,主要用于训练、执勤和舰艇上分区列队等场合,可与立正互换。

口令:跨立。

要领:左脚向左跨出约一脚之长,两腿挺直,上体保持立正姿势,身体重心落于两脚之间;两手后背,左手握右手腕,拇指根部与外腰带下沿(或内腰带上沿)同高,右手手指并拢、自然弯曲,拇指贴于食指第二节,手心向后。携枪时不背手。

(二)停止间转法

停止间转法是停止间改变方向的一种队列动作,分向右(左)转、向后转、半面向右(左)转。

1. 向右(左)转

口令:向右(左)——转。

要领:以右(左)脚跟为轴,右(左)脚跟和左(右)脚掌前部同时用力,使身体协调一致向右(左)转90度,体重落在右(左)脚,左(右)脚取捷径迅速靠拢右(左)脚,成立正姿势。转动和靠脚时,两腿挺直,上体保持立正姿势。

半面向右(左)转,按照向右(左)转的要领转45度。

2. 向后转

口令:向后——转。

要领:按照向右转的要领向后转180度。

(三)行进与立定

行进的基本步法分为齐步、正步和跑步,辅助步法分为便步、踏步、移步和礼步。

1. 齐步

齐步是军人行进的常用步法。

口令:齐步——走。

要领:左脚向正前方迈出约75厘米,按照先脚跟后脚掌的顺序着地,同时身体重心前移,右脚照此法动作;上体正直,微向前倾;手指轻轻握拢,拇指贴于食指第二节;两臂前后自然摆动,向前摆臂时,肘部弯曲,小臂自然向里合,手心向内稍向下,拇指根部对正衣扣线(着海军藏青色春秋常服、冬常服时,拇指根部对正双排扣中间位置),并高于春秋常服或者冬常服最下方衣扣约5厘米(着夏常服、水兵服时,高于内腰带扣中央约5厘米;着作训服时,与外腰带扣中央同高),离身体约30厘米;向后摆臂时,手臂自然伸直,手腕前侧距裤缝线约30厘米。行进速度为每分钟116~122步。

2. 正步

正步主要用于分列式和其他礼节性场合。

口令:正步——走。

要领:左脚向正前方踢出约75厘米(腿要绷直,脚尖下压,脚掌与地面平行,离地面约25厘米),适当用力使全脚掌着地,同时身体重心前移,右脚照此法动作;上体正直,微向前倾;手指轻轻握拢,拇指伸直贴于食指第二节;向前摆臂时,肘部弯曲,小臂略平,手心向内并稍向下,手腕下沿摆到高于春秋常服或者冬常服最下方衣扣约15厘米处(着夏常服、水兵服时,高于内腰带扣中央约15厘米处;着作训服时,高于外腰带扣中央约10厘米处),离身体约10厘米;向后摆臂时左手心向右、右手心向左,手腕前侧距裤缝线约30厘米。行进速度为每分钟110~116步。

3. 跑步

跑步主要用于快速行进。

口令:跑步——走。

要领:听到预令,两手迅速握拳(四指蜷握,拇指贴于食指第一关节和中指第二节),提到腰际,约与腰带同高,拳心向内,肘部稍向里合。听到动令,上体微向前倾,两腿微弯,同时左脚利用右脚掌的蹬力跃出约85厘米,前脚掌先着地,身体重心前移,右脚照此法动作;两臂前后自然摆动,向前摆臂时,大臂略垂直,肘部贴于腰际,小臂略平,稍向里合,两拳内侧各距衣扣线约5厘米(着海军藏青色春秋常服、冬常服时,两拳内侧各距双排扣中间位置约5厘米);向后摆臂时,拳贴于腰际。行进速度为每分钟170~180步。

4. 便步

便步用于行军、操练后恢复体力及其他场合。

口令:便步——走。

要领:用适当的步速、步幅行进,两臂自然摆动,上体保持良好姿态。

5. 踏步

踏步用于调整步伐,保持整齐。

停止间口令:踏步——走。

行进间口令:踏步。

要领:两脚在原地上下起落(抬起时,脚尖自然下垂,离地面约 15 厘米;落下时,前脚掌先着地),上体保持正直,两臂按照齐步或跑步摆臂的要领摆动。

6. 移步(5 步以内)

移步用于调整队列位置。移步有右(左)跨步和向前与后退。

(1)右(左)跨步。

口令:右(左)跨×步——走。

要领:上体保持正直,每跨 1 步并脚一次,其步幅约与肩同宽,跨到指定步数停止。

(2)向前或者后退。

口令:向前×步——走;后退×步——走。

要领:向前移步时,应按单数步要领进行(双数步变为单数步)。向前走 1 步时,用正步,不摆臂;向前走 3 步或 5 步时,按照齐步走的要领进行。向后退时,从左脚开始,每退 1 步靠脚一次,不摆臂,退到指定步数停止。

7. 礼步

礼步主要用于纪念仪式中礼兵的行进。

口令:礼步——走。

要领:左脚向正前方缓慢抬起,腿要绷直,脚尖上翘,与腿约成 90 度,脚后跟离地面约 30 厘米,按照脚跟、脚掌顺序缓慢着地,步幅约 55 厘米,右脚照此法动作;上体正直,两臂下垂并自然伸直、轻贴身体(抬祭奠物除外);手指并拢并自然微曲,拇指尖贴于食指第二节,中指贴于裤缝。行进速度为每分钟 24~30 步。

8. 携便携式折叠写字椅行进

携便携式折叠写字椅行进时,左手提握支脚上横杠中间部位,左臂下垂并自然伸直,写字板面朝外。

9. 立定

口令:立——定。

要领:齐步和正步时,听到口令,左脚再向前大半步着地(脚尖向外约 30 度),两腿挺直,右脚取捷径迅速靠拢左脚,成立正姿势。跑步时,听到口令,再跑 2 步,然后左脚向前大半步(两拳收于腰际,停止摆动)着地,右脚与左脚靠拢,同时将手放下,成立正姿势。踏步时,听到口令,左脚踏 1 步,右脚靠拢左脚,原地成立正姿势。

(四)行进间转法

1. 齐步、跑步向右(左)转

口令:向右(左)转——走。

要领:左(右)脚向前半步(跑步时,继续跑 2 步,再向前半步),脚尖向右(左)约 45 度,身体向右(左)转 90 度,左(右)脚不转动,同时出右(左)脚,按照原步法向新方向行进。

2. 齐步、跑步向后转

口令：向后转——走。

要领：左脚向右脚前迈出约半步（跑步时，继续跑 2 步，再向前半步），脚尖向右约 45 度，以两脚的前脚掌为轴，向后转 180 度，同时出左脚，按照原步法向新方向行进。

（五）步法变换

步法变换均从左脚开始。齐步、正步互换，听到口令，右脚继续走 1 步，即换正步或齐步行进。齐步换跑步，听到预令，两手迅速握拳并提到腰际，两臂前后自然摆动；听到动令，即换跑步行进。齐步换踏步，听到口令，即换踏步。跑步换齐步，听到口令，继续跑 2 步，然后换齐步行进。跑步换踏步，听到口令，继续跑 2 步，然后换踏步。踏步换齐步或跑步，听到"前进"的口令，继续踏 2 步，再换齐步或跑步行进。

（六）坐下、蹲下、起立

1. 坐下

口令：坐下。

要领：左小腿在右小腿后交叉，迅速坐下（坐凳子时，听到口令，左脚向左分开约一脚之长；女军人着裙服坐凳子时，两腿自然并拢），手指自然并拢放在两膝上，上体保持正直。

2. 蹲下

口令：蹲下。

要领：右脚后退半步，前脚掌着地，臀部坐在右脚跟上（膝盖不着地），两腿分开约 60 度（女军人两腿自然并拢），手指自然并拢放在两膝上，上体保持正直。蹲下过久，可以自行换脚。

3. 起立

口令：起立。

要领：全身协力迅速起立，左脚取捷径靠拢右脚（蹲下时，右脚取捷径靠拢左脚），成立正姿势或者成持枪、肩枪（筒）立正姿势。

（七）敬礼、礼毕

敬礼分为举手礼、注目礼和举枪礼。

1. 举手礼

口令：敬礼。

要领：上体正直，右手取捷径迅速抬起，五指并拢并自然伸直，中指微接帽檐右角前约 2 厘米处（戴卷檐帽、无檐帽或者不戴军帽时微接太阳穴，约与眉同高），手心向下，微向外张（约 20 度），手腕不得弯曲，右大臂略平，与两肩略成一线，同时注视受礼者。

2. 注目礼

要领：面向受礼者成立正姿势，同时注视受礼者，并目迎目送（右、左转头角度不超过 45 度）。

3. 举枪礼（用于阅兵式或者执行仪仗任务）

口令：向右看——敬礼。

要领：右手将枪提到胸前，枪身垂直并对正衣扣线，枪面向后，离身体约 10 厘米，枪口与眼同高，大臂轻贴右胁；同时左手接握表尺上方，小臂略平，大臂轻贴左胁；同时转头向右注视受礼者，并目迎目送（右、左转头角度不超过 45 度）。

4. 礼毕

口令：礼毕。

要领：行举手礼者，将手放下；行注目礼者，将头转正；行举枪礼者，将头转正，右手将枪放下，使托前踵轻轻着地，同时放下左手，成持枪立正姿势。

二、分队、部队的队列动作

（一）集合、解散

1. 集合

集合是使单个军人、分队、部队按照规范队形聚集起来的一种队列动作。集合时，指挥员应当先发出预告或者信号，如"全连注意"或者"×排注意"，然后，站在预定队形的中央前，面向预定队形成立正姿势，下达"成××队——集合"口令。所属人员听到预告或者信号，原地面向指挥员成立正姿势；听到口令，跑步到指定位置，面向指挥员集合（在指挥员后侧的人员，应当从指挥员右侧绕过），自行对正、看齐，成立正姿势。

（1）班集合。

口令：成班横队（二列横队）——集合。

要领：基准兵迅速到班长左前方适当位置，成立正姿势；其他士兵以基准兵为准，依次向左排列，自行看齐。

成班二列横队时，单数士兵在前，双数士兵在后。

口令：成班纵队（二路纵队）——集合。

要领：基准兵迅速到班长前方适当位置，成立正姿势；其他士兵以基准兵为准，依次向后排列，自行对正。

成班二路纵队时，单数士兵在左，双数士兵在右。

（2）排集合。

口令：成排横队——集合。

要领：基准班在指挥员前方适当位置，成班横队迅速站好；其他班成班横队，以基准班为准，依次向后排列，自行对正、看齐。

口令：成排纵队——集合。

要领：基准班在指挥员右前方适当位置，成班纵队迅速站好；其他班成班纵队，以基准班为准，依次向右排列，自行对正、看齐。

(3)连集合。

口令:成连横队——集合。

要领:队列内的连指挥员或者基准排在指挥员左前方适当位置,成横队迅速站好;各排和连部成横队,以连指挥员或者基准排为准,依次向左排列,自行对正、看齐。

口令:成连纵队——集合。

要领:队列内的连指挥员或者基准排在指挥员前方适当位置,成纵队迅速站好;各排和连部成纵队,以连指挥员或者基准排为准,依次向后排列,自行对正、看齐。

口令:成连并列纵队——集合。

要领:队列内的连指挥员或者基准排在指挥员左前方适当位置,成纵队迅速站好;各排和连部成纵队,以连指挥员或者基准排为准,依次向左排列,自行对正、看齐。

(4)营集合。营集合,通常规定集合的时间、地点、方向、队形、基准分队以及应当携带的武器、器材和装具等事项。

各连按照规定,由连队值班员整队带往营的集合地点,随即向基准分队取齐,然后,跑步到距主持集合的营值班员5～7步处报告人数,营值班员整队后,向营首长报告人数;也可以由连首长整队带往集合地点,直接向营首长报告。例如:"营长同志,×连应到××名,实到××名,请指示"。

(5)旅集合。旅集合参照营集合的规定实施。

2. 离散

离散是使列队的单个军人、分队、部队各自离开原队列位置的一种队列动作。

(1)离开。

口令:各营(连、排、班)带开(带回)。

要领:队列中的各营(连、排、班)指挥员带领本队迅速离开原列队位置。

(2)解散。

口令:解散。

要领:队列人员迅速离开原列队位置。

(二)整齐、报数

1. 整齐

整齐是使列队人员按照规定的间隔、距离,保持行、列平齐的一种队列动作。整齐分为向右(左)看齐和向中看齐。

(1)向右(左)看齐。

口令:向右(左)看——齐。

要领:基准兵不动,其他士兵向右(左)转头,眼睛看右(左)邻士兵的腮部;前四名能通视基准兵,自第五名起,以能通视到本人右(左)第三人为度;后列人员先向前对正,后向右(左)看齐。

(2)向中看齐。

口令:以×××同志为准,向中看——齐。

要领:当指挥员指定"以×××同志为准(或以第×名为准)"时,基准兵答"到",同时左手握拳高举,大臂前伸与肩略平,小臂垂直举起,拳心向右。听到"向中看——齐"口令后,其他士兵按照向右(左)看齐的要领实施。

(3)向前看。

口令:向前——看。

要领:基准兵迅速将手放下,其他士兵迅速将头转正,恢复立正姿势。一路纵队看齐时,可下达"向前——对正"口令。

2.报数

口令:报数。

要领:横队从右至左(纵队由前向后)依次以短促、洪亮的声音转头(纵队向左转头)报数,最后一名不转头。数列横队时,后列最后一名报"满伍"或"缺×名";连集合时,由指挥员下达"各排报数"口令,各排长在队列内向指挥员报告人数,如"第×排到齐"或者"第×排实到××名"。

(三)出列、入列

单个军人和分队出列、入列通常用跑步(5步以内用齐步,1步用正步)或者按照指挥员指定的步法执行。然后,到指挥员右前侧适当位置或者指定位置,面向指挥员成立正姿势。

1.出列

口令:×××同志(或第×名),出列。

要领:出列军人听到呼点自己的姓名或序号时答"到",听到"出列"口令后答"是"。

(1)位于第一列(左路)的军人,按照本条上述规定,取捷径出列。

(2)位于中列(路)的军人,向后(左)转,待后列(左路)同序号的军人向右后退1步(左后退1步)让出缺口后,按照本条的上述规定从队尾(纵队时从左侧)出列;位于"缺口"位置的军人,待出列军人出列后,即复原位。

(3)位于最后一列(右路)的军人,先退1步(右跨1步),然后按照本条有关规定从队尾出列。

2.入列

口令:入列。

要领:听到"入列"口令后,应答"是",然后按照出列的相反程序入列。

(四)行进、停止

横队和并列纵队行进以右翼为基准,纵队行进以左翼为基准(一路纵队行进以先头为基准)。

1. 行进

行进时,指挥员应下达"×步——走"口令。听到口令,基准兵向正前方前进,其他士兵向基准翼标齐,保持规定的间隔、距离行进。行进中,可用"一二一"(调整步伐的口令)、"一二三四"(呼号)或唱队列歌曲,以保持步伐整齐和振奋士气。

2. 停止

停止时,指挥员应下达"立——定"口令。听到口令,按照立定的要领实施,分队的动作要整齐一致。停止后,听到"稍息"口令,先自行对正、看齐,再稍息。

(五)队形变换

队形变换是由一种队形变为另一种队形的队列动作。

1. 横队与纵队的互换

横队变纵队,停止间口令:向右——转;行进间口令:向右转——走。

纵队变横队,停止间口令:向左——转;行进间口令:向左转——走。

要领:停止间,按照单个军人向右(左)转的要领实施。行进间,按照单个军人向右(左)转——走的要领实施,分队动作要整齐一致。队形变换后,排以上指挥员应当进到规定的列队位置。

2. 停止间班横队和班二列横队互换

(1)班横队变班二列横队。

口令:成班二列横队——走。

要领:变换前,先报数。听到口令,双数士兵左脚后退1步,右脚(不靠拢左脚)向右跨1步,左脚向右脚靠拢,站到单数士兵之后,自行对正、看齐。

(2)班二列横队变班横队。

口令:间隔1步,向左离开,成班横队——走。

要领:听到"间隔1步,向左离开"口令,取好间隔;听到"成班横队——走"口令,双数士兵左脚左跨1步,右脚(不靠拢左脚)向前1步,左脚向右脚靠拢,站到单数士兵左侧,自行看齐。

3. 停止间班纵队与班二路纵队互换

(1)班纵队变班二路纵队。

口令:成班二路纵队——走。

要领:变换前,先报数。听到口令,双数士兵右脚右跨1步,左脚(不靠拢右脚)向前1步,右脚向左脚靠拢,站到单数士兵右侧,自行对正、看齐。

(2)班二路纵队变班纵队。

口令:距离2步,向后离开,成班纵队——走。

要领:听到"距离2步,向后离开"口令,取好距离;听到"成班纵队——走"口令,双数士兵右脚右退1步,左脚(不靠拢右脚)站到单数士兵之后,自行对正。

(六)方向变换

方向变换是改变队列面对方向的一种队列动作。

1. 横队方向变换

停止间口令:左(右)转弯,齐(跑)步——走;左(右)后转弯,齐(跑)步——走。

行进间口令:左(右)转弯——走;左(右)后转弯——走。

要领:横队方向变换时,轴翼士兵踏步,并逐步向左(右)转动;外翼第一名士兵用大步行进并与相邻士兵动作协调,逐步变换方向(愈接近轴翼者,其步幅愈小),其他士兵用眼睛的余光向外翼取齐,并保持规定的间隔和排面整齐,转到90度或180度时踏步并取齐,听口令前进或停止。

2. 纵队方向变换

停止间口令:左(右)转弯,齐步——走;左(右)后转弯,齐步——走。

行进间口令:左(右)转弯——走;左(右)后转弯——走。

要领:纵队方向变换,基准兵在左(右)转弯时,按照单个军人行进间转法(停止间,左转弯走时,左脚先向前1步)的要领实施,在左(右)后转弯时,用小步边行进边变换方向,转到90度或者180度后,照直前进;其他士兵逐次进到基准兵的转弯处,转向新方向跟进。

三、阅兵

阅兵,由党和国家领导人、中央军委主席、副主席、委员及旅(团)级以上部队军政主官或者被上述人员授权的其他领导和首长实施。通常由1人检阅。阅兵分为阅兵式和分列式;通常进行两项,根据需要,也可以只进行一项。

(一)迎军旗

迎军旗在阅兵式开始前进行。迎军旗时,主持迎送军旗的指挥员下达"立正""迎军旗"口令。听到口令后,掌旗员(扛旗)、护旗兵齐步行进,当由正前或左前方向本团右翼进至距队列40~50步时,主持迎送军旗的指挥员下达"向军旗——敬礼——"口令;听到口令后,位于指挥位置和阅兵台的军官行举手礼,其余人员行注目礼;掌旗员(由扛旗换端旗)、护旗兵换正步,取捷径向本团右翼排头行进,当超过团机关队形时,主持迎送军旗的指挥员下达"礼毕"的口令,部队礼毕;掌旗员(由端旗换扛旗)、护旗兵换齐步。军旗进至第一方块指挥员右侧3步处时,左右转弯立定,成立正姿势。

(二)旅阅兵式

旅阅兵式的队形通常为营横队的旅横队,或者由旅首长临时规定。列队时,各枪手、炮手分别持枪(95式自动步枪手、冲锋枪手挂枪)、持炮,40火箭筒手托筒,120反坦克火箭筒手扛筒;必要时,可以架枪、架炮。

1. 阅兵首长接受阅兵指挥报告

当阅兵首长行至队列右翼适当距离时或在阅兵台就位后（当上级首长检阅时，通常由旅政治委员陪同入场并陪阅），阅兵指挥员在队列中央前下达"立正"口令，随后跑到距阅兵首长 5～7 步处敬礼，待阅兵首长还礼后礼毕并报告，例如："首长同志，××××列队完毕，请您检阅。"报告后，左跨一步，向右转，让首长先走，然后在其右后侧（当上级首长检阅时，旅政治委员在旅长右侧）跟随陪阅。

2. 阅兵首长向军旗敬礼

阅兵首长行至距军旗适当位置时，应立正向军旗行举手礼（陪阅人员面向军旗，行注目礼）。

3. 阅兵首长检阅部队

当阅兵首长行至旅机关、各营部、各连及保障分队队列右前方时，旅机关由副旅长或者参谋长、各营部由营长、各连由连长、保障分队由旅指定的指挥员下达"敬礼"的口令；听到口令后，位于指挥位置的军官行举手礼，其余人员行注目礼，目迎目送首长（左、右转头不超过 45 度），阅兵首长应当还礼，陪阅人员行注目礼；当首长问候："同志们好！"或者"同志们辛苦了！"，队列人员应当齐声洪亮地回答："首——长——好！"或者"为——人民——服务！"；当首长通过后，指挥员下达"礼毕"的口令，队列人员礼毕。

4. 阅兵首长上阅兵台

阅兵首长检阅完毕后上阅兵台，阅兵指挥跑步到队列中央前，下达"稍息"口令，队列人员稍息。当上级首长检阅时，旅政治委员陪同首长上阅兵台，然后跑步到自己的列队位置。

（三）分列式

旅分列式队形由旅阅兵式队形调整变换，或者由旅首长临时规定。班用机枪手、狙击步枪手托枪，81 式自动步枪手提枪，95 式自动步枪手、03 式自动步枪手、冲锋枪手挂枪，40 火箭筒手托筒，120 反坦克火箭筒手扛筒，重机枪手、高射机枪手扛枪，迫击炮手、无坐力炮手扛炮（通常成结合状态）。分列式程序如下。

图 6-1　分列式

1. 标兵就位

旅分列式应当设 4 个标兵。一、二标兵之间和三、四标兵之间的间隔各为 15 米,二、三标兵之间的间隔为 40 米。标兵应当携带自动步枪,并在枪上插标兵旗。分列式开始前,阅兵指挥员在队列中央前下达"立正""标兵,就位"口令。标兵听到口令,成一路纵队持(托、挂)枪跑步到规定的位置,面向部队成持枪立正姿势。

2. 调整部(分)队为分列式队形

标兵就位后,阅兵指挥下达"分列式,开始"口令,然后跑步到自己的列队位置;听到口令后,各分队按照规定的方法携带武器(掌旗员扛旗),旅、营指挥员分别进到旅机关和营部的队列中央前,各分队指挥员进到本分队队列中央前,下达"右转弯,齐步——走"口令,指挥分队变换成分列式队形。

3. 开始行进

变换成规定的分列式队形后,旅机关由副旅长或者参谋长下达"齐步——走"口令;听到口令后,旅指挥员、旅机关人员齐步前进,其余分队依次待前一分队离开约 15 米时,分别由营长、连长及保障分队指挥员下达"齐步——走"口令,指挥本分队人员前进。

4. 接受首长检阅

各分队行至第一标兵处,将队列调整好;进到第二标兵处,掌旗员下达"正步——走"口令,并和护旗兵同时由齐步换正步,扛旗换端旗(掌旗员和护旗兵不转头),此时,阅兵首长和陪阅人员应当向军旗行举手礼;副旅长或者参谋长和各分队指挥员分别下达"向右——看"口令,队列人员听到口令后,可以呼喊"一、二",按照规定换正步(81 式自动步枪手换端枪)行进,并在左脚着地的同时向右转头(位于指挥位置的军官行举手礼,并向右转头,各列右翼第一名不转头)不超过 45 度注视阅兵首长,此时,阅兵台首长应当行举手礼。

进到第三标兵处,掌旗员下达"齐步——走"口令,并与护旗兵由正步换齐步,同时换扛旗;其他分队由上述指挥员分别下达"向前——看"口令,队列人员听到口令后,在左脚着地时礼毕(将头转正),同时换齐步(81 式自动步枪手换提枪)行进。

当上级首长检阅时,旅长和旅政治委员通过第三标兵后,到阅兵首长右侧陪阅;各分队通过第四标兵,换跑步到指定的位置。

5. 标兵撤回

待最后一个分队通过第四标兵,到达指定位置后,阅兵指挥下达"标兵,撤回"口令,标兵按照相反顺序跑步撤至预定位置。

(四)阅兵首长讲话

分列式结束后,阅兵指挥调整好队形,请阅兵首长讲话。讲话完毕,阅兵指挥下达"立正"口令,向阅兵首长报告阅兵结束。当上级首长检阅时,由旅政治委员陪同阅兵首长离场。

(五)送军旗

送军旗在阅兵首长讲话后或分列式结束后进行。送军旗时,主持迎送军旗的指挥员下达"立正""送军旗"口令。听到口令后,掌旗员(成扛旗姿势)、护旗兵按照迎军旗路线的相反方向齐步行进。军旗出列后行至团机关队形右侧前时,主持迎送军旗的指挥员下达"向军旗——敬礼——"口令。听到口令后,掌旗员(由扛旗换端旗)、护旗兵换正步,全团按照迎军旗的规定敬礼。当军旗离开距队列正面40~50步时,主持迎送军旗的指挥员下达"礼毕"口令,部队礼毕。掌旗员(由端旗换扛旗)、护旗兵换齐步,返回原出发位置。

思 考 题

1. 共同条令的主要内容是什么?
2. 简述纪律条令的基本内容。
3. 队列动作的基本要领是什么?
4. 如何养成良好的军事素养?

第七章 射击与战术训练

轻武器是指枪械及其他各种由单兵或班组携行战斗的武器,又称"轻兵器"。轻武器重量轻、体积小、便于携带、使用方便,特别适用于近战,是军队中装备数量最多的武器。它主要包括枪械和手榴弹、枪榴弹、气榴弹发射器、火箭发射器和无坐力发射器,此外还有轻型燃烧武器和单兵导弹等。

轻武器的主体是枪械。轻武器的主要装备对象是步兵,也广泛装备于其他军种和兵种。其主要作战用途是杀伤有生力量,毁伤轻型装甲车辆,破坏其他武器装备和军事设施。

第一节 轻武器射击

一、95 式自动步枪

95 式 5.8 毫米班用枪族是我军装备的新一代枪族化武器,是我国自行设计、制造的单兵使用的小口径战斗武器,首装于驻港部队,在 50 周年国庆阅兵中充分展示了国威。

(一)战斗性能和主要诸元

1. 战斗性能

95 式 5.8 毫米自动步枪与 95 式班用轻机枪组成班用枪族,活动机件和弹匣、弹鼓可以互换,并能用实弹直接从枪管发射 40 毫米枪榴弹,使射手具有全面杀伤和反装甲的能力,是近战中消灭敌人有生力量的自动武器和步兵分队反装甲目标的辅助武器。对单个目标在 400 米内射击效果最好,集中火力可射击 500 米内的敌人飞机、伞兵以及集团目标。

供弹方式:弹匣供弹,每支枪配有 5 个弹匣,必要时也可使用弹鼓供弹。

射击方法:可实施短点射(2～5 发),还可实施长点射(6～10 发)和单发射。

战斗射速:点射每分钟 100 发,单发射每分钟 40 发。

枪管寿命:10000 发。

2. 主要诸元

口径 5.8 毫米,初速 920 米/秒,有效射程 400 米,表尺射程 500 米,瞄准基线长 325 毫米,枪全重(含一个弹匣)3.5 千克,枪全长(不装刺刀)764 毫米,刺刀长(不含刀鞘)320

毫米,刺刀宽 35 毫米,刺刀重(不含刀鞘)360 克,弹匣容弹量 30 发。

(二)各部机件的名称和用途

95 式自动步枪由刺刀(匕首)、枪管、导气装置、瞄准装置、护盖、枪机、复进簧、击发机、枪托、机匣和弹匣等 11 大部件组成(图 7-1),另有一套附品。

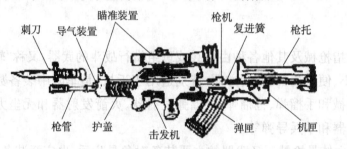

图 7-1 95 式自动步枪

1. 刺刀

刺刀(匕首)用以刺杀敌人,也可作为格斗匕首和野战工作用刀。多功能刺刀由刀体和刀鞘组成。刺刀上有剪刀部位、剪刀轴孔、锉削部位、刀环、刀柄座、砍削部位和锯割部位。刀鞘上有挂带、带扣、磨刀石、平口起子、剪板座和轴。

将刺刀装在枪上的动作要领是:将刀环套入枪的膛口装置前端,刀柄座的"T"形槽对准枪上刺刀座的"T"形凸榫,向后拉到定位。卸下刺刀时,左手握护盖,右手用力按压刀柄上左右凸起榫(刻有直纹处),然后将刺刀向枪口方向抽出,并装入刀鞘内,挂在腰带上。

2. 枪管

枪管用以赋予弹头及枪榴弹的飞行方向。枪管内是枪膛,枪膛分为弹膛和线膛。弹膛用以容纳子弹,线膛能使弹头在前进时旋转运动,以保持飞行的稳定性。枪口装置用来减小发射时枪口的跳动和火焰,并与后定位器配合,作为榴弹发射器及刺刀连接座使用。

3. 导气装置

导气装置由气体调节器、活塞及活塞簧组成。气体调节器用以调节火药气体的大小,标有"0""1"和"2"3 个数字,分别表示闭气、小孔和大孔位置。普通射击时通常装定在"1"上,当武器过脏来不及擦拭或在严寒条件下射击时,装定在"2"上。发射枪榴弹时,必须将调节塞转动到"0"的位置,以防损坏活动机件。活塞用以承受火药气体的压力,推动枪机向后。活塞簧用以使活塞回到原来位置。

4. 瞄准装置

瞄准装置由机械瞄准具及白光、微光瞄准镜组成,用于对目标进行瞄准。表尺上有觇孔,标有"1""3"和"5"3 个字样,分别表示 100 米、300 米和 500 米,表尺"0"上荧光点与准星两侧的荧光点组成准星。

准星由准星座、准星连接座、准星护圈和准星 4 部分组成。准星可拧高、拧低,准星移动座可以左右移动。准星移动座和准星座上各刻有一条线,用以检查准星位置是否正确。瞄准镜座用以安装白光和微光瞄准镜。

5. 护盖

护盖由上护盖与下护盖组成。上护盖有提把,用以提枪前进。下护盖有握把、扳机护圈、小握把、护盖锁孔和挂合杆,主要用以操持武器和射击。握把内为附品筒巢,用以容纳附品管;前端小握把有通气孔,用以及时散热以冷却枪管。

6. 枪机

枪机由机体和机头组成,用以送弹、闭锁、击发和退壳,并能使击锤向后成待发状态。机体上有圆孔和导榫槽,用以容纳机头,并引导机头旋转形成闭锁、开锁,机体上还有解脱凸榫、机柄和复进簧巢。机头上有击针,用以撞击子弹底火;抓弹钩用以从膛内抓出弹壳(子弹)。机头上还有导榫、送弹凸榫、开闭锁凸榫、导槽和弹底巢。

7. 复进簧

复进簧的作用是储存枪机、枪机框的部分后坐能量,以便赋予枪机、枪机框向前复进及完成推弹、抓弹、闭锁、解除不到位保险等所必需的能量。

8. 击发机

击发机由扳机、扳机拉杆、阻铁杠杆、击发阻铁、单发阻铁、不到位保险机、解脱杠杆、快慢机、击锤、击锤簧、击锤簧导杆、顶头以及击发机座组成,用以控制待发、操纵击发及保险。快慢机上的"0""1"和"2"3 个数字分别表示保险、单发射和连发位置。

9. 枪托

枪托用以保证机匣内部免沾污垢和便于操作。枪托右侧有抛弹壳(子弹)口,枪托内有杠杆式缓冲器和后端的变刚度托板组成的双缓冲机构,可减轻活动机件后坐时的撞击力。

10. 机匣

机匣用以容纳枪机、固定快慢机和弹匣。机匣外有弹匣卡榫和弹匣结合口,用以结合弹匣或弹鼓。机匣内有闭锁卡槽,用以保证枪机闭锁枪膛。拔弹凸榫用以拔出弹壳(子弹)。

11. 弹匣

弹匣由弹匣体、托弹钣、托弹钣簧、固定钣和弹匣盖组成,用以容纳和托送子弹。弹匣体的后端有 3 个观察孔,分别对正第 10 发、第 20 发和第 30 发子弹的底缘,用以观察子弹的余量。

12. 附品

附品用于分解结合、擦拭上油、携带和排除故障。附品有通条头、通条连接杆(7

根)、铳子、铳杆、准星扳手、油刷、油壶、背带和弹匣袋。使用时,将通条连接杆与通条头或油刷拧结在一起,用以清除枪管内脏物及涂油;铳子用于拆卸击针销、拉壳钩轴等;准星扳手用以校枪时调节准星高低;油刷用以清除枪管导气孔的火药残渣。

(三)自动原理

自动原理是扣扳机后,扳机拉杆拉下击发阻铁,击锤平移向前打击击针,击针撞击子弹底火,点燃发射药,产生火药气体,推送弹头沿膛线向前运动。当弹头经过导气孔时,部分火药气体通过导气孔,涌入导气箍,冲击活塞,推动枪机向后,压缩复进簧,完成开锁、抛壳,并使击锤向后成待发状态。当枪机退到最后方时,由于复进簧的伸张,使枪机向前运动,推动下一发子弹入膛、闭锁。此时,如快慢机定在连发位置,扳机未松开,击发阻铁不能卡住击锤,击锤再次打击击针,形成连发;如快慢机定在单发位置,击锤被单发阻铁卡住不能向前,若再次发射,必须松开扳机再扣;如快慢机定在保险"0"的位置,快慢机轴阻挡击发阻铁,使其不能回转,成保险状态。当击锤位于后方(即待发状态)保险时,扣不动扳机,不能击发;当击锤位于前方(即击发状态)保险时,活动机件不能压击锤向后成待发,枪机不能推弹进膛。

(四)瞄准镜

1. 白光瞄准镜

白光瞄准镜(图 7-2)用于对 600 米以内(配于自动步枪时)或 800 米以内(配于班用机枪时)的目标实施瞄准射击和战场观察。当目标宽度为 0.5 米时,可概略测定目标距离。

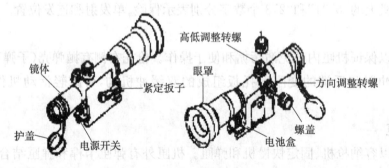

图 7-2 白光瞄准镜

(1)主要诸元。放大 3 倍,视场 8 度,出瞳直径 5 毫米,出瞳距离 45 毫米,视度 0.5~1 屈光度,距离分划装定范围 800 米,瞄准镜重量 0.25 千克。

(2)保管与维护。瞄准镜是精密的光学仪器,平时应注意保管和维护,使其处于良好状态。

瞄准镜在使用或库房存放时,均应保持清洁。若外露玻璃表面有灰尘,则用清洁的毛刷除去,再用清洁的绒布轻轻擦拭干净,不得用手或不清洁的布、纸张擦拭。金属零件表面应经常用干净的擦布擦拭干净,若表面有精饰层脱落,则涂上一层防锈油。严禁将油涂在玻璃及橡胶表面。

瞄准镜由寒冷的室外拿到温暖的室内,或由温暖的室内拿到寒冷的室外时,应保持一段时间(前者约2小时,后者约15分钟),使镜盒内外温度基本一致后,再打开镜盒,以免因温度剧烈变化而损坏瞄准镜。

瞄准镜应轻拿轻放,不得用力过猛或碰撞。在阵地上不使用瞄准镜时,应将物镜防尘罩盖好。运输时,必须装入镜盒内。将瞄准镜放入镜盒时,应注意检查电源开关是否处于关闭状态。长期存放时,应将电池取出,放在镜盒的附件盒内。

如发现瞄准镜有故障,应及时检查和排除,或送工厂修理。严禁随意拆卸,以免损坏瞄准镜。

2. 微光瞄准镜

微光瞄准镜(图7-3)是一种轻便的被动式夜间瞄准器材,可有效地进行夜间精确瞄准,可发现、观察敌人所使用的红外光源或其他光源的位置。在无月星空、中等对比度背景不透明的条件下,能识别出200米处站立的人员。

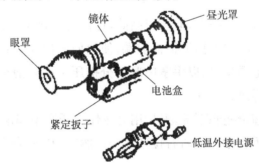

图 7-3 微光瞄准镜

(1)主要诸元。放大3倍,可视距离200米,视场10度,眼点距离≥20毫米,调焦范围为10米到无穷大,镜重1.3千克。

(2)主要部件名称、用途。微光瞄准镜主要由镜体、成像系统、分划调节机构、低温外接电池及罩具等组成。镜体用于承装及连接瞄准镜各部,并通过燕尾槽与枪连接。成像系统由微光物镜组、像增强器、分划板、目镜组4部分组成。

(3)瞄准镜的使用。在正常情况下,白天使用瞄准镜时务必戴好昼光罩,夜间使用时将昼光罩取下即可。打开电池盒盖,装2节5号电池,盖紧电池盒盖,将微光瞄准镜通过燕尾槽和枪连接,锁紧扳手,顺时针扳紧,使微光瞄准镜和枪牢固结合。将开关扳到"开"的位置,用眼睛轻轻顶压眼罩,使眼罩内叶片打开,此时应能看到目镜内荧光屏发出的黄绿色光。根据操作者的视力,调节目镜视度,使微光瞄准镜内分划像和平面闪烁点最清晰,然后对准目标。根据目标远近的不同,转动调焦,保证观察到比较清晰的目标图像。

不使用微光瞄准镜时,须取出电池,扣好电池盒盖,以防止漏电或偶然通电造成意外。戴好昼光罩,将微光瞄准镜放入携行袋或包装箱内。

在严寒条件下,取出微光瞄准镜内的干电池,将微光瞄准镜上的电源开关置于"开"的位置。旋下位于外接电源插座上的护盖,将低温外接电源电缆一端的插头接至微光瞄准镜上外接电源插座,并拧紧插头上的螺母。拧开低温外接电源后盖,将2节5号电池装入低温外接电源内,然后拧紧后盖。将低温外接电源放入使用者衣服内,使低温外接电源保持电源正常的工作温度。使用时将微光瞄准镜上的电源开关置于"关"的位置,低温外接电源就能正常供电。

在寒冷的阴雨天,如目镜上出现雾和霜,应拿下眼罩,用擦布把镜片擦干净。

在多雨或潮湿条件下使用时,微光瞄准镜受到雨淋或受潮后,必须将各部件擦拭干净,除拿出或放回微光瞄准镜外,一般不打开包装箱和携行袋,切勿将微光瞄准镜放入潮湿的携行袋内。

(五)分解与结合

1. 分解

(1)取出附品筒。打开握把盖,取出附品筒,打开附品筒盖,取出附品。

(2)卸弹匣。左手掌心向上握下护盖前端,使枪面稍向左,右手握弹匣,拇指按压弹匣卡榫(或右手掌心向上握弹匣,以手掌肉厚部分推压卡榫),前推使弹匣凹槽脱离弹匣卡榫,再向后下方取下弹匣。

(3)卸枪托。右手握枪托底下部,拇指用力压住枪托底中部偏下部位,左手拇指从左向右将枪托销顶出,左手将枪托销向右拉到尽头。然后,左手托握机匣,右手握枪托并且向后拉,取下枪托。

(4)取出击锤、枪机及复进簧。右手向后拉动击锤取下,抽出复进簧,再向后拉出枪机。

(5)取下机头。左手向左旋转机头,待机头开闭锁凸榫对准机体上的让位槽时,向前拉出机头。

(6)卸上护盖。左手握机匣尾部,右手先将上护盖向后移动5~8毫米,然后向上提起上护盖后部,让过瞄准镜座,继续向后上提拉,取下上护盖。

(7)卸气体调节器。按压调节器卡榫,使其退出定位槽,然后转动气体调节器,当其向上两平面处于水平位置时,向外抽拉,卸下气体调节器。

(8)取出活塞及活塞簧。用手捏住活塞向前推动,当活塞头部露出导气箍时,取出活塞及活塞簧。

2. 结合

结合按分解的相反顺序进行。结合后,打开弹仓盖,拉送枪机数次,检查机件结合是否正确,然后关上弹仓盖,打开保险。扣扳机,关保险。

二、简易射击学原理

(一)发射与后坐

1. 发射及其过程

火药气体压力将弹头从膛内推送出去的现象称为发射。其具体过程为:击针撞击子弹底火,使起爆药发火;火焰通过导火孔引燃发射药,产生大量的火药气体,在膛内形成很大的压力,迫使弹头脱离弹壳,沿膛线旋转加速前进,直至推出枪口。

2. 后坐

发射时,武器向后运动的现象称为后坐。

(1)后坐的形成。发射药燃烧时,产生的气体同时作用于各个方向。作用于膛壁周围的压力被膛壁所抵消;向前作用于弹头后部的压力推送弹头前进;向后作用于弹壳底部的压力经过枪机传给整个武器,使武器向后运动,形成后坐。武器的后坐和弹头的运动是同时开始的。在弹头脱离枪口瞬间,大量的火药气体随弹头后部从膛内向外喷出,形成了反作用力,使武器后坐更加明显。

(2)后坐对命中的影响。后坐对单发(连发首发)射击的命中影响极小。因为弹头在膛内运动的时间极短(约千分之一秒),并且枪比弹头重得多(冲锋枪、半自动步枪是子弹重量的400倍以上),所以,弹头在脱离枪口以前,枪的后坐距离只有1毫米多。而且弹头是正直向后运动,加上衣服和肌肉的缓冲,射手是感觉不出来的。射手感觉到的后坐,主要是由弹头在脱离枪口的瞬间,火药气体猛烈向枪口外喷出形成的反作用力造成的。此时,弹头已脱离枪口。因此,后坐对单发(连发首发)射击的命中影响极小。

后坐对连发射击的命中有一定的影响。因为连发射击时,第一发子弹发射后,枪的明显后坐变动了原来的瞄准线,所以,对第二发以后的射弹命中有一定的影响。但只要射手据枪要领正确,适应连发武器射击时后坐的规律,就能减小后坐对连发命中的影响,提高射击精度。

(二)弹道形状及其实用意义

1. 弹道

(1)弹道及其形成。弹头运动过程中,其重心所经过的路线称为弹道。弹头脱离枪口之后,如果没有地心引力和空气阻力的作用,它将保持其所获得的速度,沿着发射线做匀速直线飞行。实际上,弹头在空气中飞行,一方面受到地心引力的作用,逐渐下降;一方面受到空气阻力的作用,越飞越慢。因此,形成了一条不均等的弧线,即升弧较长较直,降弧较短较弯曲。

(2)弹道基本要素,如图7-4所示。

火身口水平面——通过起点的水平面。

射线——发射前火身轴线的延长线。

射角——射线与火身口水平面所夹的角。
发射线——发射瞬间火身轴线的延长线。
发射角——发射线与火身口水平面所夹的角。
升弧——由起点到弹道最高点的弹道。
降弧——由弹道最高点到落点的弹道。
弹道高——弹道上任何一点到火身口水平面的垂直距离。
最大弹道高——弹道最高点到火身口水平面的垂直距离。
射程——起点到落点的水平距离。

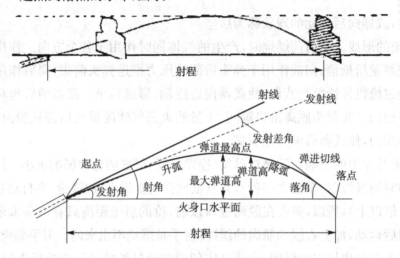

图 7-4　弹道的形成及弹道基本要素

2. 直射

(1) 直射和直射距离。瞄准线上的弹道高在整个表尺距离上不超过目标高的射击称为直射,这段表尺距离称为直射距离。

(2) 直射距离的求法。直射距离的大小取决于目标的高低和弹道的低伸程度。目标越高,弹道越低伸,直射距离就越大;目标越低,弹道越弯曲,直射距离就越小。

(3) 直射的实用意义。对在直射距离内的目标进行射击时,瞄准目标下沿,不变更表尺分划即可进行连续射击,以增大战斗射速,提高射击效果。直射可以弥补测量距离的误差对命中的影响。

3. 危险界、遮蔽界和死角

(1) 危险界。危险界分为表尺危险界和实地危险界。瞄准线上的弹道没有超过目标高的部分称为表尺危险界。在实际地形上弹道高没有超过目标高的一段距离称为实地危险界,决定实地危险界大小的条件为:

一是弹道低伸程度。对同一地形上的同一目标射击时,弹道越低伸,实地危险界就越大;反之,则越小。

二是目标高低。用同一武器对同一地形上的不同目标射击时,目标越高,实地危险界越大;反之,则越小。

三是目标所在位置的地貌。用同一武器对同一种目标射击时,目标所在位置的地貌与弹道形状越一致,实地危险界越大;反之,则越小。

(2)遮蔽界和死角。从弹头不能射穿的遮蔽物顶端到弹着点的一段距离称为遮蔽界。目标在遮蔽界内不会被杀伤的一段距离称为死角。遮蔽界包括死角和危险界,如图7-5所示。

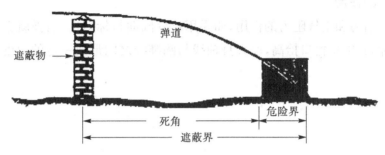

图 7-5 遮蔽界和死角

遮蔽界和死角的大小是由遮蔽物的高低和落角的大小决定的,死角的大小还取决于目标的高低,如图 7-6 所示。

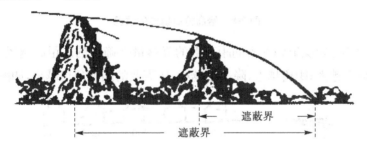

图 7-6 遮蔽物高低与遮蔽界和死角大小的关系

同一弹道,同一目标,遮蔽物越高,遮蔽界和死角就越大;反之,则越小。

同一遮蔽物,同一目标,落角越小,遮蔽界和死角就越大;反之,则越小。

同一遮蔽物,同一弹道,目标越高,死角就越小;反之,则越大,如图 7-7 所示。

图 7-7 目标高低与死角的关系

了解危险界、遮蔽界和死角的实用意义,是为了在战斗中更好地隐蔽身体,发扬火力,灵活地利用地形地物,隐蔽地运动、集结和转移,避开或尽量减少敌火力的杀伤。在组织火力配系时,能正确选择射击位置和组织火力,千方百计地增大危险界和减少射击地带内的遮蔽界和死角,并善于运用弯曲弹道和各种武器的侧射、斜射火力,消灭隐蔽在遮蔽界和死角内的敌人。

(三)选定表尺分划和瞄准点

1. 瞄准具的作用

由于地心引力和空气阻力的作用,如果用枪管瞄向目标射击,射弹就会打低、打近。为了命中目标,必须将枪口抬高,使火身轴线与瞄准线之间形成一定的角度,即瞄准角,如图7-8所示。

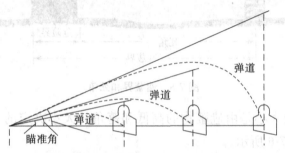

图7-8 抬高枪口射击的情况

瞄准角的大小是根据射弹在不同距离上的降落量来确定的。距离越远,降落量越大,所需要的瞄准角也越大;距离越近,降落量越小,所需要的瞄准角也越小,如图7-9所示。

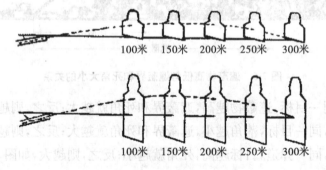

图7-9 射击距离与瞄准角的关系

瞄准具就是根据上述原理设计而成的。由于缺口上沿到火身轴线的高度大于准星尖到火身轴线的高度,射击时,是通过缺口上沿中央和准星尖的平正关系来瞄准目标的。因此,用瞄准具瞄准时抬高了枪口,使火身轴线与瞄准线之间构成了一定的瞄准角。表尺位置高,瞄准角就大,相应的射击距离就远;表尺位置低,瞄准角就小,相应的射击距离就近。各种枪的表尺上都刻有不同的表尺(距离)分划。装定表尺(距离)分划,就是改变表尺的高低位置,实际上也就是装定瞄准角。

由此可见,瞄准具的作用就是对一定距离的目标射击时赋予武器相应的瞄准角和射向。射击时,只要按照目标的距离装(选)定相应的表尺分划瞄准射击,就能命中目标。因此,正确地选定表尺分划,对准确命中目标有着决定性意义。

2. 瞄准基本要素

瞄准基线——缺口的上沿中央到准星尖的直线线段。

瞄准线——视线通过缺口上沿中央和准星尖的延长线。

瞄准点——瞄准线所指向的一点。

瞄准角——射线与瞄准线的夹角。

瞄准线上弹道高——弹道上任何一点到瞄准线的垂直距离。

弹着点——弹道与目标表面或地面的交点。

3. 选定表尺分划和瞄准点

为了使射弹准确地命中目标,射击时,射手应根据目标的距离、大小和武器的弹道高,正确地选定表尺分划和瞄准点。其方法如下。

(1)选定实际距离表尺分划,瞄目标中央。目标距离为百米整数时,可根据目标的距离装定相应的表尺分划,瞄准点选在目标中央。例如,半自动步枪对 100 米距离胸环靶射击时,定表尺"1";班用轻机枪对 150 米距离半身靶射击时,定表尺"1.5"。瞄准目标中央射击,即可命中目标中央。

(2)选定大于或小于实际距离表尺,适当降低或提高瞄准点。目标距离不是百米整数时,通常选定大于实际距离的表尺分划。根据武器在该距离上的弹道高,相应降低瞄准点射击。例如,半自动步枪对 250 米距离胸环靶射击时,定表尺"3",在 250 米处的弹道高为 18 厘米,这时,瞄准目标下沿中央射击,即可命中目标中央。也可选定小于实际距离的表尺分划。根据武器在该距离上的负弹道高,相应提高瞄准点射击。

(3)选定常用表尺分划,小目标瞄下沿中央,大目标瞄下部中央。瞄准图例如图 7-9 所示。战斗中,对 300 米距离以内的目标射击时,通常选定常用表尺(表尺"3")分划,小目标瞄下沿,大目标瞄中央射击,即可命中。例如,半自动步枪选定常用表尺,对 300 米以内人胸目标(高 50 厘米)射击时,瞄目标下沿,则整个瞄准线上最大弹道高为 31 厘米,没有超过目标高度,目标在 300 米距离内都会被杀伤。

在战场上,目标出现突然,暴露时间短,且距离不断变化。用此种方法对 300 米以内的目标进行射击,不需要变更表尺分划,可以争取时间,提高战斗射速,增大射击效果。因此,该方法在实践中有着重要的实用意义,是战斗中常用的方法。

4. 观察弹着和修正偏差

射击时,由于测距、瞄准的误差和外界条件对射击的影响以及射手操作不正确等,会使射弹产生偏差。因此,射手应注意观察弹着,及时修正偏差,以提高射击效果。

(1)观察弹着。观察弹着时,应根据射弹击起的尘土、水花的位置,曳光迹和目标状况的变化等情况,判断射弹是否命中目标或偏差量的大小。各种枪对草地、湿地、硬土地上的目标射击时,弹着不易观察,可用曳光弹射击,确定其偏差量。

(2)修正方法。发现偏差时,应认真分析,找出原因,正确地进行修正。若是武器、风造成的偏差,则偏差多少就修正多少。修正时,应以预期命中点为准,向偏差相反的方向修正。

一是修正方向偏差。用改变瞄准点的方法进行修正。射弹偏右,瞄准点向左修;射弹偏左,瞄准点向右修。

二是修正高低偏差。用提高、降低瞄准点或增减表尺分划的方法进行修正。射弹偏高时,降低瞄准点或减少表尺分划;射弹偏低时,提高瞄准点或增加表尺分划。

(四)外界条件对射弹的影响及修正

各种武器的弹道基本诸元都是在标准射击条件下计算出来的。实际射击时应根据标准射击条件和当时的射击条件之差进行相应修正。

1. 风对射弹的影响及修正

风是一种具有速度和方向的气流,它能改变射弹的飞行方向和距离。在各种外界条件中,风对射弹的飞行影响最大。因此,必须准确地判定风向和风力,根据风对射弹的影响进行修正,以保证射弹准确命中目标。

(1)风向和风力的判定。

一是风向的判定。按风吹的方向和射击方向所形成的角度,可分为横风、斜风和纵风,如图7-10所示。

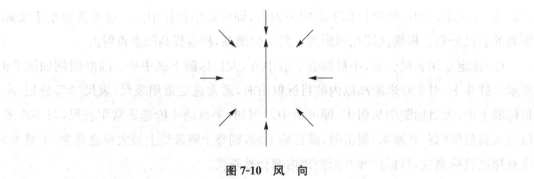

图 7-10 风 向

横风:从左或右与射向成 90 度角吹的风。

斜风:与射向成锐角(小于 90 度)吹的风。射击时,通常按与射向成 45 度角的风计算。

纵风:从后或前与射向平行吹的风。顺射向吹的风为顺风;逆射向吹的风为逆风。

二是风力的判定。风力按其大小分为强风、和风和弱风。判定风力的大小,可用测风仪等器材,也可根据人的感觉和常见物体被风吹动的景况来判定,见表 7-1。

表 7-1 风力(风速)判定表

风力	区分			常见的物体现象				
	级别	速度	人的感觉	草	树	旗帜	烟	海面、渔船
弱风	2级风	2~3米/秒	面部和受稍感到有风	微动	灌木丛、细树枝、树叶微动,并沙沙作响	微动并稍离开旗帜	微被吹动	有小波,船身摇动,船帆基本正直
和风	3~4级风	4~7米/秒	明显地感到有风,吹过耳边时鸣鸣响,面对风时可睁开眼	被吹弯	灌木摆动,树上的细枝被吹弯,树叶剧烈摆动	展开飘动	被吹斜约45度	有轻浪,船身摇动明显,船帆倾向一侧
强风	5~6级风	8~12米/秒	迎面站立或行走,明显地感到阻力,尘土飞扬,面对风时感到睁眼困难	倒在地面	树干摆动,粗枝被吹弯	飘成水平状态,并哗哗作响	被吹成水平状态,并被吹散	有大浪,浪顶的白色泡沫很多,船身常被风吹离浪顶

(2)风向对射弹的影响及修正。

一是横(斜)风对射弹的影响及修正。横(斜)风能对弹头的侧面施以压力,使射弹偏向一侧,产生方向偏差(斜风还能使射弹产生距离偏差,因偏差很小,故不考虑)。风力越大,距离越远,偏差就越大。风从左吹来,射弹偏右;风从右吹来,射弹偏左。

在射击时,为了使射弹准确地命中目标,必须根据射弹受风影响的偏差量,将瞄准点向风吹来的方向修正。修正时,以横方向的和风修正量为准,强风加一倍,弱风减一半。斜方向的强(和/或弱)风,应按横方向的强(和/或弱)风的修正量减一半。修正量从预期命中点算起,偏差多少,就修正多少,如图 7-11 所示。

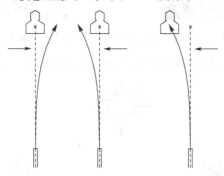

图 7-11 横风及修正

为运用方便,将在横风、和风条件下,对 400 米内的目标射击时的瞄准情况归纳为:"一百不用修,二百瞄耳线,三百瞄边沿,四百边接边。"如图 7-12 所示。

二是纵风对射弹的影响及修正。纵风能影响射弹的飞行距离。顺风时,空气阻力减小,使射弹打远(高);逆风时,空气阻力增大,使射弹打近(低)。但在近距离内,风速为

10米/秒以下时,纵风对射弹的影响很小,一般可不修正。

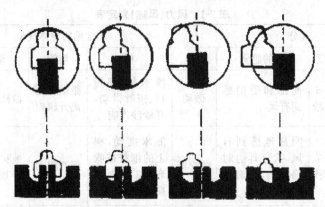

图 7-12　风向修正

2.阳光对瞄准的影响及克服方法

(1)阳光对瞄准的影响。在阳光下瞄准时,由于阳光照射作用,缺口部分产生虚光,形成三层缺口:上层为虚光部分,中层为真实缺口,下层为黑实部分,如图 7-13 所示。如不注意辨清真实缺口位置,就容易产生误差,使射弹产生偏差。

图 7-13　缺口部分产生虚光时形成的三层缺口

若用虚光上沿瞄准,则射弹偏向阳光照来的方向,如图 7-14 所示。

图 7-14　用虚光上沿瞄准时的影响

阳光从右上方照来时,缺口左边和上沿产生虚光,若用虚光部分瞄准,则准星实际上偏右上,因此,射弹偏右上。阳光从左上方照来时,射弹则偏左上。

若用黑实部分进行瞄准,则射弹偏向阳光照来的相反方向,如图7-15所示。

图7-15 用黑实部分瞄准时的影响

阳光从右上方照来时,用黑实部分瞄准,准星实际上偏左下,因此,射弹偏左下。阳光从左上方照来时,射弹则偏右下。

在阳光照射下,缺口和准星尖同时产生虚光时,若用虚光上沿瞄准,则射弹偏低;若用黑实部分瞄准,则射弹偏高。

(2)阳光对瞄准影响的克服方法。

一是辨清真实缺口的位置和正确瞄准情况。可在不同方向的阳光照射下练习瞄准,采取遮光瞄准不遮光检查或不遮光瞄准遮光检查的方法,反复练习,确实辨清真实缺口的位置和正确瞄准情况。辨别真实缺口的简易方法:不用黑,不用白,真实缺口是灰白。

二是缩短阳光下瞄准的时间。在阳光下瞄准的时间不宜过长,以免眼花而产生误差。

三是注意保护瞄准具。平时要保护好瞄准具,以防其磨亮而反光。

3.气温对射弹的影响及修正

(1)气温对射弹的影响。气温升高时,空气密度减小,射弹飞行中受到的空气阻力就小,射弹就打得远(高)。气温降低时,空气密度增大,射弹在飞行中受到的空气阻力就大,射弹就打得近(低)。

(2)气温对射弹影响的修正方法。由于各地区和各季节的气温不同,很难与标准气温(+15摄氏度)条件相符,因此,应在当地的气温条件下校正武器的射效,并以校正射效时的气温条件为准。射击时,若气温差别不大,则在400米内对射弹命中的影响较小,不必修正。若气温差别很大或对远距离目标射击时,应适当提高或降低瞄准点射击。气温降低时,提高瞄准点或增加表尺分划;气温升高时,降低瞄准点或减小表尺分划。例如,半自动步枪在200米距离上,气温每相差10摄氏度,距离误差为4米,高低误差为0.01米。

三、武器操作方法

(一)验枪

验枪是一项保证安全的重要措施。使用武器前后及必要时,均应验枪,认真检查弹膛和教练弹中有无实弹。验枪时,严禁将枪口对人。

口令:"验枪""验枪完毕"。

动作要领:听到"验枪"口令后,右手将枪提起,以右脚掌为轴,身体半面向右转,左脚顺势向前迈出一步(两脚约与肩同宽),同时右手将枪向前送出;左手接握下护木,左大臂紧靠左肋,枪托贴于胯骨,枪刺尖约与眼同高;右手打开弹仓盖,移握机柄,如图7-16所示。

当指挥员检查时,拉枪机向后,验过后,自行送回枪机,关上弹仓盖,打开保险,扣扳机,关保险,移握枪颈。

听到"验枪完毕"口令后,右手移握上护木,身体半面向左转,在右脚靠拢左脚的同时,恢复持枪姿势。

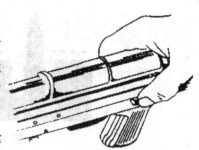

图7-16 验 枪

(二)装退子弹及定复表尺

1.卧姿装退子弹及定复表尺

口令:"卧姿——装子弹""退子弹——起立"。

动作要领:听到"卧姿——装子弹"口令后,右手将枪提起并稍向前倾,左脚向右脚尖前迈出一大步(或右脚顺脚尖方向迈出一大步),左手在左(右)脚尖前支地,顺势卧倒,以身体左侧、左肘支撑全身;右手将枪向目标方向送出;左手接握表尺下方,枪托着地,右手拉枪机到定位。解开弹袋扣,取出一夹子弹,插入弹夹槽,以食指或拇指将子弹压入弹仓(单发装填时,不应将第一发子弹压在右侧),取出弹夹,送弹上膛,将弹夹装入弹袋并扣好。右手拇指和食指捏压游标卡榫,移动游标,使游标前切面对正所需要的表尺分划。右手移握枪颈,全身伏地,两脚分开约与肩同宽,身体与射向角度呈30度,枪刺离地,目视前方,准备射击,如图7-17、图7-18所示。

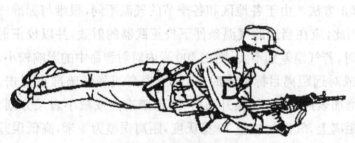

图7-17 卧姿装子弹

图7-18 装定所需表尺

听到"退子弹——起立"口令后,稍向左侧身,右手解开弹袋扣,打开弹仓盖,接住落下的子弹并装入弹袋,拇指拉机柄向后,食指和中指夹住从膛内退出的子弹,送回枪机,将子弹装入弹袋并扣好,关上弹仓盖,打开保险,扣扳机,关保险,复表尺,移握上护木,将枪收回;同时左小臂向里合,屈左腿于右腿下。以左手和两脚撑起身体,右脚向前一大步,左脚再向前一步,在右脚靠拢左脚的同时,恢复持枪姿势,如图7-19所示。

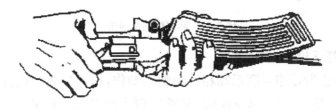

图 7-19　退子弹

2. 跪姿装退子弹及定复表尺

口令:"跪姿——装子弹""退子弹——起立"。

动作要领:听到"跪姿——装子弹"口令后,右手将枪举起,左脚向右脚前方迈出一步,右手将枪向目标方向送出;左手接握表尺下方,同时右膝向右跪下,臀部坐在右脚跟上,左小腿略垂直,两腿约成90度,左小臂放在左大腿上,枪刺尖约与眼同高。然后,按要领装子弹,定表尺,右手移握枪颈,目视前方,准备射击。

听到"退子弹——起立"口令后,按要领退出子弹,打开保险,扣扳机,关保险,复表尺,右手移握上护木,左脚尖向外打开的同时起立,在右脚靠拢左脚的同时,恢复持枪姿势。

3. 立姿装退子弹及定复表尺

口令:"立姿——装子弹""退子弹"。

动作要领:听到"立姿——装子弹"口令后,右手将枪举起,以右脚掌为轴,身体大半面向右转,左脚顺势向前迈出一步(两脚与肩同宽,成外八字),重心落在两脚上,右手将枪向目标方向送出;左手接握表尺下方,左大臂紧靠左肋,枪托贴于胯骨,枪刺尖约与眼同高。然后,按要领装子弹,定表尺,右手移握枪颈,目视前方,准备射击。

听到"退子弹"口令后,按要领退出子弹,打开保险,扣扳机,关保险,复表尺,右手移握上护木,身体大半面向左转,在右脚靠拢左脚的同时恢复持枪姿势。

(三)射击动作

1. 依托物的利用

为了取得更好的射击效果,应力求利用地物和构筑依托物实施射击。依托物的高度应按射手的身体而定,一般为25~30厘米,依托物内侧应陡些。在紧急情况下,还应善于利用不同高度的依托物进行射击,如图 7-20 所示。

图 7-20 利用依托物射击

2. 卧姿有依托据枪、瞄准和击发

据枪、瞄准和击发是相互联系和相互影响的动作,稳固持久的据枪,正确一致的瞄准,均匀正直的击发,三者正确地结合是准确射击的关键。因此,必须刻苦练习,熟练掌握。

(1)据枪。下护木放在依托物上,左肘向里合;右手握枪颈,食指第一节靠在扳机上,大臂略垂直;两手协同将枪托确实抵于肩窝,头稍向前倾,自然贴腮。

(2)瞄准。首先使瞄准线自然指向目标。若未指向目标,则必须调整姿势,不可迁就而强扭身。需要修正方向时,可左右移动身体或两肘。需要修正高低时,可前后移动整个身体或两肘向里合、外张,也可适当调整依托物。

(3)击发。用右手食指第一节均匀正直地向后扣压扳机(食指内侧与枪间应有不大的空隙),余指力量不变。当瞄准线接近瞄准点时,开始预压扳机,并减缓呼吸。当瞄准线指向瞄准点时,应停止呼吸,继续增加对扳机的压力,直至击发。击发瞬间应保持正确一致的瞄准。若瞄准线偏离瞄准点或不能继续停止呼吸时,应既不增加、也不放松对扳机的压力,待修正或换气后,再继续扣压扳机。注意:①决不允许猛扣扳机,否则会使枪身扭动,射弹就会产生偏差。②打点射时,要保持正常心态,不要因猛扣、猛松扳机而造成据枪变形。只要按要领击发,枪响松手,就能操纵好点射。

四、实弹射击要领

实弹射击是对射击训练效果的检验。轻武器实弹射击时,应遵循相关的组织原则、实施程序和安全规则。

(一)实弹射击的条件

枪种为半自动步枪,目的是锻炼射手对不动目标准确射击的技能。目标:胸环靶;距离:100 米;姿势:卧姿有依托;使用弹数:5 发。

成绩评定:优等:命中 45 环以上;良好:命中 35～44 环;及格:命中 30～34 环;不及格:30 环以下。

实施方法:一是表尺、瞄准点自选。自下达装子弹的口令起,5 分钟内完成射击。二是每发射一次后报靶,并指示弹着点。

(二)实弹射击的有关规定

1. 实弹射击的有关规定

实弹射击时,射手应使用手中武器射击,如不能使用,须经领导批准,使用校正合格的武器射击。

射击中如发生故障,射手应自行排除,继续射击。如因武器、子弹不良等发生故障,可重新射击。

跳弹命中靶子,不计算成绩。对环靶射击,命中环线算内环。

打错靶算脱靶。被打错靶者如无法判明错弹时,可重新射击。

不及格者可补射一次。补射成绩不算单位成绩。

2. 单位实弹射击成绩评定

优等:90%以上射手的成绩在及格以上,并有40%以上射手的成绩为良好和优秀。

良好:80%以上射手的成绩在及格以上,并有40%以上射手的成绩为良好和优秀。

及格:70%以上射手的成绩在及格以上。

3. 射击场的组织和主要人员职责

射击指挥员,负责组织设置场地,派遣勤务,督促全体人员遵守射击场的各项规定和安全措施,指挥射击。

警戒组,负责射击场的警戒和观察任务。射击前应严密搜索并保证警戒区内无人员和牲畜;射击时严禁人员和牲畜进入警戒区。警戒区人员应携带警戒旗,发现险情时应立即发出信号,向指挥员报告。

示靶组,负责设靶、示靶和报靶。

信号(观察)员,根据射击指挥员的指示发出各种信号,并认真观察射击场的安全情况,发现险情立即报告。

发弹员,按照指挥员的命令发给射手规定的子弹,收回剩余子弹。

此外,还应有记录员、医务人员等。

4. 射击场的安全措施

射击场必须有可靠的靶土挡,并构筑确保安全的示靶壕。

射击场应区分出发地线和射击地线。无关人员不得越过出发地线。

射击前,应向全体人员明确规定各种信号,如戒严、开始射击、停止射击(报靶)和射击终止等信号。

开始射击信号发出后,示靶人员应迅速、确实地隐蔽好,严禁向外探望或外出。如需要外出时,应用信号向指挥员报告,经许可后方可外出。

射击前后必须验枪。不准将实弹和教练弹混在一起,没有指挥员的口令,不准装填实弹,禁止将已装实弹的武器留在任何地方或交给任何人。报靶时严禁无关人员进入射击地线摆弄武器或向靶区瞄准。

用报靶杆报靶

报靶杆圆头(直径15～20厘米,一面红或黑,一面白)放在靶板(靶子)的不同位置表示环数。

左下角为1环,正下方为2环。

右下角为3环,左中间为4环。

右中间为5环,左上角为6环。

正上方为7环,右上角为8环。

在靶板(靶子)中央上下移动为9环。

在靶板(靶子)中央左右摆动为10环。

围绕靶子画圆圈为脱靶。

为了报出弹着点的偏差,报出环数后,将报靶杆圆头放在靶子中央(白面朝外),再慢慢向偏差方向(弹着点)移出靶板(靶子)2次。

第二节 战 术

战术是军人在战斗中为达到消灭敌人、保存自己的目的应掌握的最基本知识和技能。

一、单兵战术基础动作

单兵战术基础动作是战场上有效地躲避敌火力杀伤和消灭敌人最基本的动作。熟练掌握和灵活地应用单兵战术基础动作,对于消灭敌人,保存自己,实现战斗目的具有重要意义。

(一)敌火下运动

1.持枪

持枪是单兵在战斗中为了便于运动、便于观察、便于射击而携带武器的方法。在不同的地形和距离条件下,应根据敌情和任务采用不同的持枪动作。

(1)单手持枪。要领:右臂微屈,右手虎口正对上护木握枪,背带上挑压于拇指下,用五指的握力将枪身固定,枪身轴线与地面略成45度,枪身距身体约10厘米。左臂自然下垂,运动时自然摆动。持班用机枪和火箭筒时,右手握提把,右大臂轻贴身体,运动时随身体自然运动。

(2)双手持枪。要领:左手托握下护木或握弹匣弯曲部,右手握握把,食指微接扳机,将枪身置于胸前,枪口向前,枪身略成水平,背带自然下垂或挂在后颈上。

2. 卧倒、起立

在战场上，如突然遭敌火力射击，应迅速卧倒，这是一种隐蔽身体、减少敌火杀伤的最低姿势。

（1）卧倒。要领：左脚向右脚尖前迈出一大步，左腿弯曲，上体前倾，两眼注视前方，左手顺左脚方向伸出，掌心向下，手指稍向右，以左膝、左手、左肘的顺序着地，迅速卧倒，左小臂横贴于地面上，右手腕压在左手腕上；两手握拢，手心向下，两腿自然伸直，两脚分开约与肩同宽，脚尖向外。必要时，也可右脚向前一大步，左手撑地并迅速卧倒。

持枪卧倒时，右手提枪并握背带，其余要领同徒手；卧倒后，右手将枪轻贴于身体右侧，枪面向右，枪管放在左小臂上，目视前方；需要射击时，右手以虎口的压力和四指的顶力将枪向目标方向送出，左手接握弹匣，右手收回，打开保险，移握握把，成据枪射击姿势。

（2）起立。要领：转身向右，两眼注视前方，左腿自然微弯，左小臂稍向里合，以左手、左肘、左膝的支撑力将身体支起，同时右脚向前一大步，左脚再向前一步，右脚靠拢左脚，成立正姿势。

携枪起立时，在转身向右的同时，右手提枪并握背带，然后按徒手要领起立，成持枪或肩枪立正姿势。

3. 直身、屈身前进

（1）直身前进。直身前进是在距敌较远，地形隐蔽，敌观察、射击不到时采用的运动姿势。

要领：目视前方，右手持枪，大步或快步前进。

（2）屈身前进。屈身前进是在遮蔽物略低于人体时采用的运动姿势。

要领：目视前方，右手提枪，上体前倾，头部不要高出遮蔽物，两腿弯曲（屈身程度视遮蔽物高低而定），大步或快步前进。

4. 匍匐前进

匍匐前进是在通过敌步枪、机枪火力封锁较短地段或利用较低的遮蔽物前进时采用的运动方法。根据遮蔽物的高低，分为低姿匍匐、高姿匍匐、侧身匍匐和高姿侧身匍匐四种。

（1）低姿匍匐。低姿匍匐是在遮蔽物高约40厘米时采用的运动方法。

要领：腹部贴于地面，屈回右腿，伸出左手，用右脚内侧的蹬力和左手的扒力使身体前移，在移动的同时，屈回左腿，伸出右手，用左脚内侧的蹬力和右手的扒力使身体继续前移，依次交替前进。携枪时，右手掌心向上，枪面向右，虎口卡住机柄，并握住背带，枪身紧靠右小臂内侧，也可右手虎口向上，握枪的上背带环处，食指卡住枪管将枪置于右小臂上。

（2）高姿匍匐。高姿匍匐是在遮蔽物高约80厘米时采用的运动方法。

要领：用两小臂和两膝支撑身体前进。携枪方法同低姿匍匐，有时可将枪托向右，两手托枪。

(3)侧身匍匐。侧身匍匐是在遮蔽物高约60厘米时采用的运动方法。

要领:身体左侧及左小臂着地,左大臂向前倾斜以支撑上体,左腿弯曲,右腿收回,右脚靠近臀部着地,右手握枪(筒),用左臂的支撑力和右脚跟的蹬力使身体前移。

(4)高姿侧身匍匐。高姿侧身匍匐通常是在遮蔽物高80~100厘米时采用的运动方法。

要领:左手和左小腿外侧着地,右手提枪,以左手的支撑力和右脚掌的蹬力使身体前移。

5.跃进

跃进是在敌火下迅速通过开阔地时采用的运动方法。跃进前,应先观察前方地形、敌情,选择好前进路线和暂停位置,然后迅速突然地前进。跃进时要做到跃起快、前进快、卧倒快。

单手持枪跃进通常在距敌较远、地形平坦时采用。前进时,右手持枪,目视前方。跃进距离和速度应根据敌火威胁程度、地形特点而定。敌火越猛烈,地形越开阔,跃进距离越短,速度越快,每次跃进的距离通常为15~30米。当进到暂停位置或遭敌猛烈射击时,应迅速隐蔽或卧倒,并准备射击。

6.滚进

滚进是在卧姿时,为避开敌人观察、射击而左右移动或通过棱线时采用的运动方法。

要领:将枪关上保险,左手握枪表尺上方,右手握枪颈附近或两手握护木,枪面向右,顺置于胸、腹前抱紧,两臂尽量向里合,两脚腕交叉或紧紧并拢,全身用力向移动方向滚进。

运动中,也可在卧倒同时向移动方向滚进。

要领:左(右)脚向前一大步,左手在左(右)脚前着地,身体尽量向下,右手将枪挽于小臂内,枪面向右。身体向右(左)侧,在右(左)肩、臂着地同时,向右(左)滚进。滚进时,右(左)腿伸直,左(右)腿微屈,滚进距离长时可将两腿夹紧。

(二)利用地形

地形是地貌和地物的总称,是指地面高低起伏的状态和固定性物体。它对军队的作战行动有着重要的影响。实践证明,一名士兵在战斗中能否善于利用地形,对于消灭敌人,保存自己有直接的关系。在未来战场上,要战胜敌人,灵活有效地利用地形具有重要的意义。

1.利用地形的目的

利用地形的目的在于灵活恰当地运动,发扬火力,隐蔽和掩蔽自己。灵活恰当地运动是士兵迅速逼近以至消灭敌人的主要条件;发扬火力是士兵消灭敌人的重要手段;隐蔽和掩蔽自己是士兵进行防护,以防敌发现和敌火力杀伤的最有效方法。三者是有机联系、相辅相成的。因此,在利用地形进行运动、射击和防护的行动中,应首先着眼于以积极的行动消灭敌人,只有消灭敌人,才能有效地保存自己。

2.利用地形的要求

士兵在利用地形时,应根据不同情况灵活地加以改造和利用,做到:便于观察、射击和隐蔽身体;便于接近与离开;便于防敌地面和空中火力的杀伤;不妨碍班(组)长的指挥、邻兵的动作和火器射击;不要几个人挤在一起,以免增大伤亡;尽量避开独立、明显的物体和难于通行的地段;火箭筒手利用地形射击时,应考虑到尾翼张开时不受影响和喷管后的安全距离,特别在火箭弹飞行的路线上,不得有草木等障碍物;筒后30米内不能有人,以免受到伤害。

3.利用地形射击的方法

利用地形占领射击位置时,要根据敌情、任务和遮蔽物的高低、大小取适当姿势,隐蔽占领。对不便于射击的位置,应加以改造。在同一位置不要停留过久,视情况灵活地变换。

(1)对堤坎、田埂的利用。横向地利用背敌斜面或残缺部位,班用机枪、火箭筒手通常将枪(筒)脚架支在背敌斜面上,筒口距地面不得小于20厘米;纵向的通常利用弯曲部或顶端一侧,依其高度取适当姿势。当堤坎高于人体时,应挖踏脚孔或阶梯。如利用堤坎对空射击时,通常利用其顶部,并根据其高度取不同姿势。

(2)对土(弹)坑、沟渠的利用。通常利用其前沿,纵向沟渠利用弯曲部。根据敌情和坑的大小、深度,以跳、滚、匍匐等方法进入,并取适当姿势;对空射击时,以坑沿作依托或背靠坑壁进行射击。火箭筒手应利用坑的右前沿作依托,以防射击时喷火自伤。

(3)对土堆(坟包)的利用。通常利用独立土堆(坟包)的右侧,当视界、射界受限或右侧有敌火力威胁时,也可利用其左侧或顶端。双土堆(坟包)通常利用其鞍部。对空射击时,通常利用其后侧或顶端。

(4)对树木的利用。通常利用其右后侧,根据树干的粗细取适当姿势。利用树干粗(直径在50厘米以上)时可取各种姿势,利用细树干时通常采取卧姿。如取立姿时,应尽量将身体左侧、左大臂或左小臂、左膝紧靠树木,右腿向后蹬;如对空射击时,可将左小臂抬高或身体左后侧紧靠树木。如取卧姿时,应将左小臂紧靠树木或以树的根部为依托,两脚自然并拢,身体尽量隐蔽在树后侧。班用机枪手通常采取卧姿,根据树干的粗细和地形情况,脚架可超过树干。火箭筒手取卧姿射击时,应将筒口前伸超过树干或离开树干20厘米以上,使火箭弹脱离筒口尾翼并能张开。

(5)对墙壁、墙角、门窗的利用。按其高度取适当姿势。矮墙可利用顶端或残缺部;当墙高于人体时,可将脚垫高或挖射击孔。对空射击时,通常利用其顶端作依托或背靠墙壁,依其高度取不同姿势。利用墙角时,通常利用其右侧作射击依托,射击时左小臂紧靠墙角,取适当姿势。接近后应注意观察,另一侧无敌人时再利用;如另一侧有敌人,应抵近射击或用手榴弹、刺刀将其消灭。火箭筒手利用墙角射击时,筒口距墙角不小于20厘米。利用门时通常利用其左侧,利用窗时可利用其左(右)下角。

(6)对高苗、丛林地的利用。应尽量利用靠近敌方的边缘内侧,按其高低、稠密情况取适当的姿势。接近时,应注意观察,同时保持前进方向,利用空隙轻轻地拨开高苗或利用风吹草动的机会迅速占领。

二、分队战术

班是战斗的基本单位,班的基本战斗队形由小组(火器)的战斗队形组成,组的战斗队形由士兵(火器、射手)组成。其基本样式通常有一(二)路队形、三角队形、一字队形和梯形队形四种。

1. 一(二)路队形

一(二)路队形通常在距敌较远、地形较隐蔽、敌火对我威胁不大或通过狭窄地段时采用。班长口令:"距离(间隔)×米,成一(二)路跟我来!"组长口令:"距离(间隔)×米,跟我来!"班(组)长向目标前进,各士兵按规定距离依次跟进。

2. 三角队形

三角队形通常在通过开阔地、密集火力区或向敌人冲击时采用。班长口令:"目标(方向)×处,×组为准,成前(后)三角队形,散开!"组长口令:"成前(后)三角队形,散开!"基准组向目标前进,其余组(士兵)分别在其两侧后(前)取适当距离成三角队形前进。

3. 一字队形

一字队形通常在通过敌火控制的开阔地或冲击时采用。班长口令:"目标(方向)×处,×组为准,成一字队形,散开!"组长口令:"成一字队形,散开!"基准组向目标前进,其余组(士兵)在左(右)两侧或一侧散开成一字队形前进。

4. 梯形队形

梯形队形通常在翼侧有敌情顾虑或斜方向利用地形时采用。班长口令:"目标(方向)×处,×组为准,成左(右)梯形队形,散开!"组长口令:"成左(右)梯形队形,散开!"基准组向目标前进,其余组(士兵)在左(右)后侧成梯形队形前进。

战斗过程中,班的基本战斗队形并非是一成不变的。当班在运动中受到敌情和地形限制时,班长应根据当时的具体情况,做到灵活多变,切忌生搬硬套。

三、现代战斗行动的基本原则

战斗基本原则是组织与实施战斗的根本法则,是一切战斗行动的基本依据和指南。它客观地反映了战斗的一般规律,揭示了进行战斗所必须遵循的基本原理,具有实践性、普遍性和系统性的特征。同时,战斗基本原则又随着武器装备、作战对象、战场环境的变化而不断发展,又具有时代特征,因而它对一切战斗都具有普遍的指导意义。

1. 知彼知己,正确指挥

"知彼知己,正确指挥"使主观指导符合客观实际情况,是夺取战斗胜利的前提和基础。指挥员必须周密组织并亲自进行现地侦察、勘察,切实查明当面敌情和战斗地区的地形、气象、水文、社会等情况,判明敌人的战斗能力、特点、行动规律、强点和弱点,分析战场环境对敌我双方战斗行动的影响;熟知所属分队的战斗能力和特长,了解本分队任务及上级、友邻可能对本级战斗的支援与配合等情况。通过对各方面情况进行综合分析和判断,比较完成任务的利弊条件,找出克敌制胜的方法,据此定下正确的决心,并组织分队实现决心。战斗中,应当随时掌握敌我情况的发展变化,适时补充、修正决心或者定下新的决心,力求使分队的战斗行动符合不断变化的情况。情况紧迫时,应当边行动边查明情况,果断地指挥分队行动,能动地夺取战斗的胜利。

2.消灭敌人,保存自己

"消灭敌人,保存自己"是一切战斗的基本目的,是一切战斗行动的着眼点,也是贯彻战斗始终的指导原则。其基本精神是:我军战斗以消灭敌人为主,保存自己是第二位的。因此,无论是进攻,还是防御,都应当树立积极消灭敌人的思想,发扬勇敢战斗、不怕牺牲的精神,灵活运用战法,主动、积极、坚决地消灭敌人,绝不允许借口保存自己而消极避战;在积极消灭敌人的同时,注重保存自己,树立严密防护、注重生存的思想。力求以尽可能小的代价,消灭尽可能多的敌人。

3.集中力量,各个击破

"集中力量,各个击破"是我军克敌制胜的根本法则和基本战法之一。其基本精神是:无论进攻或防御,每战都必须集中兵力、火力、电子对抗力量及其他物质的和精神的战斗力要素,并充分发挥其综合效能和整体威力,在同一时间内重点打击一个主要目标。进攻时,应实施重点突击,力求首先歼灭当面之敌一部,再转移力量,歼敌之另一部,直至夺取战斗全胜。防御时,应依托阵地,抗反结合,以顽强抗击和积极的攻势行动,不断消耗、歼灭敌人,挫败敌人进攻,以保持防御稳定。

4.迅速准备,快速反应

"迅速准备,快速反应"是夺取战斗胜利的基本条件。分队必须在精神、物质和组织上随时保持戒备,及时预见可能发生的情况,预先计划,做好多手准备,特别是复杂、困难情况下的战斗行动准备;接到上级号令后,科学计算和分配时间,突出重点,分工负责,迅速完成准备,不失时机地对突发情况作出反应。紧急情况下,应当边行动边准备,以弥补战前准备的不足。

5.隐蔽突然,出敌不意

"隐蔽突然,出敌不意"是指战斗中要采取各种有效措施,切实隐蔽自己的行动企图,灵活迅速地机动兵力、火力,在敌意想不到的时间和地点,运用敌意想不到的战法和手段,向敌突然发起攻击,克敌制胜。隐蔽突然,出敌不意,可以打敌措手不及,有效歼灭敌有生力量和技术力量,保持己方的优势。分队贯彻运用这一原则,应着重把握:掌握敌人规律,发现和利用敌方弱点;切实隐蔽行动企图,突然勇猛攻击;严密防范,防敌突然袭击。

6.灵活机动,力争主动

"灵活机动,力争主动"是指战斗中为争取主动,必须灵活地实施兵力和火力机动,及时、迅速地占领有利位置,巧妙地变换战术,不失时机地向重要的目标实施坚决突击,陷敌于被动地位。其核心是"灵活机动"。在战斗中,这是造成优势、夺取和保持主动的重要条件。分队贯彻这一原则必须做到:一是正确选择兵力、火力机动的方式、方法和时机;二要善于机断行事。

7. 注重近战,善于夜战

近战、夜战是我军的传统战法,也是我军在高技术条件下扬长避短的有效战法。我们必须看到,虽然敌人强调远战,但其地面部队特别是步兵最终还是要与我军直接接触,因而近战仍客观存在。虽然夜视器材有良好的夜视效能,但它不能使整个战场、整个夜间完全白昼化,因而夜战歼敌仍然具有重要意义。

8. 密切协同,主动配合

"密切协同,主动配合"是指战斗中必须严格遵守协同动作原则,认真执行上级协同动作的计划和指示,为完成同一任务,按照战斗目的(目标)、时间、地点准确行动,步兵分队与各兵种分队之间、步兵分队之间、分队内部之间相互主动支援和配合,协调一致地打击敌人。进攻时要积极支援最前方的分队,防御时要积极支援处于要害部位或处境很困难的分队。要注意强化整体意识,实施统一指挥,坚持全程协调。

9. 勇敢顽强,积极战斗

"勇敢顽强,积极战斗"是我军传统的优良作风,也是夺取战斗胜利的重要因素。高技术条件下,战斗激烈、残酷,人员精神压力和体力消耗明显增大。尤其是战斗分队,与敌短兵相接,长时间处于敌密集火力的直接威胁下,战斗环境险恶,因而更需要发扬勇敢顽强的战斗精神。战斗中,各级指挥员要发挥模范带头作用,特别是在态势对我极为不利的情况下,在保证对分队指挥与控制的基础上,要身先士卒、勇敢顽强,与智慧谋略相结合,积极带领分队坚决完成战斗任务。

10. 加强保障,及时补充

"加强保障,及时补充"是顺利组织与实施战斗,保持持续战斗能力的重要保证。组织各种保障与战场管理,是指在战斗或行军、宿营中,除上级采取的保障和管理措施外,分队还应当周密组织自身的侦察、警戒、防护、通信联络、工程、伪装等战斗保障,物资补给、卫生勤务、战场维修等后勤、技术保障,以及维护战场纪律和管好武器装备、阵地、民工、战俘等为主要内容的各项战场管理。这是发挥武器装备效能和顺利实施战斗的重要条件。

思 考 题

1. 什么是轻武器?
2. 射击动作的要领是什么?
3. 单兵战术的基础动作有哪些?
4. 战斗班、组攻防的基本动作和战术原则是什么?
5. 如何培养良好的战斗素养?

第八章　防卫技能与战时防护训练

第一节　格斗基础

格斗即"打斗、战斗",是由格斗、散打基本动作组成,动作简单、实用,易于开展。格斗主要是针对近身搏斗中常出现的情况,以及不同的攻防特点和攻防规律而编,有自卫和制敌作用。因此,练习格斗能较好地锻炼上下肢肌肉的爆发力,提高身体各关节的灵活性和柔韧性,有效地锻炼快速反应能力。

一、格斗预备姿势

在立正姿势的基础上,身体半面右转,同时左脚向前一步,脚尖微向里,全脚掌着地,微屈膝;右脚尖稍向外,前脚掌蹬地,微屈膝。左臂前伸微屈,弯曲90度至110度,左拳与鼻同高,拳心斜向下;右臂屈肘约90度,右拳置于左胸前,拳心斜向下,右肘轻贴右肋部,上体稍前倾,重心在两腿之间。下颌微收,口齿闭合,沉肩垂肘,含胸收腹,目视前方,余光环视对方全身。

二、格斗步法

(1)前进步。在预备姿势的基础上,左脚向前一步,略一脚之长,右脚随即跟上一步,还原预备姿势。

要求:左脚上步时不要离地过高,右脚蹬地要有力,跟进及时,重心平稳。

(2)后退步。在预备姿势的基础上,右脚向后退一步,略一脚之长,左脚随即后退一步,还原预备姿势。

要求:退右脚和退左脚时动作要连贯、迅速,脚离地不要过高,重心平稳。

(3)左跨步。在预备姿势基础上,左脚向左跨一步,紧接着右脚向左跨一步,还原预备姿势。

要求:跨步时动作要连贯、迅速,脚离地不要过高。

(4)右跨步。在预备姿势的基础上,右脚向右横向跨一步,左脚随即向左移动,右脚移动距离略大于左脚,还原预备姿势。

要求:跨步时动作要连贯、迅速,脚离地不要过高,重心平稳。

(5)前蹬步。在预备姿势的基础上,左大腿抬平、屈膝、勾脚尖,伸小腿,脚跟用力前蹬。随后左脚向前落地,右脚迅速向前跟进,还原预备姿势。

要求:前蹬步时着力点为脚跟,支撑腿可屈膝以保持平衡。

(6)后跃步。在预备姿势的基础上,两脚用力前蹬地后,起左脚,接着起右脚腾空,然后左脚向后落地,紧接右脚落地,还原预备姿势。

要求:腾空高度适宜,左、右脚连续落地,重心平稳。

(7)应用步。在预备姿势的基础上,根据需要,灵活变动,使自己处于最有利的位置,维持身体平衡,始终保持预备姿势。

要求:动作迅速、灵活、自如。

三、格斗拳法

(1)探拳。在预备姿势的基础上,左小臂略内旋并稍前伸约10厘米,拳心向下,并迅速回收,还原预备姿势。

要求:动作自然、协调、迅速。

用途:诱骗对方暴露空门,扰乱对方视线,使对方心理紧张,出其不意而攻之。

(2)左直拳。在预备姿势的基础上,左脚稍向前移,同时左手握拳,向前直线出击,出拳同时小臂内旋,掌心向下。右拳在原位置,上体微右转,目视前方,接触目标时拳要握紧,身体重心微向前移动。击拳后还原预备姿势。

要求:出左拳在上左脚前,出拳要突然有力。

用途:主要击打面部或胸部。

(3)右直拳。在预备姿势的基础上,上左脚,紧接着上右脚,同时身体稍向左转。右臂内旋并猛力向前冲出,拳心向下,左拳自然收于胸前。两腿微屈,重心稍向前倾,目视前方。击拳后还原预备姿势。

要求:右直拳是重拳,一般配合探拳或直拳使用。冲拳时头和上体不要偏斜,重心平稳。

用途:同左直拳。

(4)左摆拳。在预备姿势的基础上,左拳由左侧弧线向前摆出,左肘微屈,拳眼向下,转髋扭腰,力达拳面。右拳护于胸前,目视前方。摆击后还原预备姿势。

要求:摆拳的弧度不宜过大,拳击的部位不要超过自身头部正中线,身体扭动与摆击要协调,重心平稳。

用途:主要击打太阳穴。

(5)右摆拳。在预备姿势的基础上,右脚微蹬地并向内扣转,向左转髋扭腰,重心前移,右拳由右侧弧线向前摆出,右肘微屈,拳眼向下,力达拳面。摆击后还原预备姿势。

要求：摆拳可与前进步结合，摆拳弧度不宜过大，摆拳中上左脚，拳击的部位不要超过自身头部正中线，重心平稳。

用途：同左摆拳。

(6)左下勾拳。在预备姿势的基础上，身体重心略下沉，左脚稍前移，同时左拳外旋，拳心向里，肘关节向下稍回收，屈肘，上体稍右转，同时左拳由下向前上击出，力达拳面，拳与胸同高。右拳护于胸前，目视前方。击拳后还原预备姿势。

(7)右下勾拳。在预备姿势的基础上，身体重心略下沉，左脚前移，右脚后蹬的同时拳外旋，拳心向前，肘关节向下稍回收，屈肘，上体左转，同时右拳由下向前上击出，力达拳面，拳与胸同高。左拳护于右胸前，目视前方。击拳后还原预备姿势。

(8)左平勾拳。在预备姿势的基础上，左臂肘关节外展，弯曲约90度，大、小臂与肩同高，拳心向下，上体右转，同时左拳由左向右击出，力达拳面。右拳护于胸前，目视前方。击拳后还原预备姿势。

要求：勾拳弧度不宜太大，击拳的部位不要超过自身头部的正中线。身体重心略下沉，充分利用腰腿的力量。

用途：击打头部或太阳穴。

(9)右平勾拳。在预备姿势的基础上，右臂肘关节外展，弯曲约90度，大、小臂约与肩高，拳心向下，上体左转，同时右拳由右向左击出，力达拳面。左拳护于胸前，目视前方。击拳后还原预备姿势。

要求、用途：同左平勾拳。

四、格斗腿法

(1)弹腿。在预备姿势的基础上，左大腿抬平，屈膝，脚尖向下绷直，随即向正前方弹出，力达脚面，同时上体姿势基本不变。弹踢后迅速还原预备姿势。弹右腿要领与弹左腿一致。

要求：弹腿要快速有力，上体不要后仰。

用途：弹踢对方裆部。

(2)侧踹腿。在预备姿势的基础上，右脚尖向右，上体右转。左大腿抬平，屈膝，膝向右侧，勾脚尖里扣。左腿向前或前下猛踹并迅速回收，力达脚跟，目视对方。踹腿时两臂护身。踹击后迅速收回左腿，还原预备姿势。踹右腿时，左脚尖向左，上体左转，右腿动作同上。

要求：踹腿时上体可自然侧倾，重心平稳，猛踹快收。

用途：主要攻击对方肋部。

(3)左勾踢腿。在预备姿势的基础上，右脚尖向外，上体右转，抬左腿，屈膝，脚尖内勾，由后向右前猛力勾踢，力达脚腕内侧，目视前方。勾踢后还原预备姿势。

要求：重心平稳，两臂护于胸前。

用途：勾踢对方脚跟或小腿。

(4)右勾踢腿。在预备姿势的基础上，左脚尖向外，上体左转，抬右腿，屈膝，脚尖内勾，由后向左前猛力勾踢，力达脚腕内侧，目视前方。勾踢后还原预备姿势。

要求、用途：同左勾踢腿。

(5)正蹬腿。在预备姿势的基础上，重心后移，微屈膝以支撑身体，左(右)腿抬平屈膝，勾脚尖，随后大腿带动小腿向前蹬出，高度略高于胯，力达脚跟，目视前方。蹬腿后还原预备姿势。

要求：猛蹬快收，重心平稳。

用途：蹬腹部。

(6)侧蹬腿。在预备姿势的基础上，右(左)脚尖向外，右(左)腿支撑体重，同时上体稍向右(左)倾斜。左(右)大小腿抬平屈膝，膝盖向前，勾脚尖向左(右)蹬出，力达脚跟，目视左(右)方。蹬腿后还原预备姿势。

要求：同正蹬腿。

用途：蹬肋部、腹部。

五、格斗防法

(1)左拨防。在预备姿势的基础上，左拳变掌，由左前向右侧前下拨击，手的部位不要超过自身头部正中线，力达手掌，目视对方。拨击后还原预备姿势。

要求：快速、准确。

用途：主要防对方右直拳、右摆拳。

(2)右拨防。在预备姿势的基础上，右拳变掌，由右前向左侧前下拨击，手的部位不要超过头部正中线，力达手掌，目视对方。拨击后还原预备姿势。

要求：同左拨防。

用途：主要防对方左直拳、左摆拳。

(3)左格挡防。在预备姿势的基础上，左小臂向前上格挡，肘尖向左前，拳心向前下，目视前方。格挡后还原预备姿势。

要求：格挡时小臂略高于头部。

用途：主要防对方直拳。

(4)右格挡防。在预备姿势的基础上，右小臂向前上格挡，肘尖向右前，拳心向前下，目视前方。格挡后还原预备姿势。

要求、用途：同左格挡防。

(5)左格防。在预备姿势的基础上，左小臂内旋向左前格，肘尖向左下，拳心向前下，目视前方。随后还原预备姿势。

要求：左格不要过大。

用途：主要防对方摆拳、平勾拳。

(6)右格防。在预备姿势的基础上，右小臂内旋向右前格，肘尖向右下，拳心向前下，目视前方。随后还原预备姿势。

要求、用途：同左格防。

(7)左下格防。在预备姿势的基础上，左小臂用力向下并稍向左格，力达左小臂内侧，拳心向内下，目视前方。随后还原预备姿势。

要求：下格要快速、有力。

用途：防对方右下勾拳。

(8)右下格防。在预备姿势的基础上，右小臂用力并向下稍向右格，力达右小臂内侧，拳心向内下，目视前方。随后还原预备姿势。

要求：同左下格防。

用途：防对方左下勾拳。

(9)左闪身防。在预备姿势的基础上，半屈膝，左脚向左并稍向前一步，上体向左下闪，右小臂向右前上方格挡，左拳击打对方腰部或腹部，目视对方。闪身后还原预备姿势。

要求：闪身与格挡要协调一致。

用途：防对方直拳或右摆拳。

(10)右闪身防。在预备姿的势基础上，半屈膝，右脚向右并稍向前一步，上体向右下闪，左小臂向左前上方格挡，右拳击打对方腰部或腹部，目视对方。闪身后还原预备姿势。

要求：同左闪身防。

用途：防对方直拳或左摆拳。

(11)左晃头防。在预备姿势的基础上，头向左晃动，目视对方。晃头后还原预备姿势。

要求：判断准确，晃动幅度不要过大，以保持身体平衡。

用途：防直拳。

(12)右晃头防。在预备姿势的基础上，头向右晃动，目视对方。晃动后还原预备姿势。

要求、用途：同左晃头防。

第二节　战场医疗救护

战场医疗救护是指为减少战时伤亡，迅速恢复战斗力而必须采取的一项重要措施。

战场医疗救护要求:加强敌情观念和灭菌观念,及时、有效地抢救伤员,同时遵循"超前加强,前伸配置,突出急救,加快后送"的原则。要做到不用手接触伤口,不用碘酒涂擦伤口,不随便用水冲洗伤口(化学烧伤和磷弹伤除外),不随便取出伤口内的异物,不准塞回突出的脏器,不轻易放弃和停止抢救。

一、战伤分类

(1)贯通伤。子弹、弹片、刺刀击穿、刺穿人体组织,伤口有入口和出口。

(2)盲管伤。子弹或弹片进入人体,只有入口而无出口。

(3)擦伤。子弹或弹片擦过人体体表,伤区呈沟状或仅有体表擦破。

(4)穿透伤和非穿透伤。子弹、弹片穿透体腔及其保护膜(脑膜、胸膜、腹膜及关节囊),与外界相通者,称为穿透伤;反之,则称为非穿透伤。

按受伤部位不同,战伤还可分为头部伤(包括颅脑伤与颌面伤)、颈部伤、胸部伤、腹部伤、骨盆伤、脊柱脊髓伤、上肢与下肢伤。

二、战场医疗救护技术

(一)通气

1. 手指掏出术

手指掏出术适用于口腔内气道阻塞,多为面颌部伤。救护人员用手指伸入伤员口腔内,将碎骨片、碎组织片、血凝块、泥土、分泌物等掏出。

2. 拖下颌角术

拖下颌角术适用于颅脑损伤或火器伤后舌根后坠、深度昏迷而窒息者。救护时将伤员取仰卧位,救护人员用双手托起伤员两侧下颌角即可。呼吸道通畅后改俯卧位。

(二)止血

1. 出血的种类及特征

出血是导致伤员休克或死亡的重要原因。出血包括外出血和内出血。外出血指血液从伤口向外流出。内出血指皮膜没有伤口,血液由破裂的血管流入组织、脏器、体腔等。出血还有动脉出血、静脉出血和毛细血管出血之分。动脉出血呈喷射状,血色鲜红,对生命危害大。静脉出血呈缓慢流出,血色暗红,对生命危害小。毛细血管出血呈片状渗出,血色鲜红,对生命危害较小。

2. 止血的方法

止血的目的是防止因流血过多而休克或死亡。毛细血管出血和静脉出血时,采用压迫包扎即可,而动脉出血常采用以下几种止血方法。

(1)指压止血法。它是一种快速有效的紧急止血方法(图 8-1)。抢救者用手指将出血部位近心端的动脉血管压在骨骼上,使血管闭塞及血流中断而达到止血的目的。止血后,根据具体情况用其他有效的止血方法,如填塞止血法、止血带止血法等。这仅是一种临时用于动脉止血的止血方法,不宜持久采用。

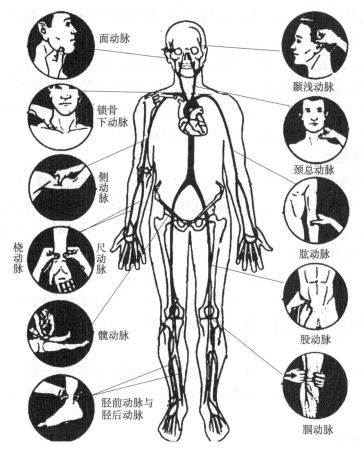

图 8-1　指压止血法

(2)填塞加压包扎止血法。对于较大伤口,可先用纱布块或急救包填塞,再将棉花团、纱布卷、毛巾、手帕折成垫子,或将石块、小木片等放在出血部位的纱布外面,然后用三角巾或绷带加压包扎即可。这种方法是战场医疗救护中常用的方法之一。

(3)加垫屈肢压迫止血法。该方法适用于四肢无骨折和关节伤时的救护。例如,上臂出血时,可将一定硬度、大小合适的垫子放在腋窝,上臂贴紧胸侧,用三角巾、绷带和皮带等固定在胸部。小腿前臂出血,可分别在腘窝(即腿弯)、腘窝外加垫屈肢固定。

(4)止血带止血法。该方法适用于四肢较大动脉出血,如股动脉、肱动脉出血。使用时,止血带的松紧要适宜,以伤口不出血为宜。

(三)包扎

包扎的目的是保护伤口,减少感染,固定敷料,加压止血。包扎有绷带包扎和三角巾包扎,其要求是动作准确、迅速、轻巧、敏捷,松紧适宜,牢固严密。

1. 绷带包扎法

(1) 绷带环形包扎法。适用于颈部、腕部、额部等处,每圈完全重叠环绕数周。

(2) 螺旋反折包扎法。主要用于前臂、小腿,先用环形法固定一端,作单纯地斜旋上升,每圈反折一次。

(3) 绷带帽式包扎法。适用于头部,自右耳上开始,经额、右耳上面枕骨外粗隆下回到右耳上的始点,重复一周固定。二次绕到额中央时,将绷带反折,用右手拇指和食指捻住,绷带经过头顶中央而到枕骨外粗隆下面,由助手按住此点,绷带在巾带两侧回反,每周压盖前周 1/2,直到完全包盖头部,然后绕行两周固定。

2. 三角巾包扎法

三角巾包扎法操作简单,包扎迅速,可包扎面部、肩部、腋窝、胸背、腹股沟等部位。

(1) 三角巾头部包扎法。先在三角巾顶角和低部中央打一结,形似风帽。把顶头结放于前额,底边结放于脑后下方,包住头部。两角向面部拉紧,向外反折3~4横指宽,包绕下颌,拉至脑后打结固定。

(2) 三角巾胸背部双巾包扎法。用三角巾斜边围绕胸背部一周,顶角与底角在一侧腰部打结,再用一块三角巾按同样步骤在对面包绕打结,然后拿起两块三角巾的另一底角,各翻过肩头与相对的底边打结。操作要领是两顶角的位置相反,底角与另一块三角巾的底边打结。

(3) 三角巾腹部包扎法。三角巾顶角朝下,底边横放于腹部,拉紧底角至腰部打结,顶角经会阴部拉至臀部上方,同底角余头打结,或绕一周与顶头打结,另一底角围绕与底边打结。

3. 包扎注意事项

(1) 包扎时压迫重心应在伤口处。

(2) 包扎时要求松紧度适宜,过紧会影响血液循环,过松易导致绷带或三角巾脱落或移动。

(3) 包扎时动作要轻,防止碰撞伤口,以免加重伤口疼痛和出血。

(4) 严禁将伤口和覆盖伤口的敷料块与其他脏物接触,以免造成伤口感染。

(四) 固定

骨折是战伤中常见的外伤之一。骨折后如得不到及时与正确的固定,不仅会因为剧烈疼痛而引起休克,而且会影响伤肢功能的恢复。严重时,可因刺破血管、离断神经而造成严重后果。

骨折分为开放性骨折与闭合性骨折两种。凡骨折断端刺破人体皮肤与外界相通的称为开放性骨折。骨折断端未刺破人体皮肤,不与外界相通的称为闭合性骨折。

1. 骨折的特征

(1) 疼痛剧烈,在骨折处有明显的压痛。

(2)功能受限,不能活动。

(3)局部肿胀。

(4)完全骨折时,因断端移位而导致肢体畸形(常表现为缩短或伸长、弯、屈曲、旋转、错位、重叠等),在断端移动时可听到骨擦音。

2. 骨折固定的原则

(1)伤口出血时,应先止血,然后包扎固定。如有休克,首先或与止血同时进行抗休克急救。

(2)就地固定要注意功能位置,切勿整复,更不许任意挪动伤员和伤肢。为了暴露伤口,可剪开衣服。当伤肢畸形且不宜固定时,可根据伤肢长轴方向,稍加调整,但动作要轻。

(3)固定时要先加垫后固定,先固定骨折的两端,后固定上下关节。固定材料与伤肢长短适宜,固定松紧要适度。固定四肢时,要留出指(趾)尖,以便观察血液循环情况。

(4)骨折固定后应设标志,迅速后送。

3. 骨折固定的方法

(1)前臂、上臂骨折固定法。

有夹板前臂、上臂骨折固定法。前臂:将夹板放置于骨折前臂外侧,骨折突出部位要加垫,然后固定腕肘两关节(胸部8字形固定),用三角巾将前臂屈曲悬于胸前,再用三角巾将伤肢固定于伤员胸廓。上臂:将夹板放置于骨折上臂外侧,骨折突出部位要加垫,然后固定肘、肩两关节,用三角巾将上臂屈曲悬于胸前,再用三角巾将伤肢固定于伤员胸廓。

无夹板前臂、上臂三角巾固定法。前臂:先用三角巾将伤肢悬于胸前,再用三角巾将伤肢固定于胸廓。上臂:先用三角巾将伤肢固定于胸廓,再用三角巾将伤肢悬于胸前。

(2)锁骨骨折固定法。

丁字夹板固定法。将丁字夹板放置于背后肩胛骨上,在骨折处垫上棉垫,然后用三角巾绕肩两周并在板上打结,丁字夹板端用三角巾固定好。

三角巾无夹板固定法:挺胸,双肩向后,在两侧腋下放置棉垫,用两块三角巾分别绕肩两周打结,然后将三角结在一起,前臂屈曲并用三角巾固定于胸前。

(3)小腿骨折固定法。将夹板放置于骨折小腿外侧,骨折突出部位要加垫,然后固定伤口上下两端和膝、踝两关节(8字形固定踝关节),再固定夹板顶端。

(4)大腿骨折固定法。将夹板放置于骨折大腿外侧,骨折突出部位要加垫,然后固定伤口上、下两端和踝、膝关节,最后固定腰、髂、踝部。

(5)大、小腿无夹板三角巾固定法。将伤员两下肢合并(健肢移向伤肢),在膝、踝之间加垫,用三角巾分段固定髂部、膝部、踝部,在健肢侧打结,于踝关节处作8字形固定。

(6)脊椎骨折固定法。伤员仰卧于木板上,用绷带将伤员的胸、腹、髂、膝、踝部固定于木板上。

(7)颈椎骨折固定法。伤员仰卧于木板上,颈下、肩部两侧加垫,头部两侧用棉垫固定,防止左右摇晃,然后用绷带(三角巾)将额、下巴尖、胸固定于木板上。

(五)搬运

(1)徒手搬运。单人搬运可采取扶、抱、背等方法。双人搬运可采取椅式、拉车式、平托式等方法。

匍匐背驮搬运:救护人员同向侧卧于伤员处,并紧靠伤员身体,拉紧伤员上臂后再抓住伤员臀部,合力猛将伤员转上身,低姿匍匐前进。

侧身匍匐搬运:救护人员将伤员腰部垫在大腿上,将伤员两手放于胸前,右手穿过伤员腋下抱住,左手撑于地面,蹬足向前。

(2)担架搬运。将担架放在伤员的伤侧,然后两个救护人员在伤员健侧跪下一腿,解开伤员的衣领后,一人右手平托伤员的肩和头部,左手捧着伤员的下肢,把伤员轻轻地放在担架上。除贯通伤外,伤员在担架上的体位要健侧着担架。伤员躺好后,要用衣物等将空隙垫好,以免摇荡。抬担架时要尽可能保持平稳。伤员头部要向后,以便抬担架行进时后面的救护人员随时观察伤情。当伤情恶化时,要停下来急救。搬运脊椎骨骨折伤员,必须用木板作担架,不能用普通的帆布作担架。冬季要防冻保暖,夏季要防暑遮阴。

第三节 核生化武器防护

一、核武器及其防护

(一)核武器概述

核武器是利用原子核裂变或聚变反应,瞬间释放出巨大的能量,造成大规模起杀伤、破坏作用的武器。核武器按结构原理,分为原子弹、氢弹、中子弹和特殊效能核武器;按作战范围,分为战略核武器和战术核武器;按配用的武器,分为核导弹、核炸弹、核炮弹、核地雷、核鱼雷和核深水炸弹。

核武器的爆炸方式有空中爆炸、地面爆炸和地下爆炸三种。不同的爆炸方式,其杀伤破坏效果不同,但其共同特点是依次出现闪光、火球、尘柱、蘑菇状烟云。空爆的杀伤破坏特点是:杀伤地面人员,破坏地面目标及工矿、交通枢纽和城市建筑等,并形成一定的放射性沾染。地爆的杀伤破坏特点是:破坏地面或地下的坚固目标,杀伤工事内人员,造成严重的放射性沾染。

(二)核武器的杀伤破坏因素

核武器的杀伤破坏因素有光辐射、冲击波、早期核辐射、核电磁脉冲和放射性沾染五种。前四种是在核爆炸最初的几十秒产生的,而放射性沾染可以持续几个月、几年或更长的时间。

1. 光辐射

光辐射又称热辐射,是爆炸时的闪光及高温火球辐射出来的强光和热。光辐射具有传播速度快,作用时间短,天气、地形对其有影响等特点;具有大量热能,直接照射无隐蔽人员会造成烧伤。如果用眼睛看核爆炸的火球,会造成眼底烧伤。爆炸中心附近人员吸入被光辐射加热的空气,会造成呼吸道烧伤。总之,光辐射能引起大面积火灾,烧坏物体,同时导致人员间接烧伤。

2. 冲击波

冲击波是核爆炸时产生的高速高压气浪。它是由高温高压火球猛烈膨胀,急剧压缩周围空气形成的,对人员、物体能够造成挤压、抛掷作用。挤压作用可造成人员严重内伤,如肺、胃、肝、脾出血破裂和骨折。冲击波可造成建筑物倒塌,人员间接伤害及交通堵塞。

3. 早期核辐射

早期核辐射又称贯穿辐射,是核武器所特有的一种杀伤破坏因素。早期核辐射是核爆炸最初几十秒内放射出来的人眼看不见的射线。它作用于人体时,人无特殊感觉,但能破坏人的组织细胞,使人患急性放射病。早期核辐射能使光学玻璃变暗、胶卷曝光、化学药品失效,并能影响电子仪器性能。早期核辐射既能穿透各种物质,又能被各种物质削弱吸收。例如,1米厚的土层或0.7米厚的钢筋混凝土能使早期核辐射削弱到原来的1%。

4. 核电磁脉冲

核电磁脉冲是核爆炸瞬间产生的一种强电磁波。其作用半径可达几千米,对人员没有直接的杀伤作用,但能消除计算机上储存的信息,使自动控制系统失灵、家用电器受到干扰和破坏。

5. 放射性沾染

放射性沾染是指核爆炸后产生的裂变产物、剩余核装料和感生放射性物质等对地面、人员、空气、水和物体所造成的污染。放射性沾染程度不仅受气象条件的影响,也与爆炸方式有关,地爆时放射性沾染严重,沾染范围广,持续时间长。放射性灰尘能释放出对人体有害的射线。处于沾染区的人员,或在沾染区外接触了从沾染区撤出的受染人员和各种物品,都会受到射线的体外照射,使皮肤灼伤。若受沾染的物质进入体内,其对人员的伤害要比体外照射严重得多。因此,应尽量防止由于呼吸和饮食导致受沾染物质进入体内。

(三)核武器的防护

1. 人防工程

人防工程深入地下,具有抗力高、防核生化武器性能全面、可长期使用等特点。只要核武器不直接命中,人员在工程内就是相对安全的。因此,对核袭击的最好防护措施是进入人防工程。在战时,利用人防工程,能坚持生活、工作。在平时,城市发生地震、漏毒等突发性事故时,也能利用人防工程做应急防护。

2. 室内防护

室内人员发现核爆炸闪光后,应立即在墙的内拐角或墙根处卧倒,最好在靠近墙角的桌下或床下跪趴,也可以在较小的房间或门框处躲避。掩蔽位置应避开玻璃片击伤,待瞬时杀伤因素过后,可采用个人防护方法防止放射性灰尘沾染或迅速进入人防工程。当地震发生时,也可采用该防护减少伤亡。

3. 室外防护

对于来不及进入人防工程和其他掩蔽场所的室外人员,发现核爆炸闪光后应立即就近利用地形地物进行防护。就近利用地形地物,如土丘、矮墙、花坛等防护,可横向爆心卧倒,也可利用沟、坑、渠等地形防护,方法是立即跃入坑内,跪、坐或卧于坑内,双手掩耳,闭眼、闭口暂停呼吸。若无地形地物可利用,则防护动作要领为:立即背向爆心卧倒,双手交叉垫于胸前,脸部尽量夹于两臂之间,两肘前伸,双腿伸直并拢,闭眼、闭口、停止呼吸15~20秒。在防护时应避开高大建筑物、高压电线及易燃易爆物。待瞬时杀伤因素过后,应立即进行人员呼吸道和皮肤的简易防护,戴上防毒面具或口罩,披上防毒斗篷或雨衣、塑料布,按人防指示转移出沾染地域或就近进入人防工程掩蔽。

二、化学武器及其防护

(一)化学武器概述

1. 化学武器的概念

化学武器是指在战争中以化学毒剂的毒害作用杀伤敌方有生力量,牵制和困扰敌方军事行动的武器、器材的总称。如装填有毒剂的手榴弹、地雷、炮弹、炸弹、火箭弹、导弹及飞机布洒器、毒烟施放器材等。

化学毒剂分为神经性毒剂、糜烂性毒剂、全身中毒性毒剂、窒息性毒剂、失能性毒剂和刺激性毒剂。军用毒剂是指在战争中以毒害作用杀伤人、畜的有毒化学物质,是化学武器的基本组成部分,也是化学武器杀伤威力的决定因素。

2. 化学武器的特点

(1)剧毒性。

(2)多样性。

(3)空间流动性。

(4)持续性。

(5)局限性。

3. 化学武器的发展概况

历史上首次大规模使用化学武器是在第一次世界大战中位于比利时的伊泊尔地区。1915年4月22日下午6点零5分,德军用突然袭击的方式,向英法联军阵地释放180吨储存在吹气钢瓶中的氯气,造成英法联军15000多人中毒,5000多人死亡,5000多人被俘,使德军一举突破联军阵地。这成为历史上著名的"伊泊尔毒气战"。

自伊泊尔毒气战之后,许多交战国如英、法、美等为了在战场上制胜对方,都先后研制和使用了各种化学武器。仅第一次世界大战期间,各交战国使用的毒剂总量达125万吨。毒剂品种除氯气外,还有芥子气、光气、路易氏气、亚当氏气、氢氰酸等,多达数十种,因毒剂中毒伤亡人数为130多万,占整个战争人员伤亡总数的46%。在第二次世界大战(特别是日本侵华战争)、美军侵朝和侵越战争、两伊战争等战争中曾多次大量使用或策划使用化学武器。20世纪70年代以来,化学武器出现一些新的趋势:局部地区化学武器使用频繁;化学武器以惊人的速度向世界扩散。目前,掌握化学武器生产技术的国家不断增加,拥有化学战能力的国家也在不断增加。从发展方向看,一些化学武器大国主要在以下几个方面加强研制:一是发明新型毒剂,增强其杀伤作用;二是不断改进化学武器的使用手段,提高其实用性能;三是逐步将化学武器纳入常规武器系统;四是解决化学武器在生产、储存、运输、使用过程中的各类问题,如实现二元化、弹药子母化、集束化,做到一弹多药或多弹一药等。

(二)化学武器的防护

1. 观察与侦察

及时发现敌人使用化学武器,迅速采取防护措施,以免受毒剂伤害。除使用专业装备、器材进行侦察报知外,还可从以下几种迹象来判断化学袭击。

用飞机布洒毒剂的特征是:飞机低飞,机翼下方喷出烟雾,就像飞机布洒农药一样,在飞机经过的地面或植物上可发现液滴或粉末;若用毒剂弹,则爆炸时声音低沉、弹坑浅而小,弹坑附近可能有液滴斑点或粉末,有时有异味。

动植物同时大范围出现异常现象,如鸟、鸡、兔、狗等出现站立不稳、呼吸困难、瞳孔缩小或散大、抽筋等中毒反应症状;蜂、蝶、蝇等抖动翅膀、飞行困难;植物的叶子和花朵卷缩、枯萎,出现异常变色斑点等。

人员有异常感觉。当空气中出现某种气味或有刺激感觉,或人员出现视力模糊、流泪、呼吸困难、胸闷、皮肤有灼烧感觉时,可能是空气或地面染毒,应立即采取防护措施,并进一步观察、侦察。

此外,敌方施放毒剂还会考虑气象条件和时间因素,如风向、风速适合,拂晓、黄昏时间适宜等。

2. 防护

在判明敌人可能进行化学袭击后,要积极做好防护准备,不失时机地采取防护措施。

(1)敌化学袭击时的防护。对化学武器防护的基本方法是:利用有密闭、滤毒通风等防护设施的工事进行集体防护;利用个人防护器材进行个人防护。利用防护工事进行防护时,应根据指挥人员的命令,有组织地进入,不得随意进出,以防带入毒剂,降低防护效能。为了减少工事内氧气的消耗,工事内人员要尽可能减少各种活动,各就各位。

当听到化学袭击信号或发现敌机施放毒剂时,应迅速戴好防毒面具,或使用事先自制的浸水、浸碱或包土颗粒的口罩、纱布、毛巾等简易器材,首先对呼吸道进行防护。当敌人使用持久性毒剂时,还应进行全身防护,披上防毒斗篷或雨衣、塑料布等,穿好防毒靴套或用就便材料包裹腿、脚,戴好防毒手套。

(2)通过染毒地域的防护。通过染毒地域前要做好各项防护准备,按规定要求穿戴好个人防护器材,如防毒面具、防毒衣、防毒斗篷、靴套、手套、雨衣或自制器材、就便材料等。通过染毒地域时,应选择地质坚硬、植物层低矮且少的道路,尽量避开弹坑和有明显液滴的地方,人员之间拉开距离且快速通过。通过染毒地域后,应背向爆心而立,将器材物品放置于下风方向2~4步处,先脱去防毒衣、斗篷或雨衣,将染毒面向内折叠,放在器材物品一侧,然后脱去一只手套,取出消毒液,再戴好手套,对被染毒服装、器材物品、手套进行消毒,接着脱去防毒靴套,解除包裹腿、脚的材料和防毒手套,最后取下防毒面具。但应注意将已消毒物品放在上风位置。

(3)在染毒地域内的防护。当需要在染毒地域内停留时,必须严格按规定戴好防护器材,尽量避免与染毒物品接触。当条件允许时,应对人员经常活动区域进行消毒。在染毒区域内,个人不得随意行动,不得随便坐、卧,不准在毒气容易滞留的房屋背风处、绿化地带、低洼处停留。严禁在染毒地域内进食、饮水和吸烟,有条件时可在有防护设施的工事内进行,但进食、饮水前必须对双手进行清洗和消毒。

3. 消毒

对毒剂消毒就是采用某种方法使毒剂失去毒性或从染毒的人或物上除去毒剂而使其免受伤害。由于毒剂性质和施放方法不同,染毒程度和持续时间也不一样,因而采用的消毒方法也不相同。

(1)常用消毒方法。常用消毒方法有自然消毒法、物理消毒法和化学消毒法三种。

自然消毒法:将暂时性毒剂染毒的物资等放在通风处,利用风吹日晒雨淋等自然因素,使毒剂自然蒸发、随风散去或让雨水将毒剂冲去等。

物理消毒法:利用吸附、清洗、掩盖、铲除等方法去除或隔离毒剂。

化学消毒法:利用化学物质与毒剂作用,使毒剂转变为无毒物质或毒性很小的物质。这种方法与自然消毒法和物理消毒法有本质上的不同,它是彻底的消毒方法。

(2)常用化学消毒剂。化学消毒剂就是利用化学反应破坏毒剂毒性的物质,主要有以下几类:

含有效氯化合物:具有很强的氧化、氯化能力,可用来对糜烂性毒剂和V类毒剂消毒。其中，次氯酸盐类有次氯酸钙、漂白粉、三合二（3份次氯酸钙和2份氢氧化钙的混合物）等；氯胺类有氯胺、二氯胺等。

碱性化合物：主要用于对沙林、梭曼类毒剂消毒，强碱还能破坏路易氏气。强碱类有氢氧化钠、氢氧化钙等；弱碱类有氨水等；碱性盐类有碳酸钠、碳酸氢钠等；有机碱类有乙醇胺等。

氧化剂：有重铬酸钾、高锰酸钾、过氧化氢等。

(3)对人员和染毒物品消毒的方法。

对人员消毒：迅速用纱布、棉花、纸片等吸去可见毒剂液滴，再用消毒剂或肥皂、洗衣粉等碱性溶液洗涤局部，然后用净水冲洗。当皮肤染毒面积较大时，经局部消毒后应再对全身进行清洗消毒，一般在离开毒区后进行。

对服装消毒：服装染毒后，将衣服脱下进行消毒或把染毒服装自然消毒后，用弱碱性溶液浸泡、煮沸，再用水清洗。

对染毒食品消毒：食品染毒后，一般不能食用，若被毒剂液滴染毒，一般应销毁。中毒死亡的动物绝对不能食用。

对染毒水消毒：染毒水一般不能饮用，确实需要时采用煮沸法和过滤法消毒。

对地面、工事、建筑物消毒：通常采用化学法对地面、工事、建筑物消毒，即利用专门装置均匀喷洒消毒液，也可用铲除、掩盖、火烧等方法。

4.急救

当遭到化学武器袭击并发现有人员中毒时，一方面要给中毒人员戴好防护器材，另一方面按先重后轻的原则快速准确地进行急救，并移出毒区。

(1)神经性毒剂中毒的急救。神经性毒剂中毒人员应立即肌肉注射神经性急救针（解磷针），迅速清洗染毒部位。眼睛中毒可用2%碳酸氢钠溶液或1:2000高锰酸钾溶液冲洗半分钟。皮肤染毒可用个人防护包内的消毒液进行清洗，也可用10%～15%氨水、10%～15%苏打水溶液进行清洗。若误服染毒水或食物，则应洗胃。

(2)糜烂性毒剂中毒的急救。对糜烂性毒剂中毒的急救主要是消毒，具体方法同"对人员消毒"。

(3)全身中毒性毒剂中毒的急救。对全身中毒性毒剂中毒者，应迅速鼻吸亚硝酸异戊酯安瓿（若戴面具，则将捏破的安瓿塞入面罩内），如症状消失不见，可每隔4～5分钟使用一次，但连续使用不得超过5支。对呼吸困难者，还应进行人工呼吸。

(4)对窒息性毒剂中毒的急救。窒息性毒剂中毒将引起肺水肿而窒息致死，一般无特殊治疗方法。但要注意保持安静、保温，当出现呼吸困难时，严禁采用压胸式人工呼吸，应及早送医院治疗。

(5)对失能性毒剂中毒的急救。中毒者一般不需要急救，只要离开毒区或采取防护措施，不再吸入毒剂，过一定时间后症状就会自行消失。

(6)对刺激剂和植物杀伤剂中毒的急救。中毒轻者一般不需要急救。中毒严重时，可用2％小苏打水或净水洗眼、漱口、洗鼻；吸入抗烟混合剂解除呼吸道刺激症状；皮肤用肥皂水和净水冲洗。

三、生物武器及其防护

（一）生物武器概述

用生物战剂杀害人、畜和毁坏植物的武器称为生物武器。生物战剂分为6类，包括细菌、真菌、病毒、毒素、立克次体和衣原体。

生物战剂的杀伤特点是：致病力强，污染范围广，具有传染性；杀伤破坏方面具有很强的专一性；危害作用时间长，无立即杀伤作用；生产费用低，侦检发觉难度大；受自然条件影响较大。

（二）生物武器的防护

生物战剂传染疾病的途径主要有吸入、误食和昆虫叮咬。对生物战剂的个人防护主要是做到戴、扎、涂、服。戴：戴防毒面具、口罩（或用毛巾捂住鼻子）、手套、帽子，穿塑料衣、防疫服、胶鞋等。扎：扎好领口、袖口、裤口。涂：在身体暴露部位涂抹防虫油或驱虫剂，尤其要保护好伤口。服：按要求服高效、长效预防药。针对敌人使用的生物战剂，还可进行相应的预防接种，提高免疫能力。具有"三防"设施的人防工程是很好的防护场所，应尽量使用。

思 考 题

1. 格斗的常识有哪些？
2. 救护的基本知识有哪些？
3. 意外伤救护的基本要领有哪些？
4. 如何提高学生的安全防护能力？

第九章　战备基础与应用训练

第一节　战备规定与紧急集合

战备是武装力量为及时应对可能发生的战争或军事突发事件而在平时进行的准备和戒备。士兵作为部队的主体，担负着执勤、处置突发事件和防卫作战等任务，必须牢固树立战备观念，了解战备常识，做好战备训练，以确保紧急情况下能在最短的时间内做好准备，能以最快的速度投入战斗，圆满地完成任务。

一、战备规定

战备工作是军队的全局性、综合性、经常性工作。做好战备工作，提高战备水平，是有效应对各种安全威胁、完成多样化军事任务的重要保证。战备规定的内容主要有日常战备、等级战备等。

（一）日常战备

日常战备的内容较多，下面重点介绍战备教育、节日战备和"三分四定"三项内容。

1. 战备教育

战备教育是军队战备工作和经常性思想政治教育的重要内容之一。各部队应结合国内外形势和各项任务对所属人员进行经常性的战备教育。战备教育由政治机关组织实施，通常每季度进行一次。节日、特殊时期和部队执行任务前一般也要进行针对性战备教育。战备教育通常包括以下三方面内容。

（1）进行马克思主义战争观、军队根本职能和新世纪新阶段军队历史使命教育。大力培育当代革命军人核心价值观，使全体人员牢固树立时刻准备打仗、时刻准备执行非战争军事行动任务的思想。

（2）进行形势与任务教育，反渗透、反心战、反策反、反窃密教育，以及战备工作法规制度教育。克服麻痹思想，增强战备意识，保持常备不懈。

（3）进行爱国主义和革命英雄主义教育。强化战斗精神，磨炼战斗意志，培养战斗作风，坚定敢打必胜的信心。

2. 节日战备

各级应当按照战备工作有关规定，周密组织节日战备。

节日战备前，各级应当组织战备教育和战备检查，制定战备方案，修订完善应急行动方案，落实各项战备保障措施。

节日战备期间，各级应当按规定保持人员在位率和装备完好率，加强战备值班、执勤、巡逻警戒和对重要目标的防护。担负战备值班任务的部（分）队要做好随时出动执行任务的准备。

节日战备结束后，各级应当逐级上报节日战备情况，组织部（分）队恢复经常性戒备状态。

3."三分四定"

"三分四定"是战备工作的重要内容，是战备物资存放与管理的基本要求。每一个士兵都要严格按规定做好各项工作，以确保紧急情况下可立即出动。

"三分"是指战备物资按规定分为携行、运行和后留三类。其中，携行物资是指由分队分级和使用人员随身携带的战备物资；运行物资是指由上级统一组织运输的其他战备物资；后留物资是指个人的非战物资，由上级统一保管。

"四定"是指战备物资在存放、保管和运输中做到定人、定物、定车、定位。其中，定人是指明确分队和个人按规定标准携带和运行的战备物资；定物是指将个人储备物资按照携行、运行和后留进行区分，明确各自的种类和数量；定车是指明确个人携行和运行物资放置的具体车辆（几号车）；定位是指明确个人携行和运行物资设置在车辆上，后留物资放置在库室内的具体位置。

（二）等级战备

等级战备是部队为准备执行作战任务，或情况需要时根据上级命令进入的高度戒备状态，按战备状态分为三个等级，由低到高依次为三级战备、二级战备和一级战备。

1. 三级战备

三级战备是部队现有人员、装备、物资等完成行动准备的戒备状态。此时，应加强战备值班和通信保障；停止所属人员休假、疗养、探亲、转业和退伍，召回外出人员；启封、检修、补充装备和器材；组织战备教育和训练；修订战备方案；开展阵地准备和有关保障工作。

2. 二级战备

二级战备是部队按照编制达到齐装、满员，完成行动准备的戒备状态。此时，应加强战备值班，战备值班人员要严守岗位，保证指挥通信顺畅；收拢部队，补齐人员、装备，完成应急扩编各项准备；发放战略物资，抓紧落实后勤、装备等各项保障；进行战备动员和临战训练；调整修订作战方案；做好进入预定疏散地域或者战时位置的准备。

3. 一级战备

一级战备是部队完成一切临战准备的最高戒备状态。此时,要运用各种侦察手段,严密监视敌人动向;按命令进行应急扩编和临战动员,部队进入疏散地域或者战时位置;完善行动方案,完成一切临战准备,部队处于待命状态。

通常情况下,应逐级进入三级战备、二级战备、一级战备;必要时,可以越级直接进入二级战备、一级战备,或者由三级战备越级进入一级战备。

士兵按命令进入等级战备后,应按照规定保持装备完好和人员在位,保证随时遂行各种任务。部队一旦进入等级战备状态,要求每一名士兵必须做到:严格遵守保密规定,不泄露部队行动的秘密;外出探亲人员接到上级的通知后要迅速归队;服从命令,听从指挥,按上级的命令完成各项工作;提高警惕,坚持在岗在位,保持良好的战备状态;进一步落实战备计划,随时做好出动准备。

二、紧急集合

紧急集合是部(分)队根据上级的紧急战备号令,或者在下列情况下迅速聚集人员并按规定携带装备物资的应急行动:①发现或者遭到敌人的突然袭击。②受到火灾、水灾、地震、台风等自然灾害威胁或者袭击。③上级赋予紧急任务或者发生重大意外情况。

部(分)队一般根据上级的紧急战备号令实行紧急集合。士兵一旦接到紧急集合的信号或命令,应当迅速而有秩序地按照紧急集合的有关规定,准时到达指定位置,完成战斗或者机动的准备。

紧急集合分为全副武装紧急集合和轻装紧急集合两种。全副武装紧急集合在部队处于等级战备状态时实施。此时,人员的负荷量、携行的装备和器材均按战备方案和上级的规定执行。轻装紧急集合通常是在执行临时性的紧急任务时实施。为减轻士兵的负荷量,提高部队的快速机动能力,着装时通常不背背包(或携带单兵生活携行具)。

紧急集合的程序分四步:着装、整理携行生活器材、携带装具和集合。

(一)着装

通常着作训服。昼间进行紧急集合时,一般按当时的训练着装进行。如果上级重新规定着装,士兵应立即换装。夜间实施紧急集合时,士兵应迅速起床,按照帽子、上衣、裤子、袜子、鞋子的顺序进行穿戴(双层床上层的士兵打完背包再穿鞋子)。

着装时,要做到迅速、肃静、完整、安全、便于行动。这就要求每名士兵平时应按规定放置武器、弹药、装具和衣物,以便于拿取和穿着。

(二)整理携行生活器材

没有装备生活携行具时,应打背包(背囊)。背包宽30～35厘米,长40～45厘米,竖捆两道,横压三道。米袋捆于背包上端或两侧;雨衣、大衣通常捆于背包上端,大衣袖子捆于背包两侧;鞋子横插在背包背面中央或竖插两侧;锹(镐)竖插在背包背面中央,头朝上。

装备生活携行具时,应按以下顺序进行:①迅速结合背架。②按规定将物品分别装入主囊、侧囊和睡袋携行袋。③组合背架和军需装备携行具。

(三)携带装具

全副武装:扎腰带(机枪手先背弹鼓);披弹袋;背挎包,右肩左肋;背防毒面具,左肩右肋;背水壶,右肩左肋;背背包(背囊,火箭筒副射手背背具);取枪(筒)和爆破器材。

轻装:不背背包(背囊),将锹(镐)头朝下背于右肩,系绳绕过腰间与背绳系紧;米袋,右肩左肋;雨衣(冬季带大衣时,将大衣袖子留在外面卷紧捆好,再将袖口对接扎紧),左肩右肋;其他装具携带同全副武装。

(四)集合

士兵披装完毕后,迅速跑步到班集合地点,向班长报告。全班到齐后,班长带领全班迅速赶到排集合场,并向排长报告。

第二节 行军拉练

行军拉练是军队沿指定路线进行的有组织的移动,按行军移动方式分为徒步行军和乘车行军,按行军速度分为常行军和强行军。常行军是部队的正常行军,按正常的每日行程和时速实施,徒步行军,每日行程30~40千米,时速4~5千米。强行军是紧急情况下的高速度、长时间的连续行军,通常以加快行进速度和延长行军时间的方法实施,徒步行军,时速7千米左右。行军时,必须做好充分的战斗准备,保持隐蔽,按时到达指定地域。

一、行军拉练的组织准备

(一)拟定行军计划

指挥员应根据受领的行军命令,研究敌情、任务和行军路线,明确行军里程,规定行军队形、行军序列、行军速度,明确大小休息点和具体时间,明确各级指挥人员和医疗保障组、收容组的具体位置,制定防护措施和各种突发情况的处置方案等。

(二)做好思想动员

行军前,指挥员应根据本分队所担负的任务,结合分队的情况,进行深入的思想动员,明确行军的目的和意义。要教育战士遵守行军纪律,服从命令听指挥,不得擅自离队等,保障分队顺利完成行军任务。

(三)下达行军命令

下达行军命令时,应明确本部队的任务、敌情、行军路线、行军里程、行军序列、着装规定、休息地点，起床、开饭、完成行军准备的时间，集合的时间，以及到达指定地区的时间等。

（四）组织战斗保障

一是指定观察员，负责对地、对空观察，指定值班分队及对空值班火器，负责对空防御；二是规定遭敌核、化、生武器袭击时各分队的行动方法；三是规定在敌人航空兵或炮火袭击时的行军方法；四是规定伪装方法及伪装纪律。

（五）做好物资准备

为了顺利完成行军任务，保持分队的战斗力，行军前，指挥员必须检查携带的给养、武器和弹药等情况；检查着装情况，如鞋袜的整理、背包的捆绑、装具的佩戴等；妥善安置伤病员；并根据季节，进行防暑、防冻教育和物品的准备。

二、行军的管理与指挥

出发时，应按上级的命令，准时通过出发线，加入上级行军序列。在有可能发生遭遇战的情况下行军时，各排长应随连长在先头行进，以便及时受领任务。在公路或乡村路行军时，应沿道路的一侧或两侧行进；乘车时，沿道路的右侧行进。

行军中，应注意保持行进速度和规定的距离，听从调整哨的指挥，未经上级允许，不得超越前面的分队。经过渡口、桥梁、隘路等难以通行的地段时，应严密组织迅速通过，不得停留。徒步行军的分队应主动给车辆和执行特别任务的分队人员让路。机械化行军时，应保持规定的车速和车距，不得随意超车、停车，主动给指挥车和特种车让路。如果车辆发生故障，应靠道路右侧停车抢修，修好后根据上级指示归队。夜间行军，要严格灯火管制。

行军中，应按上级的指示组织休息。小休息应靠路边，保持原来队形，并督促战士整理鞋袜和战备物资。大休息应离开道路，进入指定地区，并派出警戒；必要时，可占领附近有利地形，保持战斗准备。夜间休息时，人员不得随意离队，武器、装备要随身携带。出发前，应清点人数，检查装备，补充饮用水。

在山林地行军通过山垭口和上下坡时，应适当减速行进，以避免后面的人员跑步追赶或掉队。在严寒地带行军时，小休息时间不要太长，且禁止躺卧，以免冻伤。在炎热季节行军时，应尽量利用早、晚时间实施，注意防暑。

遇敌空袭时，应指挥分队迅速向道路的一侧或两侧疏散隐蔽（乘车时要下车），并指定火器射击低飞敌机。如空袭情况不严重或行军任务紧迫时，分队应采用散开队形，增大距离，加快前进速度。

行军中，各连应指定一名军官，带领卫生员和若干体力较好的战士组成收容组，在连队的后尾跟进，负责收容伤病员，组织掉队的人员跟进。

三、越野行进

越野行进路线尽可能选择在方位物较多的地形上,转折点及其附近应有明显方位物,以利于对照,保持正确的行进方向。

(一)山林地行进

山林地地形起伏大,山脊重叠,林木丛生,道路少,障碍多,通视不良,缺少明显方位物,通行极为困难。因此,山林地行进时应注意以下几点:

(1)山林地行进应采用地图和方位角相结合的方法。

(2)图上选择行进路线时,应按照"有路不越野,走脊不走沟"的原则,特别要认真选择转折点和方位物,并尽可能选择有明显特征的地形。点与点之间的距离,一般为1千米左右,复杂地形可缩短到几百米。

(3)量测方位角和准确计算行进时间。一般须预先量出各段磁方位角,特别是越野地段,同时要判明出发点到目的地的总方向,以便行进中做到对目标方向心中有数。计算行进时间时要考虑影响行进速度的各种因素,山林地行进困难,通常要比一般地形上行进慢。

(4)行进中,要随时掌握好行进方向,这是山林地行进的关键。每段行进前,在确定站立点后,要认真明确下段路线行进方向,并在行进方向及其翼侧选择几个方位物,边走边观察。记忆现地路线的方向变化,利用远方方位物结合地形特征保持行进方向。行进中尽可能沿山背、山脊、鞍部等明显地形行进,不要横越山背(谷),尽可能避开悬崖、峭壁和陡石山地段。

(5)行进中还要时刻对照地图,随时判断到达点的图上位置,对照时应抓住地形的主要特征。

(6)发现走错路或迷路时,应冷静回忆走过的地形,远近结合,观察对照,判定出站立点。若站立点一时判定不出来,应按原路返回到开始发生错误的地方再走,不要轻易取捷径斜插,以免酿成大错。如果经过多种方法判定还是找不出站立点,且不能返回原路,应尽力判定现地方位,按原定总方向插向目的地。

(二)热带丛林地行进

为防止蚊虫、扁虱、蚂蟥和毒蛇的叮咬,在热带丛林地中行进时应穿靴子,并将裤腿和袖口扎紧,最好将裤腿塞进靴子里面;有条件时,还应戴手套。在鞋面上涂驱避剂或肥皂,对蚂蟥有一定的驱避作用。为了防止毒蛇的袭击,行进中可用木棍,同时应注意观察树上有无毒蛇。休息时,要先仔细观察周围环境。

(三)沼泽地行进

遇到沼泽地时最好绕行,因为沼泽地不仅难以通过,而且很危险。如果无法绕行,应手持木杖探寻坚实的地面或泥水较浅的区域。通过沼泽地时,不要踩着别人的脚印走。漂浮层强度有限,若重复踩踏一个地方,有可能陷落。如果必须走同一条线路时,彼此间应保持一定的距离,避免重力过于集中。有鲜绿色植物的地方一般湿度较大,漂浮层较薄,下面很可能是泥潭,应避开、绕行。

(四)沙漠、戈壁行进

沙漠、戈壁地形平坦开阔,人烟稀少,行进时要集中精力,注意时刻对照地图,利用明显而特殊的地形进行定位,如小块灌木丛、芦苇地、沙垄和沙丘、龟裂地以及独立石土堆、干床等。在沙漠、戈壁中行进时,应夜行晓宿,保持体力。白天要防止在太阳下暴晒,尽可能利用阴影遮蔽。

(五)高寒地区行进

攀登冰川和雪坡时要特别谨慎。冰川上裂隙很多,其中对人威胁最大的是冰瀑区和山麓边缘的边缘裂隙,特别是被积雪掩盖的隐裂隙。通过裂隙时,应数人结组行动,用绳子连接彼此,相邻两人之间保持10~20米。在前面开路的人负责探测虚实,后面的人踩着前面人的脚印走。通过裂隙上的冰桥或雪桥时,应匍匐前进。攀登坡度很大的雪坡时,须待两脚站稳后再移动。如果不慎滑倒,应立即俯卧,防止下滑。不要接近雪檐,更不要在雪檐下行走,以免触发雪崩。

(六)渡河

遇到河流时不要草率入水,应仔细观察后,再确定渡河的地点和方法。山区河流通常水流湍急,水温低,河床坎坷不平。涉渡时,为了保持身体的平衡,应用竹竿、帐篷杆、树枝等支撑在水的上游方向。集体涉渡急流时,三人或四人一排,彼此环抱肩部,身体最强壮的应位于上游方向。倘若山间急流水深过腰,则绝不可冒险涉渡。涉渡冰源河时,最好早上通过,因为那时河水最浅。冬季涉渡冰源河时,应将棉衣和棉鞋脱下,涉水过河后再立即穿上。遇到较大的河流,可就地取材制作浮渡工具,如使用雨衣包裹稻草或芦苇制作浮包,使用竹子、芭蕉杆、束柴或圆木等制作浮渡筏等。

第三节 野外生存

野外生存是指在不能正常供应食宿的条件下的生存。战争的残酷性、复杂性和参战人员所处的作战环境多样性等特点,要求每一个士兵都必须学会在复杂条件下进行露营、野炊、识别和食用野生食物的方法,以保证在恶劣的环境中生存、隐藏、安全、有效地恢复体力,保持持久的战斗能力。对于个体来说,身体越强健、知识越丰富,生存的机会就越多。熟知各种危急情况下的求生技能,学会寻求解决突发事件的方法,是非常重要的。

一、野外生存的准备

野外生存主要有以下几种情况：一是和平时期较长时间远离基本生活区的野外作业和训练；二是战争时期的野外行军作战；三是由于特殊情况而受困荒野。不管遇到哪一种情况，要适应野外生存的环境，都必须有充分的准备。

（一）精神准备

1. 可能遇到的情况

(1) 恐惧与焦虑心理。身陷险境，恐惧与焦虑是人的第一本能反应。恐惧会使人降低甚至丧失对危机的反应和处置能力。焦虑会干扰理智的思维，对所处环境作出不正确甚至是徒劳、有害的反应，从而过多地消耗体力，甚至丧失生命。

(2) 饥渴与劳累。饥渴会摧垮人的求生欲望和意志，使人丧失体液，耗尽体能直至丧命。劳累会消耗人的体力和体能。掌握好二者之间的平衡，是求生的一种技巧。

(3) 恶劣的气候环境。严寒、酷暑、风雨雷电、大漠风沙等恶劣的气象条件会极大地增加野外生存的困难。

(4) 伤病与疼痛折磨。如果不幸生病或受伤，求生的信心和意志会下降，导致消耗体能和体力，甚至丧失生命。

(5) 睡眠不足。身处困境较长时间，或者环境恶劣使人无法入睡，或者危机四伏使人不敢睡，都会使人情绪低落、烦躁不安。

(6) 孤独无助。单独一人身临绝境，又得不到及时的救助，甚至与文明社会失去联系，必然产生与世隔绝、孤独无助之感。这是一种危险的情绪，一旦信心和意志战胜不了这种情绪，就可能丧失生还的机会。

(7) 厌倦与烦躁。厌倦与烦躁感极大地动摇求生者的信心，摧毁求生者战胜困难、以求生还的意志。

2. 相信自己的能力

要有正视灾难的勇气和信心，勇于求生。面对灾难，身陷困境，重要的是正视现实，稳定情绪，思考对策。正确的做法是先冷静下来，分析所面临的困境，筹划求生的方法。一是判定自己所在的位置，以及危机的成因，主要威胁来自何方；二是设法与周围的生存者取得联系，商量对策；三是设法与外界取得联系，以寻求帮助和救援；四是盘点一下自己生存必需品的存量，判断获取基本的维持生命的食物和水源的难易程度，计算还能维持多长时间；五是认真筹划求生的计划，并勇敢地付诸实施。

（二）物质准备

1. 有计划行动的行装准备

(1) 基本用品。

①鞋子。挑选合适的鞋子，出发前进行试穿，以免行走时脚起水泡。

②衣服。根据预定的野外生活时间的长短,挑选合适的衣服,必须有换洗的衣服和休息时能增加保暖性的衣服。在严寒天气,应多带几件御寒衣服。

③雨衣。雨季外出必须带上雨衣。

④被装。根据季节选择合适的被装,最好选择柔软、轻便、保暖性能好的被装。

⑤帐篷。在野外生活的时间较长时,应备有帐篷。最好选择轻质材料做成的帐篷,以便于携带。

⑥背包。要有背着舒适而且结实的背包,以便携带衣物和必要装备。

⑦食品。应带易熟的食品,盐要放在适宜的容器里。遇到严寒天气,要多带一些高脂肪类食品。食品一定要保证各类营养的良好均衡。

⑧通讯设备。所有电子设备都应充足电能,并带有备用电源。

(2)医疗卫生盒。

①镇痛类药。常用的有去痛片、强痛定、罗通定等。

②肠道镇静剂。常用的有神奇止泻丸、黄连素、654-2片、保济丸等。

③抗生素。常用的有阿莫西林、氟哌酸、乙酰螺旋霉素等。

④抗感冒药。常用的有感冒清、感冒速效胶囊、维C银翘片等。

⑤防中暑和抗过敏类药。常用的有藿香正气水、仁丹、十滴水、扑尔敏等。

⑥防毒蛇咬(蚊虫叮)伤药。常用的有蛇药片、百花油、风油精等。

⑦抗疟疾类药品。常用的有防疟疾1号片等。

⑧跌打损伤药。常用的有扶他林、三七片、云南白药等。

⑨膏药类。常用的有创可贴、风湿止痛膏、正骨水、红药水、冻疮膏、蓝烃油膏等。

⑩急救包、绷带等。用来固定受伤部位,促使伤口愈合。

(3)百宝盒。

①生火用的火柴、蜡烛、打火机和放大镜等。

②针和线。针要有大小几种型号;线要坚韧耐磨。

③鱼钩和鱼线。鱼钩应挑选小号钩;鱼线要尽可能多带一些。

④指南针。最好是刻度清晰、纽扣大小的指南针。

⑤绳索。最好带些细而结实的尼龙索。

⑥手电筒。

⑦饭盒。最好是铝制的,既轻便耐用,又是很好的炊具,还能盛放各类救生物品。

⑧救生袋。意外情况发生时可以钻到里面。

⑨刀具。刀既是工具,也是武器,更是危险品,要集中保管。

2. 意外情况时搜集和制造装备

受困于荒野之中,面临恶劣的天气和时常出没的野兽,没有必要的工具和武器是非常危险的,因此,在随身装备有限的情况下要设法制作工具和武器,以求得生存。

(1)搜集出事地点的可用之物。当不幸发生意外事故,受困于野外时,短时间内难以得到救援,应搜集可用之物制作求生工具和武器,装备自己,然后再决定下一步的求生行动。

(2)制作工具和武器。石头是大自然中最容易获取的材料,可以利用石头制作石器;如果身处竹、木林地,可以利用竹、木制作竹、木器具;如果身处海岛,可以利用海螺和贝壳制作刀具;如果身处草原、林区,可以利用动物的骨头、犄角制作武器。

二、野外生存的基本需求

野外生存的基本需求是水、火、食物和庇护所,它们各自的重要程度取决于所处的环境。在求生时,首先要确定自己的当前需求是什么,然后按照轻重缓急逐一想办法解决。

(一)水

1. 找水

(1)重点盯住低洼地。水往低处流,寻找水源的首选之地是山谷底部地区。

(2)注意分析绿色植物的分布情况。一般哪里有水,哪里就有绿色植物。

(3)利用动物作为寻找水源的向导。动物经常出现的地方,一般容易找到水。

(4)留心特殊的含水地质结构。

2. 采水

(1)露水的采集。用吸水性强的物品在草地上来回拖动,再将其拧在容器里或直接吮吸。

(2)雨水的收集。既可以利用各种可能的容器收集雨水,也可以利用塑料片、帆布材料和雨衣收集雨水。

(3)冰雪化水。

(4)植物中取水。

3. 净化水

(1)药物净化。可使用漂白粉处理浊水,明矾可以使浊水变清。

(2)植物净化。将一些有黏液的植物(如仙人掌、榆树等),捣烂成糊后加入浊水中,搅拌3分钟,再静止10分钟左右,可起到类似明矾的净水作用。

(3)过滤水。用裤子、竹节、沙子和木炭可以净化水。把裤子或竹节吊在三脚架上,里面装上沙子和木炭后,就可以注水过滤了。

(二)食物

1. 可食植物的识别

鉴别植物是否有毒可根据可食野生植物的图谱进行,也可以仔细观察动物采食情况。

2. 动物的猎捕

猎捕野生动物首先要知道动物的栖息地,掌握动物的生活规律,然后再采取压捕、套捕以及射杀等方法。

(三)火

1. 摩擦取火

这种原始取火方法在野外生存条件下仍然适用。在取火前要准备好引火煤,可选用干燥的棉絮、纱线、草屑或撕成薄片的干树皮、干木屑等。

(1)弓钻取火。用坚韧的树枝或竹片绑上绳子或鞋带做成一个弓,将弓弦缠绕在一根约 20 厘米长的干木棍上 2 圈,来回拉动弓使木棍迅速转动,钻出的黑粉末冒烟生出火花,点燃引火煤。

(2)藤条取火。找一段干燥树干,将一头劈开,并用东西将裂缝撑开,塞上引火煤,再用一根长约 67 厘米的藤条穿在引火煤的后面,双藤夹紧树干,迅速地左右抽动藤条,使之摩擦发热而将引火煤点燃。

2. 击石取火

找两块质地坚硬的石头,互相击打,使其迸发出的火花落到引火煤上,当引火煤开始冒烟时,缓缓地吹或扇,使其燃起明火。

3. 凸透镜取火

用凸透镜将太阳光聚焦成一点,光点上的温度可以将棉絮、纸张、干树叶、受潮的火柴等引燃。夏季雾气较大或者冬季阳光较弱时,可以等到正午阳光强烈时取火,然后保存火种,以备使用。

三、野外生存常见伤病的救护与预防

(一)中暑

1. 急救及治疗

把中暑病人抬到通风阴凉处,解开衣扣,使其平卧,用冷毛巾敷头部,喂饮淡盐水或凉茶(饮料),补液解渴。轻症者可让其服仁丹或十滴水,也可针刺大椎、人中、会谷、曲池等穴或施以刮痧疗法。较重者可服用藿香正气水。对出现高热、昏迷、休克的重症者,要及时送往医院急救。

2. 中暑的预防

首先要补充含盐的饮料,一般以白开水或茶水含盐 2‰~3‰ 为宜,或者用绿豆 500 克、水 5 千克、食盐适量,煮沸冷却后食用。

(二)体温过低

1. 低体温病人的护理方法

基本护理原则是防止病人身体热量进一步散发。将病人移至保暖、避风的室内,脱

去潮湿的衣服,换上干燥、保暖的衣服;马上对病人采取积极的保暖措施,如用身体或温热岩石、热水袋(可用军用水壶装热水)等暖和病人;病人清醒时,让其饮用热饮料,食用含糖食品。当病人体温过低,身体无力而难以自我加热时,必须采取从体内加热的方法。其措施是将热体放在腰背部、胃窝、腋窝、后颈、腕部、裆部等部位。这些部位血流接近体表,可以携带热量进入体内。病人体温刚恢复正常时,体内加热还必须继续进行,直到病人恢复自身供热能力为止。

2. 预防措施

预防措施主要包括搭建庇护所、保持室内温度、保持身体干燥、防止过度劳累等方法。求生者互相结成"对子",彼此间仔细观察,以尽早发现症状。一旦发现有人得病,必须逐一检查,同时采取护理和保暖等防范、救治措施。

(三)冻伤

对仅伤及皮肤的冻伤者,可将受冻部位放到温暖处,如将手夹在腋窝部、脚抵住同伴的腹部等。

对深度冻伤者,要防止冻伤部位进一步恶化,注意不要用雪揉擦或放在火上烘烤。最好的方法是将冻伤部位放在 28 摄氏度左右的温水中缓慢解冻。

对严重冻伤者,注意不要挑破水疱或摩擦伤处,以防止感染,应尽快送往医院治疗。

(四)毒蛇咬伤

野外求生者身处山野草林地带,在捕猎和采摘食物以及进行其他野外活动时,都有可能遭到毒蛇攻击,因此,应备有蛇药。当被蛇咬伤时,应尽快采取急救措施。首先,马上缚住伤处靠近心脏的一端,以减缓毒液上流,也可用口吸出毒液,要随吸随吐,以免中毒。伤口上可用 1‰~3‰ 高锰酸钾溶液湿敷,或用大蒜汁、雄黄、甘草等配合涂敷。为确保安全,进行上述处理后,在可能的情况下,还需马上注射抗毒血清或用蛇药外敷和口服。有条件的,应尽快送医院急救。

第四节 识图用图

识图用图是识别与使用军用地图的简称,是军事地形学研究内容之一,也是借助地图和指北针按规定方向运动的一项军事体育活动。掌握识图用图,对正确利用地形条件,遂行作战任务具有重要作用。本节主要介绍识图用图的基本常识和基本技能。

一、基本常识

指北针是一种用于指示方向的工具,广泛应用于方向判读,是野外作业不可或缺的工具。它的基本功能是利用地球磁场作用,指示北方方位,配合地图来寻找和明确自己的位置。

使用指北针前,应先将指北针归零。其步骤是:一是将指北针远离磁场源水平放置;二是将环外的北方零刻度与环内的指北针指示北方的位置重叠;三是转动指北针,观察其指针是否正常摆动。注意:指北针无论是在归零调整设置或是在正常使用期间,都应尽量避开磁场能量较强的物体,如高压线、电脑、电视或手机等,以免干扰或影响指北针正常工作。

二、基本技能

(一)出发点动作

(1)定。首先要浏览全图,根据图上标绘的比赛路线,弄清其基本走向,同时还要明确出发点与终点的关系。

(2)选。根据图上标明的出发点和第1号检查点的位置,进行分析,选择最佳的运动路线。选择的基本原则(同样适用于其他各段)有以下几点:

利用道路,坚持"有路不越野"的原则。由于比赛地图现势性强,道路标志较详细,因此,利用道路有利于运动中图地对照、随时明确站立点的图上位置,不易迷失方向,省力节时。

对于起伏不大、树林稀疏可跑的地段,坚持"选近不选远"的原则。

对于起伏较大、树林密集、障碍大的地段,坚持"统观全局提前绕"的原则。

(3)标。为准确、迅速起见,在出发区一般利用指北针标定地图;地图标定后,通过地图上出发点与第1号检查点的延伸方向就是实地运动方向。

(4)选准路。根据确定的运动方向,迅速将地图与实地对照;依据实地的地形条件,在通视地段内选择好具体的运动路线,与此同时,在通视地段的尽头适当位置选择好辅助目标,并确定该目标的图上位置。

通过上述四个步骤,力争做到图上明、方向明、路线明。如果有剩余时间,可在地图上分析,确定其后各检查点之间的最佳运动路线;也可活动身体,准备出发,当听到出发口令或哨音后,立即出发。

(二)行进中动作

行进中做到方向明、路线明和位置明。

1. 基本方法

(1)分段运动法。分段运动法是比赛中最理想的运动方法。如图9-1所示,参赛者在第3号检查点上,根据图上标明的第3号与第4号检查点的位置,在图上选择最佳运动路线后,通过对照地形,首先在能通视地段选择鞍部作为第一个辅助目标。在向鞍部运动前,由于通过对照地形,对鞍部的图上位置以及向鞍部运动的实地路线已明确,因此,向鞍部运动的途中就不必再对照地形了。当运动到鞍部后,再通过对照地形,选择山背西北侧独立房作为第二个辅助目标,同时向独立房运动。到达独立房后,继续选择小高地作为第三个辅助目标,直到找到第 4 号检查点。这种方法对于初学者来说,有助于正确把握运动方向,能随时明确站立点的图上位置,并能减少看图时间,提高运动速度。

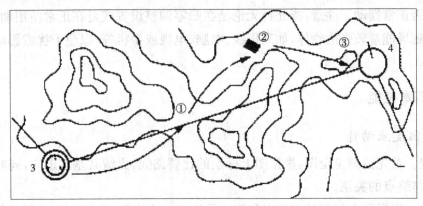

图 9-1　分段运动法

(2)连续运动法。有一定基础的参赛者可以采用连续运动法。采用连续运动法时,可以把在各辅助目标要做的工作提前,即从第 3 号检查点出发,未到达第一个辅助目标(鞍部)之前,在奔跑过程中边跑边分析下一段能通视地域内的地形,并在图上选择好下一个辅助目标(独立房)以及向独立房运动的具体路线。到达鞍部后,如果观察到的地形与地图上地形一致,即可不在鞍部停留而做连续运动,如此类推直到检查点。

(3)一次记忆运动法。技术全面、经验丰富的参赛者可以采用一次记忆运动法,即在出发点,把在地图上选择的从出发点到第 1 号检查点的最佳运动路线一次性记在脑海里,运动中按记忆的路线进行。未到达第 1 号检查点之前,在地图上选择从第 1 号检查点到第 2 号检查点的最佳运动路线,再一次性地记在脑海里,这样在检查点"作记"后,可立即离开检查点进行连续运动。

(4)依线运动法。依线运动是用"线"控制运动方向,"线"是指道路、沟渠、高压线、通信线等。如图 9-2 所示,从第 4 号检查点出发,先沿小径运动,看到高压线后向右再沿高压线越野(地形条件允许时)运动。

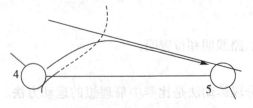

图 9-2　依线运动法

(5)依点运动法。依点运动法是用"点"来控制运动方向,"点"是指明显的地物、地貌点。具体方法同"分段运动法"和"连续运动法"。

(6)提前绕行法。这种方法是在检查点之间有大的障碍时采用的。遇到这种情况时,要结合检查点的位置,提前选择好最佳迂回运动路线,不要等抵近障碍时再折线绕行。

(7)指北针定向法。这种方法是在起伏不大、无道路、有一定植被覆盖、观察不便的地域运动时采用的。首先在地图上测出站立点到检查点(或目标点)的磁方位角,量算出两点之间的实地距离,并换算成复步数。出发时,平持指北针,旋转身体,使磁针北端和定向箭头重合,此时前进方向箭头所指的方向就是实际运动方向。在实地运动方向线前方选好辅助目标,一边朝辅助目标运动,一边记下复步数。当运动到辅助目标,还需要继续向前运动时,可按同样方法选择辅助目标,运动至检查点。

2. 注意事项

(1)尽量按选择的最佳运动路线运动。

(2)有路不越野。

(3)宁慢少停。

(4)迷失方向时,要冷静分析,尽快确立站立点。

(三)检查点上动作

1. 检查点的"捕捉"

为了提高"捕捉"检查点的准确度与速度,可采用以下几种方法。

(1)定点攻击法。这种方法是在检查点设在较明显的高大的地物、地貌点上或一侧时采用的。运动时,先找到这些明显点的实地位置,然后根据检查点与明显地物、地貌点的相应方位、距离寻找检查点。

(2)有意偏激法。这种方法是在检查点设在线状地物上或一侧,并且运动方向与线状地物的交角较适宜时采用的。运动时以该线状地物为攻击目标,当运动到该地物时,再向右(或向左)沿线状地物寻找检查点。

(3)地貌分析法。这种方法是在地貌有一定起伏的地域内,检查点设在低小地物附近时采用的。即根据地图上检查点与地貌的关系位置,分析实地两者相对应的关系位置,并根据这种关系位置来寻找检查点。

(4)距离定点法。这种方法是在地势较平坦、无道路、植被较多、观察不便的地域内寻找检查点时采用的。具体方法同"指北针定向法"。

2. 注意事项

(1)为减少在检查点的停留时间,保证做连续运动,在接近检查点前,要先在地图上分析,确定下一段最佳运动路线两侧的主要地形。

(2)发现一个检查点后,不要盲目"作记",应看清该点标上的代号是否与检查点说明卡上注明的代号相符。

(3)当一次"捕捉"检查点不成功时,应选择合适的位置确定站立点,分析自己是否偏离了运动方向。当确认偏离运动方向时,应按运动迷失方向的方法处理。找到检查点后,做标记要快,离开也要快,避免为他人指示目标。

(四)终点动作

当找到最后一个检查点时,应依据已选择的最佳路线并结合自己的体力,加速向终点运动,在接近终点时做最后冲刺。到达终点后,立即将检查卡交给收卡员。如果规定要求收缴地图和检查卡,应将地图和检查卡一同交给收卡员,并迅速离开终点区。

第五节 电磁频谱监测

在军事上,电磁频谱既是一种传递信息的载体,又是侦察敌情的重要手段。同时,电磁频谱监测是竞技体育项目之一,也是无线电活动的主要内容。它是通过专用无线电测向机(仪)按照相应规则,搜寻能够发射无线电波的小型信号源(即发射机)的一种集国防体育、无线电探测技术与民用竞技体育于一体的运动。本节主要介绍无线电测向。

一、无线电测向的概念和基本原理

无线电测向是根据电磁波传播特性,使用无线电测向设备测定无线电波来波方向的过程,其实质就是测量到达电磁波的波阵面的法线方向之间的夹角。如果能确定电波传播方向,就可确定发射台所在方向。当测定的地点确定后,该点的北方向与所测电台顺时针方向的夹角(也称示向度)也就确定了。如果只获得电台的一个示向度值,仅可以确定电台在某一直线上,但无法判断其具体位置。若设定两个或两个以上测向点,就可获得不同的示向度,将其标绘在地图上,其交点即发射电台位置。地面无线电测向、雷达探测、卫星定位均属于无线电测向的技术领域。

无线电测向机(或无线电测向仪)基本由测向天线、无线电信号放大器和指示器三部分组成。我国80米波段无线电测向机采用了2种天线:磁性天线和直立拉杆天线。

磁性天线具有很强大的聚集磁力线的物理能力,通过绕在磁棒上的线圈感应电信号,经过放大器和耳机听到电台发射来的电波声音信号。但是,磁性天线对来自不同方向的电磁波感应电势的变化却非常大。当磁性天线水平放置,磁性天线的垂直正面或负面对着电台时接收能力最强,测向机发出的声音最响,即收到信号的正值幅度和负值幅度是相同的,称为两个大音面,但相位则相反。当磁性天线的轴线两端对准电台时,耳机声音最小,甚至完全没有声音,称为哑点。由于测向时哑点的指向精度很高,通常采用哑点的指向判定方向线,即哑点测向。利用磁性天线可以确定电台所在的直线,可见磁性天线转动一周得到了一个"8"字形方向图,但是不能确定电台在直线的哪一边,这称为测"双向",说明磁性天线具有双值性(两个大音面和两个哑点)。仅有双值性的接收机是不能用来测向的。

直立天线则完全没有方向性。当使用与地面垂直的直立天线作接收天线时,无论如何转动天线,它从四面八方接收无线电信号的能力都是一样的。因此,单独使用直立天线,也是不能测定接收方向的。

当磁性天线和直立天线组成复合天线,且磁性天线的最大方向感应电势为正值1、直立天线感应电势也为1时,将两天线方向图叠加,可以得到一个复合天线合成电势,获得一个"心脏型"方向图。这时磁性天线一边的两电势极性相同,振幅则为两电势之和,理论上音量是原来的2倍。而磁性天线另一面的电势是负值,与直立天线的电势极性相反,则两个电势相互抵消,理论上音量输出为0。磁性天线转动一周只有一个方向信号最强,克服了磁性天线的双值性,获得了单值性的单方向性能。我们把信号强的这个面称为单向大音面,简称大音面。应用大音面就可以确定电台在直线哪一边,这称为定边。不过在测向中,大音面角度范围很宽,方向指示不明显,只作为单向识别用。因此,确定电台的单向后,必须去掉直立天线电势(松开单向开关按钮),再用磁性天线的哑点来测定隐蔽电台的方向线。

无线电波在空间传播的能量是有限的,传播距离越远,扩散面积越大、损耗越大,信号强度也越弱。无线电测向机对电磁波的接收能力同样有局限性。距离电台越近,接收到的无线电信号越强;离电台越远,接收到的无线电信号越弱。距离与反映在测向机耳机中的声音大小有很重要的关系。

二、80米波段无线电测向设备

(一)80米波段无线电测向机

军事体育比赛使用的80米波段无线电测向机有简易直放式的PJ-80和改进型的PJ80-A,超外差式长方形的RF80-E和立式的RF80-C、RF80-G,手枪型的RF80-F和频率合成数字显示的RF80-H(性能最好,价格昂贵)等。目前,具有代表性、适合军训的机型是RF80-C,该机体积很小,重量不足200克。下面主要介绍RF80-C型测向机。

1. 技术指标

(1)频率范围:3.5~3.6兆赫。天线回路和高放级采用双调谐回路进行参差调谐,高放增益均匀;频率范围内无辐射。

(2)灵敏度:高于1微伏。

(3)信噪比:>3。

(4)中频频率:455千赫。

(5)方向性:磁性天线为5毫米×12毫米×100毫米扁形磁棒,线圈为双段对称绕制,采用大面积内屏蔽层和紧贴型外屏蔽层,指向精确度高;直立天线为直径6毫米、6节、长51厘米的不锈钢拉杆天线;距离信号源天线0.3米能明显、准确分辨双向,单向可听辨距离小于2米。

(6)电压:7.4伏,使用2节14500型3.7伏可充锂电池,一次充电可连续工作10小时以上;可反复拆卸充电,能量大,节能环保。

(7)整机耗电:静态≤20毫安,动态≥65毫安。

(8)输出功率:负载阻抗为8欧姆,最大输出功率≥150毫瓦,音质清晰、优美,声音洪亮。

2.使用方法和注意事项

(1)电池仓在测向机的下部,可装2节14500型3.7伏可充锂电池。严禁使用其他类型的电池,以确保测向机的正常工作。

(2)打开电源开关后红色指示灯亮,测向机即可正常工作。由于3.5兆赫无线电测向信号源发射垂直极化波,因此,当手持测向机时,必须使测向机的直立天线与地面保持垂直,同时磁性天线与地面保持水平,才能测出准确的方向线。

(3)RF80-C型测向机的侧面板上有两个旋钮,上面是频率旋钮,用于收测隐蔽电台信号;下面是音量旋钮,用于调节音量大小和控制测向机的增益。

(4)单、双向开关在测向机的右侧面上方。测单向时按红色按钮开关,测双向时则必须松开红色按钮。

(5)衰减开关为二挡,设在测向机左侧上方,用食指操作。开关置于下方"远"位置时,测向机的灵敏度最高;开关打向上方"近"位置时,衰减很重,在近台区使用。可根据感知和需要合理调整衰减开关和音量旋钮的位置,大致判断测向机与隐蔽电台间的距离。

(6)灵敏度、动态范围非常强大。测向时应调至适当音量,以免损伤听觉。

(二)80米波段无线电测向信号源(隐蔽电台)

80米波段无线电测向信号源有短距离、快速测向和标准距离三种型号,通常采用单频道80米波段信号源TX80-D和全频道80米波段信号源TX80-B。下面主要介绍全频道80米波段信号源TX80-B。

TX80-B有11个电台频道和相应呼号,内置3块锂电池作为电源,面板上设有充电插座;附有照明电路,有利于在夜间和光线暗弱的环境下保证将机器调谐在最佳工作状态;信号源附件配有3米软天线和全自动充电器。

1.主要技术指标

(1)发射频率:3.5~3.6兆赫。可以连续拍发相应11种单台呼号。频道和相应的呼号可以由面板上的组合台号开关预先设定。

(2)频率稳定度:优于10^{-7}。

(3)输出功率:0.5~1瓦。

(4)工作方式:自动连续拍发等幅电报。

(5)电源:内置3节大容量3.7伏锂电池,标称电压12伏,保护电压11.1伏。

2. 使用方法和注意事项

(1)开机后应尽快调谐,减少信号源在失谐状态下的工作时间。严禁用失谐方法减小发射功率。

(2)调谐时人体不要接触机壳、天线和面板等。若人手离开机器时调谐指示变小,则需要重新调谐,确保天线处于谐振状态。

(3)应在实际隐蔽工作状态下调谐信号源,当信号源位置变动或天线移动时,重新调谐。

(4)调谐指示仅表示相对发射信号值的大小,不表示输出功率。

(5)开设电台时要先架设好天线,并将天线插头与信号源插座牢固连接,方可打开电源开关。务必保证电能充足(充电器为全自动型,红灯亮时表示电已充满),电能充足后,信号源可连续工作12小时以上。撤收电台时要先关闭电源,再撤收天线。

思 考 题

1.战备规定的主要内容和要求是什么?

2.紧急集合的基本要领是什么?

3.行军拉练的基本要领和方法是什么?

4.野外生存的基本要求、方法和注意事项有哪些?

参考文献

[1] 黄自力. 新编大学生军事课教程[M]. 北京:北京理工大学出版社,2017.

[2] 李彦萍,施继生. 大学生军事理论与技能教程[M]. 成都:四川大学出版社,2017.

[3] 宋华文,耿艳栋. 信息化武器装备及其运用[M]. 北京:国防工业出版社,2010.

[4] 汪先平,孙荣广. 新编高等学校军事学概论(第2版)[M]. 合肥:安徽大学出版社,2018.

[5] 王威,杨德宁,张亚利. 大学军事教程:知军事 观天下[M]. 北京:国防大学出版社,2015.

[6] 孙志强. 工业革命以来战争形态的演变[J]. 未来与发展,2016,(4):17—23.

[7] 倪乐熊. 军事观念的更新与机械化战争的崛起[J]. 江苏社会科学,1992,(3):66—54.

[8] 李炳彦. 世界新军事变革大势与未来战争形态[J]. 军事文摘,2016,(17):45—49.

[9] 王宝存. 世界主要国家军队信息化建设基本规律体系研究[J]. 中国信息界,2010,(1):12—23.

[10] 郭若冰,邬鹏,李景卫. 信息化战争的新特点及启示[N]. 学习时报,2013-06-03.

[11] 贾道金,常伟. 信息化战争形态的三个发展阶段[N]. 学习时报,2016-05-30.

[12] 张自廉,卜金初. 信息化战争与机械化战争的差别在哪[J]. 国防科技,2005,(4):70—71.

[13] 陆军,杨云祥. 战争形态演进及信息系统发展趋势[J]. 中国电子科学研究院学报,2016,11(4):229—335,452.

参考文献

[1] 鲁东方. 清华大学工学学位课程图谱[M]. 北京: 清华园大学出版社, 2017.
[2] 李德毅, 雷毅雄. 大学计算机基础教学与技术课程体系[M]. 成都: 四川大学出版社, 2013.
[3] 朱永政. 云计算: 虚拟化技术原理及其应用[M]. 北京: 国防工业出版社, 2010.
[4] 王立平. 高等职业院校教学与管理课程标准(第2版)[M]. 合肥: 安徽大学出版社, 2016.
[5] 王同, 郑道子, 宋仁华. 大学计算机实验、考试题、模拟卷[M]. 北京: 国防大学出版社, 2012.
[6] 赵玉洁. 工业革命时代德国科技的兴起[J]. 决策与信息, 2016, (2): 47-52.
[7] 何桂梅. 数据处理技术在计算机程序中的应用[J]. 计算机科学探索, 1992, (3): 58-64.
[8] 黄晓亮. 计算机技术在教学中的未来发展探究[J]. 电子技术, 2016, (12): 42-49.
[9] 王志林. 浅谈计算机技术和信息技术的综合应用在家庭中的设计[J]. 中国信息化, 2010, (3): 35-36.
[10] 陈景华. 试论新式信息化教学模式下的学科建设[N]. 教育时讯, 2014-06-02.
[11] 叶银生, 陈静. 信息化学生新实验三个发展阶段探析[N]. 学习时报, 2016-05-23.
[12] 朱自清, 朱自青. 中国语言学与自然语言处理技术协同发展问题上[J]. 国外调研, 2005, (4): 50-71.
[13] 陈杰. 科技发展历史演进趋势及其建设之展望[J]. 中国科学院院刊实践学报, 2016, 31(2): 156-235, 162.

拓展资料